本书是教育部人文社会科学研究青年基金项目《新型城镇化进程中的小城镇养老服务供给机制研究》（17YJC840005）和海南省哲学社会科学规划课题《自贸区（港）建设背景下海南“康养+”模式全域化发展研究》（HNSK（YB）19-65）的阶段性成果。

需求导向下医养结合养老服务供给碎片化的整合治理研究

涂爱仙◎著

吉林大学出版社
·长春·

图书在版编目（CIP）数据

需求导向下医养结合养老服务供给碎片化的整合治理研究 / 涂爱仙著 . — 长春 ：吉林大学出版社，2021.1
ISBN 978-7-5692-7556-8

Ⅰ . ①需… Ⅱ . ①涂… Ⅲ . ①养老－社会服务－服务模式－研究－中国 Ⅳ . ① D669.6

中国版本图书馆 CIP 数据核字（2020）第 217014 号

书　　名　需求导向下医养结合养老服务供给碎片化的整合治理研究
XUQIU DAOXIANG XIA YI-YANG JIEHE YANGLAO FUWU GONGJI SUIPIANHUA DE ZHENGHE ZHILI YANJIU
作　　者　涂爱仙　著
策划编辑　李潇潇
责任编辑　李潇潇
责任校对　王　洋
装帧设计　博克思文化
出版发行　吉林大学出版社
社　　址　长春市人民大街 4059 号
邮政编码　130021
发行电话　0431-89580028/29/21
网　　址　http://www.jlup.com.cn
电子邮箱　jdcbs@jlu.edu.cn
印　　刷　三河市华东印刷有限公司
开　　本　710mm × 1000mm　1/16
印　　张　16.5
字　　数　220 千字
版　　次　2021 年 1 月第 1 版
印　　次　2021 年 1 月第 1 次
书　　号　ISBN 978-7-5692-7556-8
定　　价　65.00 元

目录

第一章 导论

一、研究背景与研究意义

1982年，联合国在维也纳召开的“老龄问题世界大会”首次把“aging”译为老龄，这是“老龄”概念的来源。健康（health）的含义来源于“heal”，有治愈、痊愈的意思，指躯体状态。《中国大百科全书》把健康引申到精神健康和福利，健康的含义是人类生理和心理、躯体和精神的良好状态。[1]此后，在1990年9月哥本哈根会议上，世界卫生组织首次提出把健康老龄化作为战略目标，1993年召开的第15届国际老年学会布达佩斯大会的主题是“科学要为健康的老龄化服务”，至此，人口老龄化的全球挑战备受关注。

随着我国人口老龄化进程的加快，老龄问题与老龄政策成为当下学术研究的热点和焦点。党的十九大报告指出，积极应对人口老龄化，构建养老、孝老、敬老政策体系和社会环境，推进医养结合。[2]老年人的生活照料和医疗服务需求是叠加的，老年人“日益增长的美好生活需求”与养老服务供给不平衡和碎片化之间的矛盾是当前学术研究的重要选题。与西方发达国家相比，我国医养结合处于起步阶段，在学习西方国家的经验基础上，借鉴整体

1 邬沧萍：《邬沧萍自选集》，中国人民大学出版社，2007，第593页。

2 习近平：《决胜全面建成小康社会 夺取新时代中国特色社会主义伟大胜利——在中国共产党第十九次全国代表大会上的报告》，人民出版社，2017，第23页。

性治理的理论框架，提出化解我国医养结合供给碎片化之道，构建适合我国的医养结合供给整合路径是一个迫切而有价值的议题。

（一）研究背景

1. 社会与政策环境

（1）深度老龄化的发展趋势

2000 年我国迈入老龄化社会以来，老年人口急剧上升。截至 2019 年年底，我国 60 岁及以上老年人口达到 2.53 亿人，占总人口的 17.9%，其中 65 周岁及以上人口 17 603 万人，占总人口的 11.9%。从 2000 年我国成为老龄化国家到 2020 年的 20 年时间，我国 60 岁以上老年人口的增值超过 1 个亿，平均每年增加 500 万老年人口。我国将成为世界上人口老龄化速度最快的国家之一。据相关学者统计，到 2030 年，中国将进入“超老年型”社会；而到了 2050 年，60 岁以上的人口数将达到 4 亿左右，占总人口的比重将超过 25.2%，21 世纪中叶中国将成为高度老龄化的国家。[1] 近十年，中国 65 岁及以上老年人口不断增长，由 2010 年的 11 894 万人增长至 2019 年的 17 603 万人（见表 1–1）。另外，由于高龄老人群体失能率在 50% 以上，我国失能老人规模从现阶段的 625 万人将上升到 2050 年的 1 875 万人，35 年里增幅高达 200%。[2]

1　应斌：《企业开发老年市场的对策思路》，《武汉大学学报（哲学社会科学版）》2004 年第 1 期。

2　《2017 年中国人口老龄化发展现状及发展趋势预测》，《产业网》，2019 年 9 月 21 日，http://www.chyxx.com/industry/201609/450472.html，2019 年 5 月 28 日。

表 1-1 2010—2019 年我国总人口与 65 岁及以上人口数量变化(单位:万人)

年份	2010	2011	2012	2013	2014	2015	2016	2017	2018	2019
年末总人口	134 091	134 735	135 404	136 072	136 782	137 462	138 271	139 008	139 538	140 005
65 岁及 65 岁以上人口	11 894	12 288	12 714	13 161	13 755	14 386	15 003	15 831	16 658	17 603

数据来源:国家统计局。

我国老龄化程度从初级老龄阶段向中度老龄化快速发展,根据相关专家预测,我国老龄人口占总人口的比例由 7% 上升到 14% 需要 26 年的时间,这个速度跟日本相近,但远远快于发达国家老龄化的速度。

除日本以外的其他发达国家,从轻度老龄化到深度老龄化的过程几乎需要半个世纪的历程,而发展中国家大多只需要 20~30 年左右的时间。我国老龄化表现出的老龄人口基数大、发展快等特点无不要求政府、社会和家庭个人做好各项准备来应对即将到来的巨大老龄服务需求。

(2)国家的医养结合政策导向

在我国老龄化快速到来,社区、家庭、服务业普遍仍不发达的背景下,共享和专属服务难以区分,养老服务承载着“大而全”的责任。“大而全”指大生活内容、全老年周期,“大”养老“全”服务,养老服务承载了很多特殊重任。[1] 目前已有的养老服务是以活力健康老人为主要对象,以生活娱乐交往服务为主要服务内容。随着我国老龄化、高龄化、失能化的发展趋势,带病生存的老年人数量持续增长。老年人医疗卫生服务需求和生活照料需求叠加的趋势越来越显著,迫切需要为老年人提供医疗与养老相结合的服务。

“十二五”期间,促进我国养老服务发展的标志性和转折点是国务院 2013 年 9 月发布的《关于加快发展养老服务业的若干意见》(国发〔2013〕

1 吴玉韶:《构建以照护为重点的养老服务体系》,2019 年 4 月 19 日清华养老论坛上的演讲。

35号）[1]和2015年11月转发卫计委（现为卫健委）等9部门共同起草的《关于推进医疗卫生与养老服务相结合的指导意见》（国发〔2015〕84号）[2]两个文件。《关于加快发展养老服务业的若干意见》和《关于促进健康服务业发展的若干意见》明确提出积极推进医养结合，强调推进医疗机构与养老机构的合作。2016年是“十三五”开局之年，养老服务进入发展的关键阶段。“十三五”期间，相关政策法规密集出台，覆盖了从立法、体制创新到政策补贴和优惠等一系列内容。2016年5月17日，国家卫计委（现为卫健委）、民政部发布《关于遴选国家级医养结合试点单位的通知》[3]，每个省（市、区）可申报两个医养结合试点地区。试点地区将在创新医养结合管理机制和服务模式中先行先试，提供经验。2017年3月，国务院发布《关于印发“十三五”国家老龄事业发展和养老体系建设规划的通知》（国发〔2017〕13号），规定到2020年，护理型养老床位占比不低于30%，要完善医养结合机制，为老年人提供一体化服务。[4]同年11月，十三个部门联合印发了《“十三五”健康老龄化规划》，首次提出了健康老龄化的内涵，并将优化“医”“养”资源配置格局，构建医养结合服务网络作为重点任务实施。“十二五”以来，立足于老龄化进程加快以及健康养老需求日益增长的现实，国家出台了一系列政策，大力推动和支持医养结合的发展，见表1–2。

1　国务院关于加快发展养老服务业的若干意见，2013年09月13日。http://www.gov.cn/zhengce/content/2013-09/13/content_7213.htm，2019年5月30日。

2　国务院办公厅转发《关于推进医疗卫生与养老服务相结合的指导意见》，2015年11月20日。http://www.gov.cn/xinwen/2015-11/20/content_2969404.htm，2019年5月30日。

3　尹楠：《医养结合国家级试点启动 居家养老是关键》，《健康界》2016年6月23日。https://www.cn-healthcare.com/article/20160623/content-483728.html，2019年5月30日。

4　国务院《关于印发“十三五”国家老龄事业发展和养老体系建设规划的通知》，2017年2月28日。http://www.cncaprc.gov.cn/contents/2/179240.html，2019年5月30日。

表 1-2 “十二五”以来我国国家层面发布的医养结合相关政策

时间	发文机构	政策名称
2013.9	国务院	关于加快发展养老服务业的若干意见
2013.9	国务院	关于促进健康服务业发展的若干意见
2014.3	国家卫计委（现为国家卫健委）	关于成立卫生计生老龄工作领导小组的通知
2014.6	发改委等	关于组织开展面向养老机构的远程医疗政策试点工作的通知
2014.9	发改委等 10 部门	关于加快推进健康与养老服务工程建设的通知
2014.10	卫计委（现为卫健委）	关于印发《养老机构医务室基本标准（试行）》和《养老机构护理站基本标准（试行）》的通知
2014.11	财政部、国家发改委	关于减免养老和医疗机构行政事业性收费有关问题的通知
2014.11	商务部	关于推动养老服务产业发展的指导意见
2015.11	国务院	关于推进医疗卫生与养老服务相结合指导意见的通知
2016.4	民政部、卫计委	关于做好医养结合服务机构许可工作的通知
2016.4	卫计委（现为卫健委）、民政部	关于印发医养结合重点任务分工方案的通知
2016.5	卫计委（现为卫健委）、民政部	关于遴选国家级医养结合试点单位的通知
2016.6	人社部	关于开展长期护理保险制度试点的指导意见
2016.6	卫计委（现为卫健委）、民政部	关于确定第一批国家级医养结合试点单位的通知
2016.9	卫计委（现为卫健委）、民政部	关于确定第二批国家级医养结合试点单位的通知
2016.10	国务院	“健康中国 2030”规划纲要
2017.3	国务院	关于印发“十三五”国家老龄事业发展和养老体系建设规划的通知
2017.3	民政部等六部门	关于开展养老院服务质量建设专项行动的通知
2017.5	国务院	关于支持社会力量提供多层次多样化医疗服务的意见
2017.6	国务院	关于制定和实施老年人照顾服务项目的意见
2017.10	卫计委（现为卫健委）	关于印发康复医疗中心、护理中心基本标准和管理规范(试行）的通知
2017.10	全国老龄委	关于落实《“十三五”国家老龄事业发展和养老体系建设规划》成员单位分工的意见
2017.11	卫计委（现为卫健委）	关于印发《“十三五”健康老龄化规划重点任务分工》的通知

续表

时间	发文机构	政策名称
2017.11	卫计委（现为卫健委）	关于养老机构内部设置医疗机构取消行政审批实行备案管理的通知
2017.11	工信部、民政部、卫计委（现为卫健委）	关于组织申报《智慧健康养老产品及服务推广目录》的通知
2017.12	国家中医药管理局	关于推进中医药健康服务与互联网融合发展的指导意见
2018.1	国务院	关于改革完善全科医生培养与使用激励机制的意见
2018.6	国家卫健委	关于进一步改革完善医疗机构、医师审批工作的通知
2018.6	国家卫健委等 11 部门	关于印发促进护理服务业改革与发展指导意见的通知
2018.7	民政部	关于贯彻落实国务院常务会议精神做好取消养老机构设立许可有关衔接工作的通知
2018.10	国家卫健委、中医药管理局	关于规范家庭医生签约服务管理的指导意见的通知
2019.2	财政部、税务总局	关于明确养老机构免征增值税等政策的通知
2019.3	国务院	关于推进养老服务发展的意见
2019.4	国家卫健委	关于做好 2019 年家庭医生签约服务工作的通知
2020.4	民政部等六部门	关于做好 2020 年养老院服务质量建设专项行动工作的通知
2020.5	国家医保局	关于扩大长期护理保险制度试点的指导意见（征求意见稿）

老龄化和慢性病带来的高龄失能问题引起了政府的重视，“十二五”以来，国务院及各部委针对老龄问题和健康问题密集发布文件，指导地方政府和社会各界应对这一紧迫社会问题。“十三五”的发展目标是满足人民群众基本医疗卫生服务需求和多样化、多层次健康需求。在党的十九大报告中，指出了要积极应对人口老龄化的决策，提出推进医养结合，构建养老、孝老、敬老的社会环境。在党的十九届四中全会公报第八大部分的坚持和完善统筹城乡的民生保障制度中提出，必须健全老有所养等国家基本公共服务制度体系，加强普惠性、基础性民生建设；创新公共服务提供方式，满足人民多层次多样化需求；积极应对人口老龄化，加快建设居家社区机构相协调、医养康养相结合的养老服务体系。

2. 老年群体的内在需求

老化是人的一般过程，在这个过程中人体器官会逐渐衰退，身体会变得虚弱。老年人随着年龄的增长，经历着生物老化、心理老化、社会老化和自然老化的过程（如图 1-1 所示）。在老化的过程中，老年人反应能力下降，疾病增加，生活模式也会相应改变。人体自然老化会有十大变化，如肌肉骨骼的改变、呼吸系统的改变、心血管系统的改变等。

老年期以后，由于生理机能衰退，多种老年慢性疾病如心脑血管疾病、骨关节病、糖尿病、阿尔茨海默病等的发病率提高而导致老年人失能。由老年疾病引起的机体功能衰退，属于自然衰老而导致的失能，表现为不同种类的失能。相对于高龄和失能等其他方面的增长，我国空巢、独居老人的增幅更大。截至 2018 年年底，我国城乡空巢比例平均超过 50%，大城市更加严重，空巢比例 70% 左右。[1]

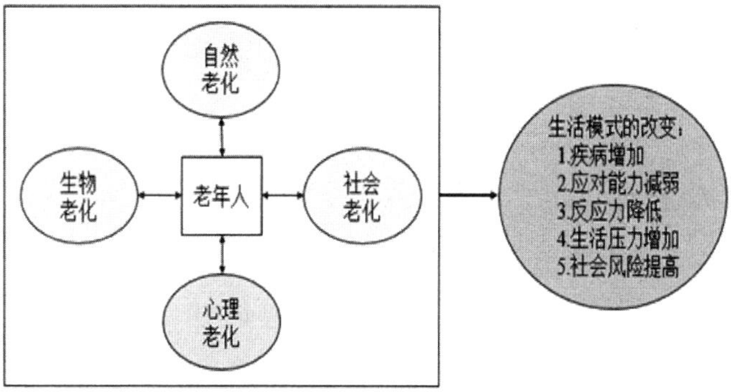

图 1-1　老化对生活模式的影响

资料来源：陈燕祯：《老人福利服务：理论与实务》，华东理工大学出版社，2018，第 62 页。

1　吴玉韶：《构建以照护为重点的养老服务体系》，2019 年 4 月 19 日清华养老论坛上的演讲。

（1）老年慢性病、失能与空巢

老年人的健康问题已成为一个社会问题。根据国家卫健委的数据，截至2018年年底，我国患有慢性病的老年人有1.5亿人，占老年人总数的65%，失能、半失能老年人有4400万人，慢性病占死亡原因的91.2%。[1]有科学研究表明，75岁以上的长者平均有5种老年病，慢性病已经是我国居民的头号杀手。我国慢性病的患病率为17%，其中60岁以上人群患病率是一般人群患病率的2.5~3倍。[2]中国的慢性病呈现“井喷式”的增长，进入老年后的17年左右余寿中，预期健康的寿命只占三分之一左右。[3]目前养老服务市场主要凸显的问题是高龄、失能老年人的康复护理、健康保健、心理咨询等服务需求难以满足。以老年慢性疾病患者和肿瘤晚期患者为主的长期住院患者，符合出院条件但需要后续持续治疗和康复，因出院回家或在社区难以找到后续治疗的机构而往往不愿出院最后滞留医院，导致长期住院、押床。长期住院反映了社区卫生服务能力不足，难以得到患者的信任。人口老龄化使高龄老人对医疗依赖增加，为缓解大医院人满为患、一床难求的现状，必须探索“急慢分治”的新模式。

已有的研究发现，老年人慢性病患病率较高且有几个病种叠加的现象，如城市老年人患慢性病的比例高于农村老年人、东部比例高于中西部。笔者在调研中了解到，老年人的健康意识不强，特别是农村地区老年人，只要能维持生活、勉强能劳作就自认为是健康。老年人身体或多或少、或重或轻都有疼痛不适之感，对医疗康复服务需求强烈。据调查，脑卒中和心脏导致的死亡人数占总数的四分之一，并且每年新发脑卒中150万人，死亡100万

1　吴玉韶：《构建以照护为重点的养老服务体系》，2019年4月19日清华养老论坛上的演讲。

2　符美玲等：《从长期住院研究谈构建“医养结合”照护体系的必要性》，《中国医院》2013年第11期。

3　杜鹏：《中国人口老龄化过程研究》，中国人民大学出版社，1994，第174页。

人以上。每年 1 亿人诊断为高血压，2 亿人诊断为糖尿病。其中老年人占了 77.3%，表明老年人的医疗卫生服务需求旺盛。全国老龄办政策研究部副主任李志宏在 2016 年首届京津冀养老论坛上指出，我国失能、高龄、空巢、独居老人大幅增加，老龄化进程日趋严峻。据推算，到 2020 年失能老年人将增加至 4200 万人，2030 年 6168 万人，2050 年 9750 万人；80 岁以上高龄老年人到 2020 年达 2900 万人，2030 年 4300 万人，2050 年将超过 1 亿人；空巢和独居老年人递增到 2020 年的 1.18 亿人，2030 年的 1.8 亿人，2050 年的 2.62 亿人。[1]

在重大公共卫生事件爆发时，老年人首当其冲成为最脆弱的易感人群。根据世界卫生组织 2020 年 2 月 28 日的报告，新型冠状肺炎（以下简称“新冠”）感染者中老年人的比例是决定病死率的重要因素，新冠确诊病例和疑似病例的死亡率均随年龄增长而呈指数式上升。其中，40~49 岁的占 0.4%，60~69 岁的占 3.6%，80 岁及以上的占 14.8%；患者基础疾病的感染者死亡率上升，合并高血压的死亡率是 6.0%，合并糖尿病的死亡率是 7.3%，合并心血管疾病的死亡率是 10.5%。以 2020 年意大利、德国和韩国 1 月 10 日至 5 月 8 日的新冠肺炎病死率中，60 岁及以上人口的新冠病死率意大利最高，其次是德国，最后是韩国，与这三国的老龄化程度呈正相关。见表 1–3。

表 1–3 德、意、韩三国老龄化与老年新冠患者病死率

国家	60 岁及以上人口占总人口的比例（%）	60 岁及以上人口新冠肺炎病死率（%）
意大利	29.84	13.88
德国	28.63	4.34
韩国	23.15	2.37

资料来源：https://baijiahao.baidu.com/s?id=1664234251630000847&wfr=spider&for=pc。

1 周润健：《4 年后我国失能老人将达 4200 万，80 岁以上高龄老人 2900 万》，《中国新闻网》，2016 年 10 月 26 日。http://www.chinanews.com/gn/2016/10-26/8044510.shtml，2019 年 3 月 20 日。

（2）老年服务需求的差异化与连续性

老年人在不同年龄阶段其服务需求存在较大差异，老年人的健康状况阶段性变化并不完全是绝对的，随时会发生转化。总体上来看，低龄阶段老人身体状况较好、自理能力较强，其生活照料需求较弱，孤独感明显，精神生活单调，生活和社交场所除了家庭和社区外，仍然参与社会活动和人际交往，有更多娱乐需求并得到精神生活的满足，居家养老意愿强且具有现实性。比如，互助抱团养老是解决老年人孤独的有效方式，团体组织、内部组织等各种活动可以形成互帮互助的氛围。而当老年人处于高龄、自理能力低下阶段时，由于身体系统功能弱化，慢性病缠身、大病频发，再加上意外伤害随时可能发生，老年人手术、住院治疗和大病、术后康复交替进行，需要在医院、社区服务中心、养老机构或家庭之间转介。老年人在不同需求阶段需要在不同服务机构之间进行转介，而不同服务机构是独立的主体，各有其自身的利益目的。因此，由于在转介过程中各机构之间利益博弈，老年人难以顺畅转介，老年人所需要的服务更不可能无缝对接。如果老年人不能获得连续的、便捷的服务，轻则不适应，重则导致身体状况恶化。而老年阶段所需的医疗服务、生活照料、康复护理等服务并不是完全分阶段的，往往是交叉着同时进行的。因此，如果完全按照年龄和身体状况分类进行服务显然不符合实际，因为老年人的服务需求是连续的、综合的。见图 1–2。

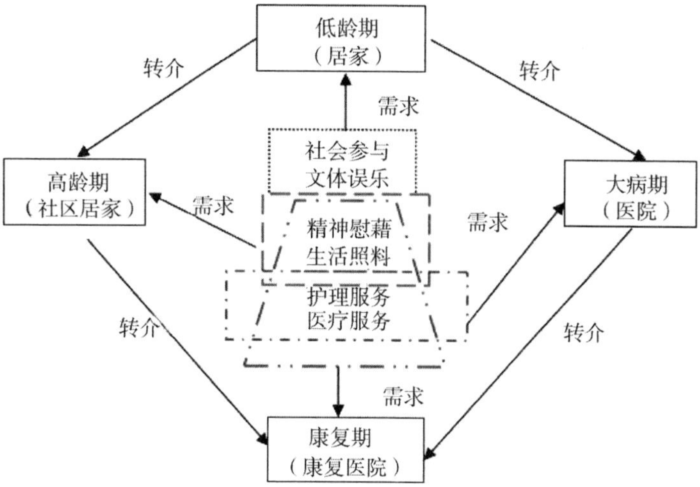

图 1-2 老年不同阶段转介及服务需求示意图

3. 问题的提出

老龄问题首先是一个社会问题、国家问题，不单纯是老年人的个人和家庭问题。[1] 邬沧萍把中国老年人的需要总结为 4M，即经济保障（money）、医疗保障（medicare）、精神慰藉（mind）、生活照料（manual service）。[2] 我国的老年保障主要体现在经济保障上，分不同人群实施的社会医疗、社会救助和低保制度就是典范。

我国的人口老龄化问题，不仅体现在人口层面，更与国家转型发展中的问题相互交织，因此带来了一系列挑战。其一，经济发展方面，劳动力供给总量下降，社会抚养比持续升高；其二，民生发展领域，养老保险收支、医

1 邬沧萍：《社会老年学》，中国人民大学出版社，2003，第 5 页。

2 邬沧萍：《邬沧萍自选集》，中国人民大学出版社，2007，第 605 页。

疗卫生服务与养老服务带来较大压力。[1] 随着高龄、失能老年人的增多，老年人的医疗、康复、护理及心理等需求矛盾突出，所以整合以上服务的医养结合供给模式呼之欲出。高龄老年人的患病和日常独立生活能力弱化两者并存且相互影响，单一的生活照料和医疗保健服务不能满足其需求，迫切需要集医疗护理和生活照护于一体的综合服务。我国的养老和医疗分属两大体系，现有养老机构多采取“医养分离”的照料模式，老年人尤其是患病、失能、半失能老年人的医疗供需矛盾突出。目前的医疗服务和养老服务资源很难满足老年人的需求，在传统生活照料的基础上迫切需要康复护理、精神慰藉和临终关怀等服务。

医养结合是国家意志，已融入国家战略。“十二五”以来，“医养结合”无疑是我国养老研究新的关注点和热点。2013 年以来，国家层面围绕医养结合发布了一系列指导性的政策文件，根据笔者粗略统计，仅中央部委的发文就达上百件。虽然近几年来，从国家到地区高度重视医养结合工作，及时制定出台了很多推进医养结合的政策措施、规划方案等，但缺乏明确的操作细则，导致政策难以落地。

医养结合是我国应对人口老龄化和慢性病挑战的一个策略，是对传统养老服务的改进和超越，是有效解决传统养老服务不能适应现代需求，满足老年人生活照料、医疗康复和心理慰藉等综合性、整体性需求的必然模式。鉴于此，本文提出的问题是：这一新型养老服务模式需要在什么环境下才能有效供给？目前我国医养结合供给实践中存在哪些问题？医养结合服务供给过程中会产生哪些冲突和矛盾？通过什么方式和途径解决“医”“养”服务分离的状况？整体性治理理论如何应用于解决服务碎片化问题？医养结合供给未来如何发展？本书将围绕以上问题展开讨论。

---

1 王东海：《中国应对人口老龄化政策探索与实践》，2019 年 4 月 21 日在中德日健康老龄化高端研讨会上的讲话。

（二）研究意义

1. 理论意义

首先，本书在一定程度上丰富了老年福利和老年保障的相关理论。在党和政府的大力推动下，经过几十年的发展，我国的老年保障制度基本建立并日趋完善。“十二五”以来，政府加大了对老年人的关爱和保障力度，老年服务日益丰富，但对于失能、失智、空巢和特困老年人的服务保障还很不完善。本研究的理论成果有利于我国社会福利制度的健全，为丰富社会福利和社会保障的相关理论起到一定的积极作用。

本书利用整体性治理理论分析医养结合服务的碎片化问题，将丰富医养结合政策研究的理论视角。已有研究主要从福利多元主义、公共物品理论和社会需要理论等视角对医养结合的模式、开展的必要性、存在的问题、实践探索和国际经验等方面进行了探讨。整体性治理理论是公共治理的最新理论，较少学者以此理论视角对社会服务领域问题进行分析，即使有相关分析也不够深入和系统。从整体性治理的视角分析医养结合碎片化问题能够深入了解其生成机理，从而丰富对医养结合养老碎片化问题研究的理论视角。同时，本书将拓展整体性治理理论在养老服务领域的应用。整体性治理理论更多用于研究政府管理、公共治理领域，在养老服务、医养结合问题的研究方面较少有相关研究成果。而我国医养结合的碎片化适合用这个理论来分析，可以说，用整体性治理理论解决医养结合问题拓展了整体性治理理论的应用范围。

其次，本书有利于丰富社会公平相关理论。党的十八届三中全会和十九大报告对社会公平正义做了明确表述，提出了要促进社会公平正义、增进人民福祉、建立公平可持续的社会保障制度的目标。党的十九大报告强调人民美好生活需要对公平、正义提出了更高的要求。养老既是个人和家庭的事，也是国家和社会的责任。本书在借鉴国内外相关研究成果的基础上，进一步阐述养老服务的公平性有利于探索建立医养结合养老服务体系，从而丰富社会公平的相关理论。

再次，本书为养老服务的研究提供了新的视角。本书对中国进入老龄化以来尤其是“十二五”以来养老服务政策的发展进行了较全面的梳理。已有医养结合的研究分别从政治经济、社会文化和医疗护理等视角进行了较深入的剖析，而更多的研究是总结国内的实践教训、发达国家的实践经验及其对中国的启示。现有研究对医养结合养老服务的整合问题论述较少，而本书从整体性视角探索医养结合服务为医养结合服务发展取向提供了研究视角。

医养结合是交叉学科，涉及领域众多，如政治、经济、医学、老年学和社会学等。用整体性治理这个新的研究视角来分析医养结合的问题为研究老龄服务打开了新的视角，同时也为与长期照护相关的交叉学科提供了探索的空间。本书力求推动整体性治理理论本土化的研究，将整体性治理的主要思想应用于养老服务领域，探索如何借鉴整体性治理的有益思路来促进医养服务供给侧改革。构建一个整体性的医养结合服务供给体系是我国未来应对老龄化、解决越来越多老年人多项服务重叠需求的一项重要课题。

2. 实践意义

从资源配置的角度看，本书将推动医养相关资源进一步整合，打破医养分离的现状，从而实现养老资源使用效率最大化；从完善养老服务市场的角度看，目前我国的养老服务产品和养老护理人员的供给难以满足日趋增长的需求，医养结合服务供给的发展，有助于养老服务业的发展和养老服务领域的就业，我国老龄化服务的潜在需求和老龄服务市场的规模之大，未来市场上释放的养老服务就业岗位巨大。从社会发展的角度看，构建符合中国国情和老年人需求的整合照料模式，有利于提高老年人的生存质量，实现城乡失能老年人获得连续的、一体化的医养结合服务，有利于科学应对人口老龄化、促进经济社会和谐发展。

二、研究思路与方法

（一）研究思路

本书基于已有研究成果和政策文本，在我国医养结合服务实践的基础上，建立了“产生背景—供给实践—碎片化困境—整合路径”的研究思路。采用文本分析方法对已有文献进行归纳、地方实践经验进行总结，利用扎根理论研究方法对访谈数据进行编码归纳分析，发现我国医养结合服务供给实践存在多因素困境及碎片化等核心问题。本书利用整体性治理理论的整合手段，以公共服务供给的要素内容为分析维度来解决医养结合碎片化问题并提出我国医养结合供给整合的路径和整合目标。本书的行文逻辑思路如图 1–3 所示。

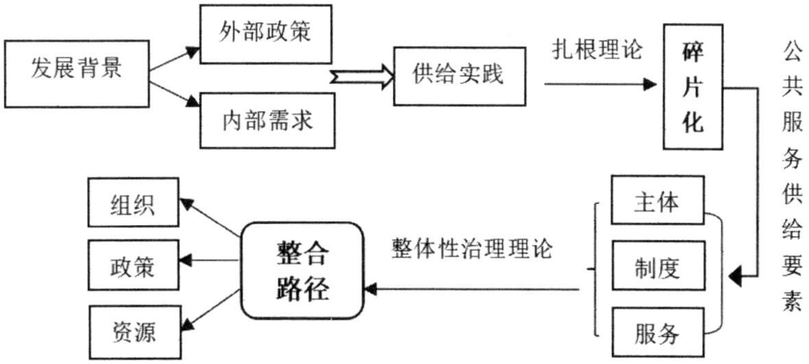

图 1–3 逻辑思路

（二）研究方法

本书采理论分析与用实证研究相结合、定量与定性相结合的方法，运用政策文本分析法分析我国近年来的养老服务政策，选取了三种医养结合服务供给形式作为案例进行对比分析，在深度访谈和参与式观察的基础上利用扎根理论研究方法归纳我国医养结合服务供给实践的问题。

第一，笔者通过政府官网、网络渠道和图书资料，查阅了我国自 2000 年以来有关养老服务的政策法规，广泛搜集国内外关于医养结合的相关研究成果和医养结合供给模式的典型实践案例，初步了解该研究领域的最新研究动态，为深入研究奠定了基础。

第二，在对南京和成都调研的基础上，本书选取了三种主要医养结合服务供给形式作为案例，对国内试点地区实施的医养结合政策进行了比较分析。通过对比，了解我国医养结合服务的供给和制度实施状况，结果发现我国医养结合服务在供给组织、供给政策和供给资源方面呈碎片化的状态，最后本书从三个维度提出医养结合供给的整合路径设想。

第三，根据程序化扎根理论的目的性抽样，在调查案例的选择上，笔者分别选取了南京市、成都市和南昌市的不同性质的医养结合型机构；在南京市和海口市分别选取了四个社区作为调查对象和资料获取区域。通过半结构式访谈对医养结合机构的管理者、护理人员和社区居家服务中心负责人、街道以及社区其他相关工作人员进行深度访谈，获得了访谈录音 24 份，访谈对象分地区按照机构、社区和访谈时间进行编码。见表 1–4 和表 1–5。

表 1-4 机构访谈对象基本信息

地区	所在机构	机构性质	访谈对象	编码
成都	DY 社会福利院	公办公营	P 主任	JGCD201801
	ZYC 颐养居	公办民营	LTL 院长	JGCD201802
	LA 护中心	日方投资运营	Z 经理	JGCD201803
南京	RHB 老年康复中心	公办民营	C 主任	JGNJ201801
	LBSX 老年公寓	公办公营	X 院长	JGNJ201802
	LBSX 老年公寓	公办公营	Z 护工	JGNJ201803
	YH 老年公寓	民办公助	J 助理	JGNJ201804
南昌	老年颐养中心	公办民营	Z 总、L 院长	JGNC201801
	XH 社会福利院	公办公营	G 部长	JGNC201802
	DH 社会福利院 FH 分院	民办公助	S 院长	JGNC201803

表 1-5 社区访谈对象基本信息

地区	所在社区	社区情况	访谈对象	编码
南京	月牙湖街道	老旧街道	S 科长	SQNJ201901
	富丽山庄社区	早期富人社区	社区 W 干事	SQNJ201902
	石门坎社区	老旧社区	社区 N 干事	SQNJ201903
	梅花山庄社区	早期富人社区	社区 B 主任	SQNJ201904
	东山街道	区核心街道	W 科长	SQNJ201905
	泥塘社区	涉农社区	社区 Q 干事	SQNJ201906
	上坊社区	城郊结合	社区 Y 主任	SQNJ201907
	大里社区	涉农社区	社区 Z 主任	SQNJ201908
	JK 老年康复院	民非组织	T 护士长	SQNJ201909
	XY 居家养老中心	民非组织	社区点 X 负责人	SQNJ201910

续表

地区	所在社区	社区情况	访谈对象	编码
海口	滨海新村社区	老旧社区	L 主任	SQHK201901
	新安社区	示范社区	C 主任	SQHK201902
	玉沙社区	搬迁改造	H 主任	SQHK201903
	市卫健委	政府机关	某科长	SQHK201904

三、研究内容与基本概念

（一）内容安排

本书按照上文中的逻辑思路展开研究，从我国医养结合的实践出发，了解实践的现状并发现问题。在公共服务供给框架内探讨我国医养结合服务供给碎片化的表现，提出从组织、政策和资源三个维度进行整合治理的建议。见图 1–4。主要内容分为三大部分：导论、本论和结论。

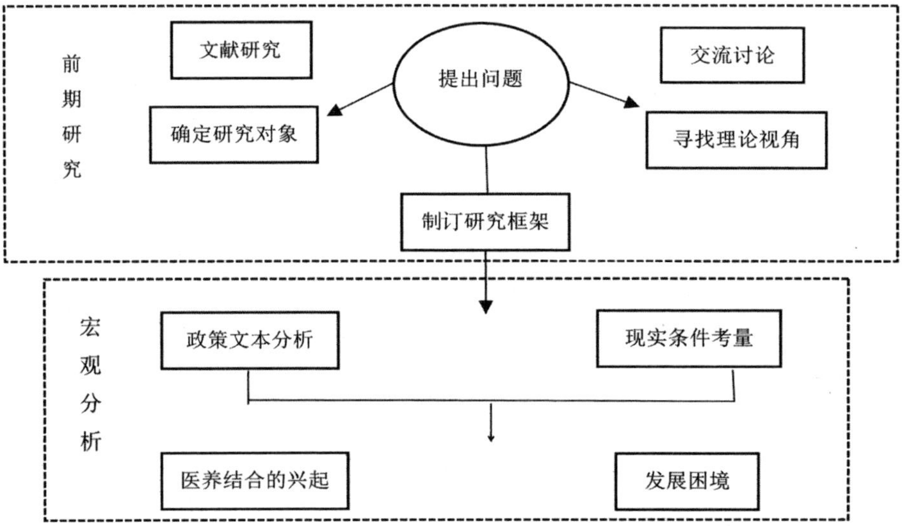

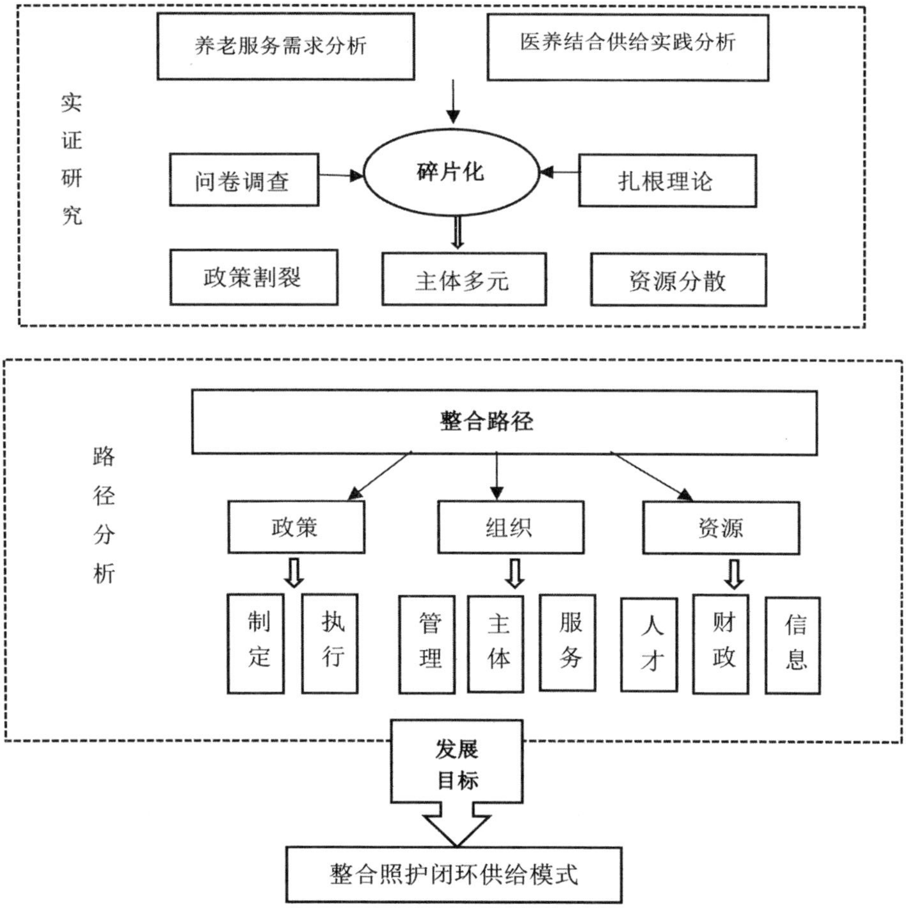

图 1-4 研究路线

首先，导论是对整篇文章的引导与概述。在导论部分的研究背景中提出医养结合研究的问题并分析研究存在的理论与实践意义。在对医养结合供给的国内外研究进展进行概述的基础上，提出本书的主要研究内容及框架、技术路线和研究方法，并介绍研究数据的来源。

第二章是研究综述，对近年来国内外关于医养结合的相关研究进行归纳，分析国内研究的不足和国外研究的进展，提出本书的研究空间和问题。

第三章是本书的理论工具——对整体性治理理论进行梳理与阐释，结合公共服务供给理论，提出本书的研究框架。整体性治理是以公民需求为导向、以解决问题为治理目标，强调合作性整合。整体性治理通过新的组织结构和运作机制破除政府部门之间的相互扯皮推诿和功能重叠的现象，以减少资源浪费，提升政府公共服务效率。整体性治理要解决碎片化问题，建立跨部门的机构协调运作机制，实现信息统一和提供“一站式”服务的目标。从我国医养结合服务的发展现状、问题症状或体制背景来分析，其与整体性治理理论非常契合。因此，整体性治理理论适用于我国医养结合服务供给整合的研究。

第四章是老年服务需求与养老方式选择的影响因素分析。本书通过问卷调查和访谈的方式，从需求程度与经济能力两个维度，分析老年人康养服务需求的差异性，发现老年人健康状况、慢病患病情况、婚姻状况、文化程度、职业和子女情况等因素导致服务需求的差异化，而家庭关系和孤独感与康养服务需求呈负相关。老年人在康养服务方式的选择上受到诸如子女情况、经济收入、社会文化和传统观念等家庭与社会因素的影响显著。

第五章是对我国医养结合供给实践的实证分析。本书基于对南京、成都、南昌和海口四个城市的老年服务机构、社区和老年人的问卷调查和访谈数据，以“互联网＋居家医养”、医养结合协作联盟和养老社区三种供给模式为案例，分析我国医养结合供给实践。研究发现，因地区经济发展水平、政策实施、资源利用等差异性导致不同医养结合供给模式的发展差异明显。本书在深度访谈基础上利用扎根理论进行深入分析，综合研究结果发现，医养结合供给的核心问题是碎片化，主要表现为供给组织壁垒、政策割裂和资源分散三个方面。

第六章对医养结合供给碎片化的具体表现及其生成机理进行深入分析。医养结合供给方式割裂、服务提供碎片化都影响了有效需求，如何实现供给整合，提升医养结合服务的可及性与有效性，即是本书的核心所在。医养结合组织管理碎片化的根源是供给主体多元、各主体发展不平衡且涉及的管理部门众多。养老和医疗分属两个系统，在政策制定和执行中无疑冲突重重，这必将造成医养结合服务供给中医疗护理服务难、医保衔接困难等政策碎片化问题。而我国一直以来的二元经济体制中社会保障制度的身份属性会造成财政资源分散，养老保障制度碎片化严重，服务的需求与供给的信息不对称也会造成资源浪费。

第七章是我国医养结合供给的整合治理路径。首先，通过政府的纵向层级和横向功能的整合，建立沟通协调机制实现政府管理的整合；其次，建立“政府主导、各方参与”的协同机制和责任共担机制，实现供给主体的整合；第三，从服务方式的无缝转介到社区居家的相互渗透实现服务的整合。医养结合服务供给的政策整合需从保障制度上进行整合，实现资金来源渠道清晰合理化。其中，养老保险制度逐渐消除身份属性和城乡差异，实现全国统筹；老年津贴制度打破了条块分割的局面，建立了综合的老年津贴补助制度。另外，在政策执行过程中消除地区差异，实施医养结合服务过程中整合医疗服务和长期照护政策的连接。对于资源整合，主要从财政配套资源、人力资源和供需信息等方面进行有效整合。

最后是结论，对本书的核心内容进行了总结，提炼出了本书的观点，在与现有文献对话的基础上总结本研究可能的创新之处，并结合本书的研究目的及研究过程中存在的问题，提出了作者对于未来构建整合照护闭环服务模式的期望及有待进一步研究与探索的问题。

（二）基本概念

1. 医养结合

“医养结合”的概念与提法源于整合理论的兴起与发展。1967 年 Lawrence 和 Lorsch 提出整合是一种协作状态，并认为是不同部门间根据环境需要，通过一致共同努力而进行的协作。[1] 医养结合在我国还是新鲜事物，任何事物在诞生之初都是探求者众多。已有研究中“医养结合”与“医养融合”、“长期照护”混用，其中有代表性的是王浦劬和唐钧的观点。王浦劬等人[2] 把医养结合型养老服务等同于长期照护服务，他认为这是机构间衔接的机制，也是一种养老服务配置模式，是对资金、管理和供给方式的配置。同时他还认为“医养融合”就是医疗资源与养老资源在不同组织内的融合和促进，以此来满足老年人的服务需求，从而达到提升养老服务水平的目的。[3] 唐钧认为“长期照护”是一种社会服务，其服务对象是非自理老人，通过政府的支持与财政投入，由多元主体运作，目的是保持老人的生活质量、维护其独立和尊严。[4] 还有学者从功能角度界定医养结合，认为医养结合是侧重医疗服务，以基本养老服务为基础，机构间多方式结合、资源相互融合与促进，重点在于提高老年人的医疗服务质量，以达到提升老年人生活质量的目的，更重要的是要满足弱势老年群体的需求，保证其有尊严的老年生活。[5] 耿爱生也认为医养结合区别于传统的养老服务，最关键的是包含有专业的医疗保健服务。[6]

国内学者对“医养结合”的定义五花八门，不同的学科、不同的视角定义各有不同。总的来说，就是将“预防、治疗、康复、护理”服务融为一体，

---

1 Lawrence P R, Lorsch J W. “Differentiation and Integration in Complex Organizations” ,Administrative Science Quarterly,1967,pp.1-47.

2 王浦劬、雷雨若、吕普生：《超越多重博弈的医养结合机制建构论析——我国医养结合型养老模式的困境与出路》，《国家行政学院学报》2018 年第 2 期。

3 刘华：《“医养融合”重在融合现有资源》，《东方早报》2014 年 7 月 1 日第 003 版。

4 唐钧：《失能老人护理补贴制度研究》，《江苏社会科学》2014 年第 2 期。

5 Kodner D L, Spreeuwenberg C. “Integrated care: Meaning,logic,applications and implications: A discussion paper” , International Journal of Integrated Care,no.2,2002,p.1-6.

6 耿爱生：《养老模式的变革取向：医养结合及其实现》，《贵州社会科学》2015 年第 9 期。

“养”和“医”相结合，无论是什么方式提供，其内容均包含医疗护理和生活照料。相比传统意义上的养老服务，医养结合服务除了能满足老年人的养老需求，更重要的是能满足老年人的慢性病管理、康复护理等非治疗性医疗需求。[1] 首先，看病、报销方便；其次，服务具有综合性、连续性。要从服务方式和服务内容上去理解，不是简单的相加。医养结合的真正内涵即“医养融合”，侧重的是服务的兼得性，强调供需中“养”与“医”的结合，其区别之处是持续的、综合的老年照顾服务。[2]“医”从广义上来说，包括医疗、健康咨询、健康检查、疾病诊治、护理、大病康复以及临终关怀等服务；“养”则主要指生活的方方面面，具体包括生活照护服务、心理服务、文化服务等。

本书认为，医养结合不是医疗机构和养老机构或者说医疗服务和养老服务的简单相加，而是真正从学科专业上、人才上进行融合。医养结合的准确表述应该是医养融合，是指医养服务资源的互补，根据需要从不同学科组成医养服务专业团队提供一站式综合服务。机构内的服务主体完全融合形成一体化的服务，机构之间则是紧密合作一站式服务。因此，“医养结合”的含义包括两个方面：一方面指医养资源的有机结合，实现跨部门、跨专业的整合，满足老年人的多方面需求，实现资源的高效利用；另一方面指协调医疗服务与养老服务并使其连接起来，实现“医—养—护”的连续性与一体化。

2. 碎片化

“碎片化 (fragmentation)”这个词始于传播学，其本意是指完整的东西破碎成许多零碎的块状。本书中的“碎片化”用来代指医养结合服务供给的零

1　唐钧：《关于医养结合和长期照护服务的系统思考》，《党政研究》2016 年第 3 期。

2　孟颖颖：《我国医养结合养老模式发展的难点及解决策略》，《经济纵横》2016 年第 7 期。

散状态，从不同的应用情境出发，其具体的概念表达各异。近年来，国内学者从政府组织、政策过程、公共服务和养老服务等方面对“碎片化”进行了不同角度的研究。政府的碎片化是指政府各部门之间或各系统之间在处理公共问题时缺乏交流、沟通与协调，在政策制定、决策和执行过程中呈现碎片化状态。中央政府和地方政府之间、不同层级政府之间和不同部门之间从各自的部门利益出发，争论、讨价还价甚至妥协，难以进行有效协调，政府共同的目标难以达成一致。[1]

在公共服务领域，由于政府机构职责界线不明确，政策目标与政策手段产生冲突，导致各部门提供的公共服务分散和不连贯，无法满足居民的有效需求。[2]其中最为典型的是养老服务，我国城市养老服务的供给不管是供给主体、供给方式还是供给内容都表现出明显的碎片化，具体体现在体制的混沌性、供需的偏差性和机制的阻滞性上。[3]

本书的医养结合服务供给碎片化则是在充分结合“医养结合服务供给”和“碎片化”两个概念的基础上进行定义的。医养结合服务供给的基本要素包括供给主体、服务内容、服务模式、服务资源等。因此，医养结合服务供给碎片化主要是指政策制定的政府、服务供给的主体、服务供给的相关资源在医养结合服务供给过程中由于部门分散、目标不一致、利益偏好等造成政策的割裂、供给主体之间缺乏协调、服务资源分散，最后导致医养结合服务供需不匹配、供给方式偏废、资源有效利用不足和供给效率低下的状况。

1　赵晨光:《我国跨域公共危机治理碎片化问题思考——基于整体性治理视角》,《长春师范大学学报（人文社会科学版）》2017 年第 36 卷第 1 期。

2　唐任伍、赵国钦：《公共服务跨界合作：碎片化服务的整合》，《中国行政管理》2012 年第 8 期。

3　陈成文、陈舒：《从“碎片化”困境看 我国城市养老服务体系的制度建设》，《城市发展研究》2017 年第 12 期。

3. 整合照护

整合照护已成为当前健康照护的流行词，在北美、欧洲和其他地区引起了广泛的关注。世界卫生组织（WHO）将“整合”定义为一种提高服务的手段，包括服务的获得、服务的质量和服务效率的手段。垂直整合、水平整合是整合的主要因素和方式。其中，英国学者斯蒂芬·芒迪（Stephen·Munday)对整合的定义最具代表性，他认为整合的社会服务是指运用一系列的方式和方法来促进各服务之间的协调，如此使得服务对象能获得更有效、更高质的服务，从而提高服务对象对供给者的满意度。[1]

我国学者也从不同的角度和侧重点对整合照护做了释义。其中，穆光宗认为整合照顾是指服务供给主体的整合，如家庭、政府和社会组织等；身体护理和心理护理的整合，如医疗、护理和复健整合，安养、乐活和善终整合。[2] 国内学者往往把“整合照护”一词与“整合照顾”混用，而笔者认为“照护”兼具“照顾”和“护理”的内容，因此，本书使用“整合照护”。本书从一体化的视野定义整合，认为整合照护既包括资源的整合，如服务主体间的整合、服务内容的整合、服务提供者和需求者的整合；也包括照护方式的整合，不同照护方式之间可无障碍转介，实现以需求为导向、以人为本的一体化照护。

---

1 Stephen·Munday. “Brian.Integrated social services in Europe.Strasbourg Cedex”, Council of Europe Publishing,2007.

2 穆光宗：《整合照料资源才能确保失能老人的养老品质》，《中国社会报》2017年12月11日第003版。

第二章　研究综述

我国官方首次正式提出“医养结合”的概念是在国务院2013年9月发布的《关于加快发展养老服务业的若干意见》中。从中央各部委到各级地方政府的发展规划、老龄政策中，医养结合占据非常重要的地位。在人口老龄化深度发展、城乡统筹和公共服务均等化的战略背景下，医养结合服务成为社会关注、学界研究和企业实践的新方向、新领域、新视角。学者们从不同学科领域和不同视角对“医养结合”进行研究。通过对医养结合的制度安排和供给实践研究的回顾，在已有研究成果的基础上，本研究深入、系统地对该问题进行了探讨。

一、医养结合服务供给

截至2019年12月30日，以“医养结合”和“医养融合”为主题在中国知网检索，2013—2019年医养结合方面的文献总量分别是41、153、434、748、975、1131和433篇，其中期刊论文分别是19、96、246、534、691、884、350篇。从已有文献的篇数看，七年来我国学术界对医养结合主题的关注和研究兴趣与日俱增，学术成果日渐丰硕。然而，在现有成果中，关于医养结合供给整合的研究成果寥寥无几，仅有的几篇只是对现有实践的分析和浅显的政策建议，既缺乏理论构建，也缺乏实际可操作性。

已有的研究分别从医养结合的必要性、实施意义、理论依据、可行性、现实条件等角度进行了较充分的研究。研究成果对各地实践成果进行总结，探索存在的现实困难，并在此基础上提出了推进医养结合的实施机制和技术方案。综观2013年以来我国医养结合的已有文献，发现目前国内针对养老服务制度体系的研究文献较为丰富。分别从老年医学、经济学、社会学和适老居住设计等视角，探讨医养结合概念及其模式类型，讨论医养结合是什么以及如何结合。此外，医护工作者从工作实践中总结探讨医养结合的老年康复护理问题；而更多研究主要分析实施过程中遇到的问题和现有制度的短板。

（一）医养结合服务的内涵

国内学者对医养结合的界定有所偏狭，广义上来讲，“医养结合”服务的对象应该是全龄段、不同身体状态的老年人，生活不能自理的老年人是主要服务对象，需要长期或一段时间专业医疗服务的和自理程度较高的老年人都应包含在内。[1]医养结合是对养老服务和医疗服务之间割裂关系的重新认识，从策略上对“医”“护”“养”三方面实现协同，目的是为不同身体状况的老年人提供全面的、综合性的支持。[2]王浦劬等人认为医养结合型养老服务(又称长期照护服务)是一种配置模式、一种机制，是对养老相关资源、管理等的配置，也是医疗机构和养老机构间衔接的机制。目的是有效提高服务质量和服务效率，从而维护老年人的个体尊严，尤其对于弱势老年群体，

1　赵博洋：《推进养老机构医养结合的几点思考》，《中国社会报》2014年12月10日版。

2　邓大松、李玉娇：《医养结合养老模式：制度理性、供需困境与模式创新》，《新疆师范大学学报（哲学社会科学版）》2018年第1期。

满足他们的需求且过上有尊严的生活。[1]

医养结合即医疗资源与养老资源相结合，实现社会资源利用的最大化。“医养结合”养老模式涵盖五个方面的元素，即服务主体、服务客体、服务内容、服务方式和管理机制。医养结合服务主体除了政府、家庭、社区、机构等基本主体外，还包括社会各界人士，如志愿者、邻里朋友等。医养结合的实质是整合养老资源和医疗资源，使老年人能够获得连续的无缝隙的医疗康复护理和生活照料服务。养护和医护功能耦合，体现了“整体大于部分之和”的整体效应。

本研究的医养结合服务对象非专指失能、半失能和失智老人，而是所有老年人群体，包括低龄自理老人、半自理老人和高龄、失能老人在内的老年人群体。诚然，医养结合模式的服务内容强调健康服务，重点服务对象是失能、失智老人。现代医学强调“治未病”，老年慢性病预防、健康教育、营养保健和康复训练等内容是预防失能的重要内容，为低龄自理老人提供以上服务也是医养结合服务的组成部分。

（二）实施医养结合的必要性

医养结合实施的必要性问题在发达国家得到了广泛的认同。我国关于医养结合的必要性问题在学界基本达成了共识，认为在当前的需求和未来发展趋势下，医养结合是我国养老服务发展的必然选择。

第一，老年慢性病的研究视角。从我国慢性病患病率不断增长的趋势看，老年人群体是慢性病患病率的主要贡献者，我国老年慢性病患病率是一般人群的 2.5~3 倍。因老年慢性病的卫生支出造成家庭灾难性风险，有学者提出

1 王浦劬、雷雨若、吕普生：《超越多重博弈的医养结合机制建构论析——我国医养结合型养老模式的困境与出路》，《国家行政学院学报》2018 年第 2 期。

政府应对老年慢性病人群提供经济保护。[1]老年人的健康是值得目前全社会关注的问题，老年人医疗护理服务的可及性、便捷性和对医疗服务的依赖性，使得提供综合、连续的医疗服务成为当务之急。[2]符美玲等人[3]提出“长期住院患者”的概念，指出长期住院并不是主观选择，而是反映了患者的健康需求未能得到满足。只有建立医养结合的照护模式才能解决长期住院的问题。医养结合的主要服务对象是患有非治愈性慢性病、癌症晚期的老人，服务内容以生活照顾和减轻痛苦为主，因此确定照护对象尤为重要，让有限的照护资源得到有效利用。耿爱生[4]从养老模式的概念、体系、内容、养老服务主体方面进行了文献回顾，对照了传统养老服务与医养结合服务的特点与不同，认为医养结合有效解决了老年人的健康服务和经济压力两大问题。

第二，家庭照顾能力弱化的研究视角。有研究者预测在21世纪的工作和家庭问题上，照顾老年人将与照顾儿童同等重要，甚至超过照顾儿童。解决家庭照顾者的工作与家庭责任冲突问题，要建立家庭培训和支持计划，建立、运行和评估老年护理人员支持系统。Lango Deen[5]提出拉动双班制计划对于未来老年护理人员至关重要。

国外学者从照顾者情绪健康的影响角度研究医养结合老年服务社会化

1 王中华、李湘君:《老年慢病家庭灾难性卫生支出影响因素及其不平等分析》,《人口与发展》2014年第3期。

2 张晓杰:《医养结合养老创新的逻辑、瓶颈与政策选择》,《西北人口》2016年第1期。

3 符美玲等:《从长期住院研究谈构建“医养结合”照护体系的必要性》,《中国医院》2013年第17卷第11期。

4 耿爱生:《养老模式的变革取向:医养结合及其实现》,《贵州社会科学》2015年第9期。

5 Deen Lango. “Elder Care: Pulling a Double Shift: Planning Is Essential for Future Caregivers”, Women of Color Magazine, vol. 15, No. 1,2006.pp.60–61.

的必要性。Jo Ann Lee,Matthew Walker 和 Richard Shoup[1] 发现，照顾时间的长短与照顾者性别对情绪健康都有显著影响，照顾时间较长的比照顾时间较短的照顾者健康更差，女性抑郁比男性多。雇主需要制定干预措施平衡照顾者的照顾责任和工作，根据员工的参与程度制定工作—家庭政策。Richard W. Johnson 和 Anthony T. Lo Sasso 的研究结果表明，为年迈父母提供非正式护理可能与中年的全职带薪工作不相容。[2] 另外，对父母的帮助大大减少了中年女性的劳动力供给。照顾父母的责任会使越来越多的妇女提前退休或从全职工作转为兼职工作。研究还发现，健康状况不佳的女性比身体健康的女性更容易为体弱多病的父母提供护理。

为应对家庭照顾老人所面临的困难，1992 年我国台湾地区启动了一项外国人住家照顾计划。Stephen Lin 和 Dani è le B é langer[3] 用“社会家庭（social family）”和“全球化家庭住宅（global householding）”的概念强调跨境护理劳动力的就业如何创造一种充满活力、流动的家庭形式，强调移民作为一个新家庭的成员和成员的相互依赖。未来的家庭照顾发展方式是跨国护理，移民护理工作者可能会为寄宿家庭提供不同形式的照顾和情感依恋。

第三，劳动力市场和生产力的影响研究视角。欧洲持续的人口结构变化比其他因素更多地影响劳动力市场。在南欧国家，女性移民照顾者在家照顾已成为主要的家庭角色，角色变化和正式护理的不足，导致西欧和北欧无法招募足够的人才，护理部门越来越依赖移民护理。过去新欧盟成员

1　Lee　Jo Ann, et al. “Balancing Elder Care Responsibilities and Work: The Impact on Emotional Health,” Journal of Business and Psychology, vol. 16, no.2, 2001,pp.277–289.

2　Johnson　Richard W, Anthony T　Lo Sasso. “The Impact of Elder Care on Women’s Labor Supply”, Inquiry, vol.43, no.3,2006,pp.195–210.

3　Lin　Stephen, Dani è le B é langer. “Negotiating the Social Family: Migrant Live-in Elder Care-Workers in Taiwan”, Asian Journal of Social Science, vol.40, no.3,2012,pp.295–320.

国为老年人护理部门的人员配置做出了巨大贡献，而未来从新的欧盟成员国招募移民劳工的可行性将受到质疑。原因是欧洲内部移民流动放缓、工资水平趋同，以及从长远来看，代际支持潜力的普遍人口收缩等都是制约因素。

随着美国人口的不断老龄化和员工照顾者人数的增加，老年人护理问题将继续影响工人的生产力。情绪倦怠、压力和悲伤会降低照顾者的生产力、创造力和整体表现。减少看护人倦怠的一种方法是了解如何为父母或老年亲属的不可避免的衰退做好准备。在美国，最贫穷的老年人会获得护理服务补贴，最富有的老年人会支付服务费，而中产阶级家庭无法负担得起老年人在家中老化的服务。关于老年照顾对健康的影响，研究发现就业的女性比男性照顾者更有可能带来个人幸福的负面影响，一般照顾者的身体和精神健康问题比非照顾者更多，女性照顾者的健康影响比男性照顾者多。建立一个老龄友好的社会，老年人及其家庭照顾者面临的挑战是巨大的，随着人口老龄化，这种挑战将在 21 世纪继续增加。[1]

（三）医养结合服务的基本要素

（1）医养结合服务供给模式

我国关于医养结合的供给研究主要集中于供给模式的分类。模式划分方式以三分法为主流。有学者基于嵌入性理论把医养结合养老模式归纳为三类：科层组织模式，即机构内部设养老床位或医务室；契约模式，是通

1 Bookman Ann, Delia Kimbrel. "Families and Elder Care in the Twenty-First Century" ,The Future of Children, vol.21, no.2,2011, pp.117-140.

过契约或者协议形式进行合作；网络模式，如医养协作联盟。[1]具体来分，机构医养结合包括养老机构内设医疗机构、医疗机构内设养老床位、医疗机构转型老年康复医院或老年护理院、养老机构与医疗机构合作但又相互独立的联合模式、医疗服务辐射到养老机构的辐射模式等。机构医养结合是集护理院、社区卫生服务中心以及医院健康护理服务与养老院、敬老院以及福利院的生活照料于一体的服务新形式。目前，我国的医养结合实践中最广泛的是内设型，即现有养老机构增设医务室、诊所和现有医院附加养老床位。社区医养结合是社区卫生服务中心、社区护理站的健康护理服务与日间照护中心、养护站、长者照料之家的个人照料服务的相互融合。居家医养结合则是将家庭医疗康复护理、远程健康管理与家庭保洁、便民服务等上门照料服务进行结合的产物。社区居家医养结合是在社区养老服务的基础上，加强基层医疗服务的提供、合作与上门服务等。主要形式有社区日间照料中心、社区养老服务中心、社区护理站和家庭病床等。

家庭一直是老年照顾的场所，家庭中的女性是家庭老年照顾的主要照顾者。Susan Orpett Long 和 Phyllis Braudy Harris 的研究发现，妇女社会化后，男性也参与照顾体弱老年人的护理工作，占照顾者的 15%。[2]日本的女性和男性根据过去的女性或男性经历，为护理工作带来了不同的作用。研究预测，需要更多男性担任护理角色的趋势将继续存在。协调和管理服务以及提供兼职直接照顾，可能会变得越来越普遍。家庭照顾日益靠不住，可能的办法是给予来自较贫穷国家的妇女临时签证从事护理工作，但由于语言障碍，很难与被照顾的对象沟通。未来的护理服务通过人工智能技术取代

1 刘清发、孙瑞玲：《嵌入性视角下的医养结合养老模式初》，《西北人口》2014 年第 6 期。

2 Susan Orpett, Long, Phyllis Braudy Harris. “Gender and Elder Care: Social Change and the Role of the Caregiver in Japan” ,Social Science Japan Journal, vol. 3, no.1,2000, pp.21–36.

人手，提供有可能的方式以促进护理和相互支持，同时减轻家庭成员的负担。

（2）医养结合的服务对象

对于医养结合服务目标的定位，学者们有不同的观点。黄佳豪和孟昉[1]认为医养结合服务应建立在评估的基础上，向生活不能自理的老年人倾斜。而赵晓芳[2]和王丽华等人[3]则提出不同的观点，她们认为“医养结合”养老服务的对象不仅仅是不能自理的老人，而应该是全体老年人。因此，实施医养结合模式对护理将产生更高的要求，同时也是挑战。高小芬和于卫华[4]探讨了长期护理分级制度存在的问题，提出目前长期分级护理难以实施，主要问题是未建立统一的质量评价指标以及相应的收费标准。胡宏伟等[5]从老年长期护理成本和需求增长的角度提出，要结合人口预测和老年服务需求调查对老年护理进行分级。

（3）医养结合的服务内容

发达国家进入老龄化较早，同时老年服务开展得比较成熟。Claudine和De Meijer等人[6]对影响OECD（经济合作与发展组织）国家长期照护（简称LTC）使用的因素中，残疾和年龄是决定因素，同时性别、独居心理问

1 黄佳豪、孟昉：《“医养结合”养老模式的必要性、困境与对策》，《中国卫生政策研究》2014年第6期。

2 赵晓芳：《健康老龄化背景下“医养结合”养老服务模式研究》，《兰州学刊》2014年第9期。

3 王丽华等：《三级综合医院开展“医养结合”路径实践探析》，《中国医院》2016年第4期。

4 高小芬、于卫华：《医养结合养老模式下我国长期护理分级制度的不足与建议》，《护理学杂志》2014年第29卷第11期。

5 胡宏伟、李延宇、张澜：《中国老年长期护理服务需求评估与预测》，《中国人口科学》2015年第3期。

6 De Meijer, Claudine A M., et al. “The Role of Disability in Explaining Long-Term Care Utilization.” Medical Care, vol. 47, no. 11, 2009, pp.1156-1163.

题和住院治疗等因素也有显著影响。发达国家关于老年长期照护的研究比较成熟，最新研究成果主要集中在整合照顾和安宁疗护两大方面。发达国家很早便开展了“医养结合”的长期照护服务，通过资源的优化配置和顶层制度设计，为老年人提供全面的、综合的服务。医养结合是中国特色的词汇，国外养老服务理念本质就是医养结合，但使用“长期照顾”和“整合照顾”这两词较普遍。

发达国家对医养结合的研究主要基于养老服务中的整合照料，“整合照料(integratedcare)”是英国学者针对老年人口养老、医疗需求提出的一个概念。Philip的初衷是整合医疗和养老服务的资源，减少碎片化从而提高服务效率。[1]而Hudson则认为要实现整合照料、落实服务需要机构内部或机构间的分工协作。[2]关于如何改善健康和社会照顾的融合，其核心是把服务使用者的体验放在核心来提高融合。宏观策略有多学科会议、风险分析、案例管理和预算调试；而更多的是倾向微观层面，服务者通过照顾协调、照护计划、使用技术和其他方法给个体需求者递送整合照顾。[3]

在英国，健康和社会服务政策提高了老年服务的整合力度。英国历史的、专业的、行政的和经济障碍等因素造成了英国国家医疗服务体系（NHS）的中央基金和地方社会服务的分裂。作为回应，当代健康和社会服务政策通过加强服务部门和健康社会照顾组织之间的整合来尝试解决这些分裂。创建信息系统促使跨健康和社会照顾专业机构共享信息，从而形成一个评估机构，

1 Christensen,Per Lagraid.《后新公共管理改革——作为一种新趋势的整体政府》，张丽娜译，《中国行政管理》2006年第9期。

2 Hudson B. “Interprofessionality in health and social care:the’ Achilles’ heel of partnership” ,Journal of Interprofessional Care,vol.16,no.1,2002,pp.7−17.

3 Vicky Ward et al. “Fry Developing a framework for gathering and using service user experiences to improve integrated health and social care:the suffice framework” ,BMC Res Notes, no.9,2016,pp.437.

合并所有老年照顾多学科的特征使大量的专业机构和不同部门共享信息。[1] 英国全民保健服务体系是福利国家最受欢迎的制度，其行政架构中央集权化，提供的服务涵盖医疗领域的所有方面。

（4）医养结合的服务效果

美国的家庭医生和欧洲的全科医生都形成了指导原则，高水平的、全面性的整合形式都是主要专业目标。健康照顾整合的一般含义是指把输入、交付、管理和服务组织放在一起作为一种手段，提高过程、质量、使用者满意度和效益。Brown 认为整合是更多的效益和效果、更少的重复和浪费、更多的弹性服务、更好的协作和连续性。美国提出了护理连续体（continuum of care）模式，根据需求变化来提供不同层次、不同内容、不同方式服务选择的理念，目的是要尽量可能地把老年人留在家中或独立生活，这种模式增加了需求者的选择性并给需求者节约了成本。

美国社区老年综合照护计划（PACE）被设计为成年人日间健康中心，有初级临床照顾、日间照顾、物理空间、职业，还有其他治疗和跨学科团队议事空间。PACE 服务最大的优点是医疗资源的整合，组成涵盖全科医生、护士、营养师、心理咨询师等专业服务团队，为高龄且患病的老年人提供诊疗、护理、心理咨询等全方位服务，整合了经济支持、疾病诊疗和长期照料服务，能使脆弱的老年人在社区得到家庭照顾，同时节约成本。PACE 通过团队内部的交流以及与外部机构的沟通，有效地改善了因服务机构协调不畅导致病人信息缺失的问题，保证了高质量的护理。

1 Jan Reed,et al. “A literature review to explore integrated care for older people”,International Journal of Integrated Care,vol.5,no.2,2005, pp.1-10.

二、医养结合供给的资金来源

（一）国内关于长期护理保险模式之争

随着我国老龄化程度的加深，有学者主张借鉴国外的经验来解决老年人长期护理费用来源问题，如荆涛[1]提出建立长期护理保险制度。对于长期护理费用个人和家庭难以承担这一事实大家都达成了共识，需要政府主导制定相关政策进行合理责任划分。虽然各地纷纷进行了长期护理保险制度试点，但是学界和业界对化解失能风险的财务机制仍有两种声音：护理保险制和护理津贴制。曹信邦[2]以现实需要为前提，利用保险原理分析得出长期护理财务风险具有可保风险特征，论述了我国建立长期护理保险制度的理论逻辑，并提出了分“三步走”的路径策略。对于长期护理保险筹资模式的研究也存在不同的探讨：少数学者认为长期护理保险由商业保险过渡到社会保险模式，[3]部分学者认为应实行社会保险与商业保险相结合的模式，[4]而多数学者如戴卫东[5]、张广利等[6]认为应采取社会保险模式。张盈华[7]在分析OECD国家长期

1 荆涛：《论长期护理保险在我国的发展》，《上海保险》2004年第10期。

2 曹信邦：《中国长期护理保险制度构建的理论逻辑和现实路径》，《社会保障评论》2018年第4期。

3 赵艳：《我国实施老年人长期护理保险制度探析》，《经济纵横》2014年第8期。

4 朱铭来、宋占军：《未来“老护”之路的设计走向》，《中国社会保障》2011年第2期。

5 戴卫东：《长期护理保险制度理论与模式构建》，《人民论坛》2011年第29期。

6 张广利、马万万：《我国老人长期照护的模式选择》，《华东理工大学学报（社会科学版）》2012年第3期。

7 张盈华：《老年长期照护制度的筹资模式与政府责任边界》，《老龄科学研究》2013年第2期。

照护筹资模式的基础上提出一个渐进策略，即短期内通过医疗救助的特惠性来兜底，逐步扩展为强制性普惠的长期照护保险。鲍捷和毛宗福[1]则提出按人群分步进行，采取市级统筹把参加城镇职工医保的参保人纳入长期照护保险的参保范围。

（二）国外关于长期护理资金问题的研究

未来长期护理费用的增长趋势明显，这是世界各国将面临的难题，美国也不例外。[2]在人口老龄化引发的巨大且迅速增长的财政压力下，考虑长期护理支出问题尤为迫切。长期护理成本是未来20年和30年内激烈且不断增长的风险。长期护理保险（LTCI）作为独立的体验产品没有足够的风险转移和风险融资机制，需找到符合消费者的特定生活、财务优势、风险承受能力、资产和税收需求的有效产品。[3]

20世纪90年代以来，引入现金关怀计划是欧洲长期护理政策的一个重要共同趋势。[4]这个计划不是提供服务，而是为人们提供可以用来购买护理服务的货币福利。现金关怀计划赋予老年人及家庭自由选择护理者和服务的权利，也有利于提高服务的质量和效率。直到20世纪90年代初，LTC是基于Lander（联邦州）和城市管理的、经过经济情况调查的系统。但是，不断

1 鲍捷、毛宗福：《社会医疗保险助推医养结合服务的政策探讨》，《卫生经济研究》2015年第8期。

2 哈瑞·穆迪、詹妮佛·萨瑟：《老龄化》，陈玉洪、李筱媛译，江苏人民出版社，2018，第212-213页。

3 Harold Weston. "The imperfect match between long–term care risk and long–term care insurance", Journal of financial service professionals,no.7, 2012,pp.37–45.

4 Roit, Barbara Da, and Blanche Le Bihan. "Similar and Yet So Different: Cash–for–Care in Six European Countries' Long–Term Care Policies" ,The Milbank Quarterly,vol. 88, no.3, 2010,pp.286–309.

增长的需求和地方当局不断增加的财政压力导致 1994 年的改革，认识到依赖是一种社会风险并创造了长期护理保险。与社会医疗保险不同，LTCI 仅涵盖基本需求，必须由家庭资源或社会援助来补充。这种混合体系被认为是通过现金支付承认家庭照顾者投资并通过专业服务保证高质量护理的最佳方式。

荷兰是世界上第一个建立老年长期护理保险制度的国家。1968 年荷兰颁布《特别医疗费用支出法》（Exceptional Medical Expenses Act, AWBZ），宣布建立老年长期照护社会保险制度。每个有应税收入的人均需缴费，待遇有实物待遇和现金待遇两种形式。荷兰的老年长期照护保险是市场委托管理机制，2005 年荷兰成立了国家级照护评估中心并确定了全国统一的照护评估标准，根据评估结果来确定申请人的受益资格、照护服务的内容及数量。荷兰的长期照护中机构照护比例较高，非正式照护不被重视。荷兰的老年长期照护的资金来源主要是社会保险缴费，因此荷兰的老年长期照护公共支出占 GDP 的比例较高，2008 年其比例高达 3.5%。[1]

英国除苏格兰外实施的是“补缺型 + 税收筹资”模式的老年长期护理制度，具有社会救助性质，申请人需接受家计调查获得资格才能享受长期护理待遇。英国的老年长期护理制度涉及多个部门，由地方政府进行管理。英国的老年长期护理服务由多元主体供应，市场较发达。居家护理以私人机构提供为主、公办机构和非营利机构为辅，而机构护理却以公办机构为主。英国的老年长期护理资金来源主要包括国民医疗保障、地方财政、慈善组织、个人及其家庭，在老年长期护理支出中个人负担比例较高，公共支出占 GDP

1 张盈华：《老年长期照护：制度选择与国际比较》，经济管理出版社，2015，第 72~78 页。

的比例较低。[1] 对于家庭成员照顾者国家给予补偿，在社区养老服务中，多种社会力量参与提供支持。[2] 英国长期护理筹资制度改革的焦点在于如何建立国家和个人的合作伙伴关系，以便更加公平和有效地分担长期护理的责任。Jose-Luis Fernandez 和 Julien Forder 对比德国、日本和法国近期长期护理的改革经验，通过不同国家采用的改革方案对长期护理资源使用的公平性和效率以及长期护理系统可持续性的影响，检验英国长期护理资金安排的替代方案的利弊。[3]

长期护理服务融资的主要挑战是如何在公平保护和财务可持续性之间找到适当的平衡点。在当前的经济和财政环境中，政府需要考虑如何确保 LTC 支出的价值。由于所有与年龄相关的支出项目预计都会增长，如果没有支出的高价值证据，就很难维持长期护理服务的扩展。社会保险和税收融资是国家普遍采用的财务模式，LTC 总成本的预期增长使所有经合组织国家的政府面临前所未有的长期融资挑战。

三、医养结合服务供给的困境

在国家政策导向下，实务界对医养结合服务供给热情高涨。医养结合已成为学术界研究的热点，在探讨实践成果的同时，研究内容不乏对医养结合现实困境的冷静思考。针对我国目前医养结合服务供给碎片化的问题，已有研究主要从管理、政策和服务主体等方面进行了初步的分析和探讨。

---

1 张盈华：《老年长期照护：制度选择与国际比较》，经济管理出版社，2015，第 61~63 页。

2 曹煜玲:《多层次精准化城市养老服务体系研究》,经济科学出版社,2018,第 167 页。

3 Fernandez, Jose-Luis, Julien Forder. “Reforming Long-Term Care Funding Arrangements in England: International Lessons” ,Applied Economic Perspectives and Policy, vol.34, No.2,2012,pp. 346-362.

（一）条块分割、多头管理

我国养老服务的供给主体中，普通养老机构归民政部门审批和管理，社区居家养老由老龄办组织实施，医疗卫生归卫生部门认定和管理，医保报销由社保部门管理。由于制度原因、行业差异、行政划分和财务分割等因素，民政、卫生、老龄和社保等部门都要介入“医养结合”型养老服务中，虽各有职责分工，但仍存在职责交叉的情况。如民政部门进行年终考核时要审核“医养结合”型养老机构的医护人员资质、设备等项目，这与卫生部门的职责存在交叉，导致管理部门和养老机构的人力、物力资源浪费。同时，由普通养老机构转型为医养结合机构的，有机会获得政府一次性建设财政补贴和运营补贴，但由医疗机构直接转型为医养结合机构的却得不到任何补贴。这种“多头管理”或“多头不管”的局面使得各部门对各项扶持政策的理解、调整和落实难以做到协调一致和横向整合。卫生系统管医疗、民政系统管养老的现状造成养老机构“养老不医护”、医疗机构“治病不养老”的事实，给老年人的养老和医疗带来不便。“医养结合”涉及健康养老的民政、卫生、社保三条主线呈分立状态，受限于部门工作壁垒难以实现政策协同。廖芮等学者[1]从服务管理、服务主体和服务客体三个方面指出医养结合存在的问题，如多头管理、政策落实难、服务主体参与不足、服务对象界定不清和服务内容单一等。宋澜、王超[2]和张建华、丁玉琴[3]也同样指出医养行政主管部门分而治之的格局所带来的责任边界不明

1 廖芮、张开宁、王华亚：《我国健康老龄化背景下的医养结合：基本理念、服务模式与实践难题》，《中国全科医学》2017年第20卷第3期。

2 宋澜、王超：《从覆盖到发展："医养结合"养老模式的"三步走"战略》，《求实》2016年第9期。

3 张建华、丁玉琴：《医养结合服务项目纳入医疗保险的可行性分析》，《中国卫生产业》2016年第4期。

晰等问题。孟颖颖[1]提出管理归口混乱、公立医院动力不足的问题。目前各试点实践的医养结合服务只是简单粗暴的形式上的结合，管理和服务并未有效联动和对接，其中体制机制壁垒是其最大障碍。[2]多部门管理导致“医养结合”政策标准不统一、不明确、隶属关系不清晰、机构设置准入难、医养对接难、“医养结合”人才培养难和土地征用难等诸多问题。

（二）政策碎片化

中央和地方政府针对“医养结合”制定和实施了大量的政策，参与制定政策的部门众多、涉及的内容纷繁复杂。国家层面的政策大多是指导性、原则性的，地方政府根据实际情况确定实施方案。对于同一个内容，相关部门政策重复或相左，这必然导致政策实施的碎片化与多样化。比如，对于在养老机构设立的医务室、门诊和护理站，医保政策如何实施？医疗机构内设养老床位是否享受养老服务相关政策？医保政策瓶颈已成为全国大多数医养结合养老机构发展壮大的最大障碍。由于“医养结合”型的养老机构处于医院和普通养老院之间的“模糊地带”，未被纳入医疗机构范畴。按照国家相关政策，老人在医院住院产生的费用可以报销，而在“医养结合”养老机构接受的护理、康复、医疗等服务无法享受医保报销政策。针对这个问题，赵晓芳[3]、陈俊峰和王硕[4]等学者对医疗保险制度报销的限制进行了研究。

---

1 孟颖颖：《我国“医养结合”养老模式发展的难点及解决策略》，《经济纵横》2016 年第 7 期。

2 唐志红：《医养结合－四元联动整合照护模型的实践》，《中华护理杂志》2017 年第 1 期。

3 赵晓芳：《健康老龄化背景下“医养结合”养老服务模式研究》，《兰州学刊》2014 年第 9 期。

4 陈俊峰、王硕：《城市“医养结合”型养老存在的问题及其解决途径——以合肥市为例》，《城市问题》2016 年第 6 期。

为鼓励社会力量兴办养老机构，各地政府在土地、税收、排污、水电气暖、有线收视、医疗、通信和培训等方面相继出台了一系列优惠政策和扶持措施，但这些优惠政策各地实施差异大且难以落实到位。

（三）公共服务供给碎片化

公共服务供给碎片化是我国公共管理领域的棘手问题。学术界对公共服务供给碎片化的研究成果较少，有限的研究却把公共服务供给碎片化与政府碎片化和治理碎片化混为一谈。李利文根据类型学的分析方法从五个视角概括公共服务供给碎片化的类型，从制度变迁、组织功能和利益表达三个视角分析公共服务供给碎片化的形成逻辑。同时指出现有公共服务供给碎片化的研究大多在组织层面上进行浅层次、单维度分析，缺乏多维度的系统性分析。[1]唐任伍和赵国钦提出通过跨界合作解决公共服务碎片化的问题，通过权力共享构建共享网络，优化资源效率，通过动态的传输机制达成公共服务供给的公平性和可及性。[2]此外，农村公共服务供给问题也是学界讨论的焦点。杜春林和张新文从历史的角度探讨农村公共服务供给碎片化的演变，提出从宏观制度、中观资源和微观主体三个层面建立农村公共服务供给整体性治理的路径。[3]

1 李利文：《公共服务供给碎片化研究进展：类型、成因与破解模型》，《国外理论动态》2019 年第 1 期。

2 唐任伍、赵国钦：《公共服务跨界合作：碎片化服务的整合》，《中国行政管理》2012 年第 8 期。

3 杜春林、张新文：《乡村公共服务供给：从“碎片化”到“整体性”》，《农业经济问题》2015 年第 7 期。

四、关于整合照护的研究

医疗护理服务和社会照顾服务的整合目的是解决健康照顾体系中患者服务的碎片化问题。目前对于如何整合还没有最佳方案，但是已经证明整合能协调质量和效率并改善医疗保健的成本控制。整合政策的影响因素包括但不限于操作复杂性、监管挑战、财务责任不清和文化惯性。[1]有研究强调整合是过程不是结果，不是为了整合而整合。整合照顾存在的问题是，领导倾向关注过程，也就是如何一起工作，而不是关注结果即整合使用服务的人有什么不同。结果是整合本身成了结果，而不是达到结果的一个手段。因此，政策文件设立许多理论和概念框架帮助政策制定者、管理员和实际工作者们聚焦他们联合工作取得的成果。

（一）整体性治理

20 世纪 90 年代，发达国家掀起政府改革浪潮，以英国布莱尔政府倡导的“整体政府”为代表的整体性政府改革轰轰烈烈开展。整体性治理在各国称呼不一：美国称为“协作型政府”，加拿大则叫作“水平政府”，而澳大利亚和新西兰的命名接近常用的称呼即整体政府。整体性治理理论的核心是政府跨界整合来应对治理碎片化，解决现代复杂多元性的社会问题。在整体性治理改革中，希克斯·佩里提出了“整体福利”的概念，其含义是不同性质主体如正式的和非正式的资源汇集。“整体福利”不是简单等同于“各部分的总和”。“福利混合经济”中的混合不能被忽略，数个组成部分也不能被简单看作是功能对等的。福利混合各要素的变化，其

1 Mahiben Maruthappu, Ali Hasan , Thomas Zeltner. “Enablers and Barriers in Implementing Integrated Care”, Health Systems & Reform,vol.1,no.4,2015,pp.250−256.

内涵远远大于“简单地重新摆放客厅里的家具”。

发轫于西方的整体性治理理论被引入中国，中国对整体性治理理论的相关研究开始于21世纪初，主要应用于公共安全、环境保护、食品监督和公共管理等领域。在21世纪的前10年，我国学者们对整体性治理的研究多聚焦于理论的介绍、分析和解释，其主要代表人物有陈铮、竺乾威、曾维和、张立荣、周志忍、谭海波和蔡立辉等。研究的内容主要围绕整体性治理理论产生的时代背景、理论渊源、内涵和外延及国际经验的借鉴。随着整体性治理理论的进一步研究，近几年我国学者逐步转向整体性治理的实践研究，从新公共管理、网络治理、无缝隙政府和整体性治理的实践对比中寻找差异。

（二）整合照护

整合照护也称整合照顾，这两个概念国内外学术界经常混用，是对社会服务供给碎片化的有效回应。整合照顾有许多含义，通常被不同的人表示为不同的事情。在美国经常等同于管理照顾，在英国是共同照顾，在荷兰是透明无遮挡的照顾，在其他国家被看作综合照顾和疾病管理，关于对“照顾”概念的理解，这些称谓是否恰当还有待商榷。但是概念不清晰是导致整合照顾在理论和实践中的主要障碍。

老年慢性病的多发和频发使老年人的日常生活照顾和康复护理需求不断增长，而提供这些服务的主体来自不同部门、分属不同制度体系，服务的分散性呈现出碎片化的状态。整合照护是把碎片化的、临时的、分割的养老照护服务转变为持续的、长期的、综合的服务，是治疗部门和照顾部门之间在资金、管理、组织、服务递送等方面的协作，是增加照顾质量和生命质量，提升被照顾者的满意度和制度效益的一种机制。[1]

（三）医养结合服务的整合

对于医养结合的碎片化问题，我国部分学者提出了整合供给的思路和一体化的路径。睢党臣和彭庆超认为医养结合服务的发展路径是要构建一体化的行政协调机制、一体化的利益协调机制和多元化的养老服务供给体系。[2] 张晓杰针对资源与需求精准匹配的问题，提出借助纵横向整合来实现整合照护，他认为这是服务无缝隙性和连续性的一种创举。[3] 陈俊峰和王硕在总结医养结合存在的归口管理混乱、服务参差不齐、人才缺乏、医保政策制约等问题后，建议成立"医养结合"养老联合办公室，构建多层次的"医养结合"养老服务体系。[4]

1. 管理方面

医养结合的组织管理分散、服务碎片化、结合难等问题在实践中普遍存在，也是现有研究成果中论及最多的问题这就需要建立相关部门联席会议制度打破多部门管理的行政壁垒来协调解决相关问题。政府要明确规定"医养结合"养老机构的准入门槛、服务对象以及监管方式，打破多部门管理的行

1　Dennis L.Kodner,CorSpreeuwenberg. "Integrated care:meaning,logic,applications and implications–a discussion paper" ,International Journal of Integrated care,vol.2,no.14 November,202,pp.1–6.

2　睢党臣、彭庆超:《"白发浪潮"下我国医养结合养老服务的发展困境与对策研究》,《宁夏社会科学》2016 年第 4 期。

3　张晓杰：《医养结合养老创新的逻辑、瓶颈与政策选择》，《西北人口》2016 年第 1 期。

4　陈俊峰、王硕：《城市"医养结合"型养老存在的问题及其解决途径——以合肥市为例》，《城市问题》2016 年第 6 期。

政壁垒，加大对“医养结合”养老机构的资金扶持力度，同时做好绩效评估，确保政府补贴真正用在老年人身上。宋澜和王超认为首先要形成多元化供给方式，利用“互联网 +”方式提高参与方的动力，界定供给主体的责任，明确定位政府在“医养结合”养老服务中的功能。[1]学界普遍关注到医疗护理服务和社会照料服务衔接难的问题，如唐志红提出建立四元联动转诊机制，形成闭环医养服务的建议。[2]

2. 政策方面

我国政府仍采用传统碎片化的老年服务政策导向，按照居家 – 社区 – 机构的路径实施老年照顾政策，具有明显的路径依赖，缺乏整体化的思维和政策的整合性。[3]目前政府制定的医养结合方面的政策目标不清晰，以宏观指导性政策居多，体现为政策落地困难、部门协调难度大、操作性不强。各地方政府的优惠政策不统一，政策导向偏差，相关激励性政策主要面向公办机构，政策内部和政策之间存在矛盾。如果养老机构没有医疗服务能力和资质，其提供的医药服务就无法享受医保统筹支付。对于“医养结合”服务无法享受医保支付的问题，有学者建议，国家卫健委、人社部等部门应创新体制机制、明确相关标准，将符合标准的“医养结合”养老机构纳入医疗服务机构范畴，并将其认定为医保定点机构，医保部门支持患有老年病、慢性病的老人在医疗中养老、在养老中医疗，并给予相应的医疗费用报销。

1　宋澜、王超：《从覆盖到发展：“医养结合”养老模式的“三步走”战略》，《求实》2016 年第 9 期。

2　唐志红：《医养结合 – 四元联动整合照护模型的实践》，《中华护理杂志》2017 年第 1 期。

3　唐咏：《去碎片化：中国老年长期照护政策的整体化路径》，《深圳大学学报（人文社会科学版）》2012 年第 5 期。

3. 资源方面

对于医养结合资源缺乏和碎片化的问题，王建云认为应对养老、医疗服务的主体重新进行功能定位，探索构建医疗和养老资源的整合路径。[1] 王长青等学者提出在政府部门之间、不同性质主体之间、医疗和养老资源之间以及供需内部之间进行多重整合的建议。[2]

关于资源问题的研究集中于对人才资源整合的探讨。我国居家养老和社区养老的边界不清晰，社区养老服务质量跟不上，其主要原因是缺乏专业性，专业人才的短缺问题严重。[3] 国家应健全养老服务人员的职业发展体系，对养老服务人才的培养要分类、分层、分阶段，引导更多高职院校开设养老护理专业。同时，通过继续教育等方式提高养老机构的医护人员素质，建立医护养人才培训的长效机制并鼓励志愿服务。

五、研究述评

通过对已有文献的梳理分析，发现国家美国、英国、日本、荷兰、德国等发达国家的整合理论已成体系，医养结合供给实践也比较成熟，相关配套机制的建设较完善，基本形成了较完善的“医”“护”“养”相结合的养老服务体系。人口老龄化是世界共同的议题，发达国家向深度老龄化迈进的同时，人力资源筹备不足和护理人员的短缺是不争的事实。老龄研究在向多学科交叉发展，从人文关怀、老年医学、康复护理等领域延伸到金融、科技、建筑等领域。

---

1 王建云：《“医养结合”养老服务模式下资源整合路径研究》，《老龄科学研究》2015 年第 12 期。

2 王长青、毛鹏运、陈娜琳：《医养结合资源的多重整合》，《学海》2016 年第 6 期。

3 吴玉韶:《对新时代居家养老的再认识》,《中国社会报》2018 年 1 月 29 日第 003 版。

1. 医养结合服务供给的研究内容碎片化，缺乏系统性探讨

相比而言，我国医养结合的实践与理论起步较晚，目前的实践还处于试点探索阶段，服务水平整合层次较低，存在较多不协调的地方。任何制度的完善都需要时间和过程，医养结合的相关配套措施和保障机制尚未建立，各地试点实践效果差异较大。“十二五”以来，我国养老研究的热点聚集于医养结合、长期照护和长期护理保险等内容。关于医养结合服务的研究更多是关于医养结合的必要性、长期照护服务需求现状、医养结合服务的供给类型、医养结合服务的可行性和现实条件、医养结合试点地区的实践和存在的问题，也有研究建议推行医养结合服务模式并提出实施路径。

根据近几年的中国知网的文献梳理发现，医养结合服务的研究热度不断升温，但我国的研究目前仍停留在对结合模式、类型和存在问题的单一层面或系统的浅层次探讨，研究不够深入、缺乏理论提炼和系统性的高质量的研究。已有研究对医养结合服务存在的体制机制困境并未进行深入探究，而是零星地分析我国医养结合服务供给的财政保障问题、资源配置问题、养老人才问题，讨论失能程度评估标准和养老服务质量标准未统一等表层问题，但对这些问题产生的根源缺少深入分析。因此，研究成果大多从宏观大一统的层面蜻蜓点水式地提出建议，理论指导性不强、实践可操作性差强人意。其中的建议和策略大多是“头痛医头、脚痛医脚”的局部效应、短视效果，并未从源头上追究问题的根源。也就是说，这只是针对制度模式在实践层面的缺陷而提出的政策方面的改善建议，对于其深层次的理论逻辑研究成果较少，而将理论与实践相结合的系统性的研究更是难得一见。

2. 医养结合服务供给的理论研究缺乏逻辑上的深入研究

国家提出的养老服务体系中，居家养老是主体，家庭和社区发挥着服务的主体作用。但是目前国内的研究更多是论述医养结合机构的服务内容和服

务模式，对于医养结合服务网络的构建和合作机制的研究缺乏。国外的研究则对机构间的分工协作以及资源的整合方面提供了一定的经验借鉴。[1]已有研究对为什么要进行医养结合有较丰富的研究，但对怎么结合研究较少。目前，研究聚焦在医养结合供给主体的整合、供给方式的整合上，关于政策和资源的整合研究是欠缺的。综观国内的研究，与国外的成熟研究成果存在着较为明显的差距。国内的成果不乏有提出政策创新、整合路径等新理念，但研究大多停留在某一具体维度，并没有对医养结合供给整合问题做全面的、整体性的研究，未提出一套系统的、具有可操作性的理论方案。

3. 本书的研究议题

关于医养结合服务的研究除了上文分析的改进策略外，重点应关注“医”和“养”如何整合。本书中关于养老服务中“医”的含义是广义的，应包括预防和康复。吴宾和唐薇[2]利用知识图谱梳理了近十年（2010—2019 年）关于养老政策的研究，认为未来的研究新热点是养老服务需求等级评估和服务标准化以及资源整合等主题。服务的综合性、连续性和可及性问题是基础，长期照护服务实现可及性的根本是服务与需求的适配，适宜的服务和可承受的费用是有效需求的根本。因此，以需求为导向的医养结合服务供给侧改革势在必行。

综上所述，本书提出整合医养结合服务供给的多元主体，建立医养结合服务整体性的供给模式。在总结试点地区实践的基础上探讨如何应对当前医养结合服务碎片化问题，从政策、组织和资源三个维度探讨如何通过整合手段，研究以需求为导向的多层次、整体性和连续性的医养结合服务供给模式。

1 李丹、李晓娇：《公共治理视角下医养融合养老模式探索———以成都实践为例》，《党政研究》2017 年第 1 期。

2 吴宾、唐薇：《基于知识图谱的国内养老政策研究热点主题与演化路径 (2005 — 2016)》，《人口与发展》2018 年第 2 期。

第三章 理论基础和分析框架

在理论分析层面，本书主要借助公共服务供给理论和整体性治理理论等理论工具，为本书的研究提供理论指导。同时，吸纳公共服务供给的要素内容，利用整体性治理的整合手段来构建本书的理论分析框架。

一、公共服务供给理论

公共服务是公民幸福感的重要保障，关乎服务型政府的建立和公民社会的实现。在深入探讨之前本书有必要对公共服务相关概念进行界定，明确公共服务的基本内容并归纳公共服务供给的基础理论。

（一）公共服务及其供给

1. 公共服务的内涵

有学者考证，“公共服务”概念最早是由法国学者莱昂·狄骥于 1912 年提出来的。由于时代背景不同，彼时的概念显然不适合现代社会。“公共服务”的成长是在“公共物品”概念的演变之下而逐步发展的，因此，可以说现代公共服务的研究是在“公共物品”理论的基础上成长起来的。

21 世纪以来，我国政府管理获得较大进步，工作重心逐步从经济建设向公共服务转移。学术界对公共服务的概念解释多种多样，但是对公共服务的认识却存在一定的偏误。例如，马庆钰从提供主体和服务属性两个方面给出了公共服务的定义，他认为在公共物品和私人物品的生产和供给活动中，公共服务是政府、非政府组织和企业所要承担的职责。这不仅是一种职责也是一个系统实践，包括服务相关的规则、提供、政策方案评估和质量监督等环节过程。同时他认为公共服务的理性来源于人权、公民与国家关系和国家功利主义动因。[1]张序认为公共服务是公共部门的一种行为和过程，通过生产、提供和管理公共产品和特殊私人产品来满足公民的公共需求。[2]本书倾向于陈振明对“公共服务”的解释。他认为“公共服务”是公共部门利用权力运行机制和方式提供各种形态的公共物品的实践活动的总称，不仅回应了公共需求，还维护了公共利益。[3]我们从中可归纳出公共服务的公平性、公益性和公共性等特性，也蕴含着公共服务维护公民基本权利和公共利益的核心理念。

2. 公共服务的分类

公共服务的分类方法很多，根据不同标准有不同的分类。大多分别从公共支出领域、公共服务的性质、公共需要的内容以及公共服务的内容和形式等进行划分。学界和政府对公共服务的划分有些许不同，学界把公共服务分为基础性的、经济性的、社会性的和公共安全性的四类；而政府在实践中把公共服务划分为基本公共服务和非基本公共服务。另外，从需求和供给的视角，公共服务又分为保障性公共服务和发展性公共服务两大类。我国官方的

1 马庆钰：《公共服务的几个基本理论问题》，《中共中央党校学报》2005 年第 1 期。

2 张序：《公共服务供给的理论基础：体系梳理与框架构建》，《四川大学学报（哲学社会科学版）》，2015 年第 4 期。

3 陈振明：《公共服务导论》，北京大学出版社，2011，第 13 页。

“基本公共服务”与此处的“保障性公共服务”的内涵是一致的。保障性公共服务顾名思义是保障人权，普惠性和公平性是其最大特点，在“最小范围”内给予公民公共服务。按照陈振明公共服务二维动态分类框架的内容[1]，我国保障性公共服务包括公共安全、医疗卫生、社会保障等十大板块。保障性公共服务是政府调控的制度性手段和机制，通过公共财政政策来保障全体国民共享发展改革带来的成果。因此，其主要责任者以政府为主。

根据以上对公共服务的分类，我国医疗卫生中的基本医疗服务和社会保障中的养老服务都属于社会性公共服务、基本公共服务和保障性公共服务的范畴。不同种类的服务需要不同的供给方式，服务的分类是公共服务多元主体产生的基础。[2]只有充分认识到这个特点，才能合理界定政府、市场和社会在公共服务提供中的职责。

3. 公共服务的供给主体

公共服务供给主体多元化是在公共服务提供与生产分开理论的基础上形成的，而公共选择理论又为公共服务的多元化供给奠定了理论依据。公共服务的供给经历了市场失灵到政府失灵、志愿失灵的变化过程。市场失灵要求政府取代市场提供公共服务，政府失灵需要由社会力量提供公共服务来替代政府部分公共服务的职能。“公共服务”一词首次在我国官方提及是在2002年3月朱镕基的《政府工作报告》（以下简称《报告》）中，《报告》提出“要加快政府职能转变——切实把政府职能转到经济调节、市场监管、社会管理和公共服务上来”[3]，此后公共服务的理念在我国迅速普及、推广。中国政府对公共服务的认识不断深化，在2015年的《政府工作报告》中，明确提

1 陈振明：《公共服务导论》，北京大学出版社，2011，第69~70页。

2 郑晓燕：《中国公共服务供给主体多元发展研究》，上海人民出版社，2012，第21页。

3 高铁军：《比较视野下公共服务的概念与理论简析》，《学术前沿》2015年第5期。

到政府购买第三方公共服务这样的用词。[1] 虽然公共服务理论是从西方引进，中国特色的公共服务理论体系还未真正建立，但中国政府深刻领会了公共服务理论的内涵，并清楚地认识到，政府职能要更多体现在公共服务层面，不断向公共服务方向转变。为了避免上述提及的三种失灵，我国的公共服务供给实施政府供给主导下的多元主体供给模式，通过加强选择和竞争，使非公共机构与政府共同参与到公共服务的提供上来，为社会公众创造更多可选择的机会。[2] 从我国的社会结构和改革实践来看，公共服务供给主体主要分为三大类：公共部门、私人部门和社会组织，或者是政府部门、商业部门和第三部门，也有学者把三大主体分为政府、市场和社会。如图 3-1 所示。

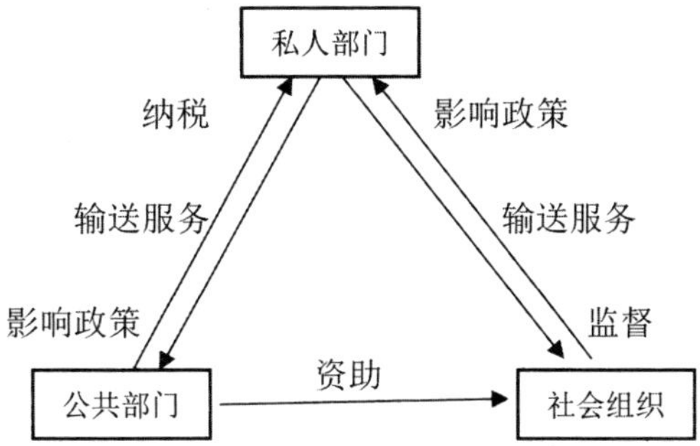

图 3-1 公共服务供给主体间的关系

（1）公共部门

纯粹的公共部门即政府组织。政府组织由于其权威性和代表性，主要体现在如公共安全、环境保护等公共服务的供给中。在中国的政治体制下，作

1 《2015 政府工作报告》，http://www.gov.cn/guowuyuan/2015zfgzbg.htm，2020 年 3 月 24 日。

2 张序、劳成玉：《公共服务能力建设：一个研究框架》，《理论与改革》2013 年第 2 期。

为公共服务供给主体的政府，主要指垂直的各级政府和横向的政府各部门。各级政府包括国务院各部委等中央级行政机构，省级行政机构包括省级人民政府、民族自治区政府和直辖市政府，然后再到市级、县级和乡级行政机构。在公共服务提供上各级政府分工明确，中央行政机构的主要职责是调节、监督、管理、完善和促进；省、市级行政机构直接提供公共服务，或根据上级指令提供某领域公共服务；县级行政机构的设置完整、政府职能完备，是中国公共服务供给的基本单位，主要负责本行政区域内的行政工作和公共服务。医养结合服务供给的主要公共部门是民政部门和卫生健康委，另外，老龄委、人力资源和社会保障部门、医疗保障局等相关政府机构也涉及在内。如图 3-2 所示。

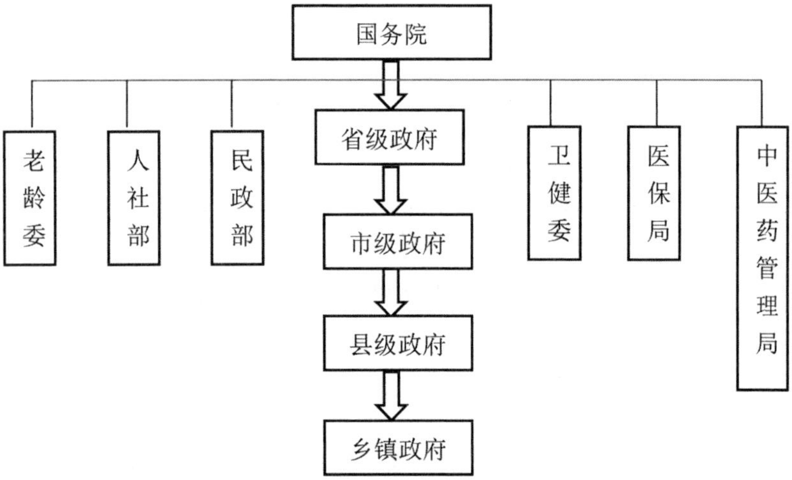

图 3-2　我国医养结合相关的公共部门

（2）私人部门

私人部门是相对公共部门而来的概念，私人部门主要由个人、家庭和私营组织所构成。本书所要讨论的私人部门是指各种企业组织。私营企业是以盈利为目的，但并不影响其承担公共服务的功能。在政府治理改革中，部分政府供给的公共服务可以由私人部门来提供，也可以采用诸如“合同外包”“政府购买”等方式提供。私人部门提供公共服务的优势非常明显，既可以克服政府失灵，也能减轻政府财政压力，给社会创造多样化的公共服务供给方式，为民众提供更多的选择，有效促进了资源的充分利用。但是私人部门公共服务供给有限，也会出现市场失灵情况。

（3）社会组织

西方国家把非营利组织（NPO）称为第三部门，是除第一部门（公共部门）、第二部门（私人部门）和家庭以外的，一切不以盈利为目的的社会组织的总称。非营利组织顾名思义是不以盈利为目的，在公共物品的提供上其作用越来越重要，是政府在公共服务提供上的有益补充。社会组织在公共服务中发挥着不可替代的作用，正如奥斯本在《改革政府》中指出，当政府把公共服务提供的功能向更多主体发展时，第三部门是最多被依赖的。[1]

理论界至今对非营利组织没有形成一个统一、清楚的概念。在中国，非营利组织的称谓比较杂乱，比如非政府组织、志愿者组织等。官方把非营利组织称呼为社会组织，主要从事公益性或互助性的活动。社会组织在我国发展较晚，但势头较好，尤其是党的十八大以来，党中央、国务院通过多种途径为社会组织发展提供土壤，激发社会组织的发展活力。社会组织快速壮大，总体数量不断提升，目前我国每万人拥有 4.8 个社会组织。中国社会组织主要分为社会团体、民办非企业单位和基金会三类。社会团体由公民自愿组成慈善组织、协会、学会、联合会和研究会等形式，是中国社会组织中力量最大的组织；民办学校、民办医院、民办科研机构和民办养老机构等属于民办非企业单位；基金会是以从事公益事业为目的，通过资金资助的方式推动公益事业的发展。根据以上的分析，可以归纳中国社会组织的特点是非盈利性、

1 戴维·奥斯本、特德·盖布勒：《改革政府》，上海译文出版社，1996，第 21 页。

民间性、公益性和志愿性。

4. 公共服务的供给模式

公共服务供给模式是指对公共服务的相关要素如提供者、服务的数量和质量、生产与管制方式等通过制度安排的形式进行决策、安排和监督。自 20 世纪 50 年代以来，我国逐渐形成了多种对不同类型公共物品提供的实现方式。现代社会的公共服务供给主体主要是政府、企业和社会组织，这三个主体在公共服务供给中发挥着重要的作用。从供给主体及其运行机理方面来看，公共服务供给模式可分为政府供给、市场供给和志愿供给。公共服务供给活动中，各供给主体往往共同参与、有机结合，形成公共服务多元主体供给模式。三种基本供给模式都有其供给特点、供给条件和局限性。政府通过公共权力的指令追求公共利益，市场是通过平等的竞争获取私人利益，社会组织则通过利他精神追求公共利益的实现。现代社会如果只依赖任何一种供给方式都不可能提供足够的、适宜的公共服务。因此，构建政府、市场和社会多元主体供给公共服务的模式是实践发展的必然趋势。

（1）公共服务多元主体供给

公共服务多元主体供给是指政府、市场和社会等主体共同参与到公共服务的安排、生产和付费的环节，为消费者提供公共服务的制度安排和提供方式。公共服务多元主体供给的前提是保证政府公共服务的职能和责任，通过竞争、价格等市场手段将政府公共服务职能向企业和社会转移，主体间共同承担责任和风险、共同行使权利并分享利益、共同提供公共服务。公共服务多元主体供给的内涵分析蕴含三个特性：一是价值多元性，公共服务供给坚持效率、公平和正义的统一；二是主体多样性，多个责任主体共同参与公共服务，而不是由某个主体单独提供；三是权责共担性，多个责任主体既有公共服务的权利也有承担责任的义务。如图 3–3 所示。

公共部门	私人部门	志愿部门	家庭与个人
国家和地方政府的直接供给；税收优惠等间接供给；	营利机构的服务	非营利机构的服务	家庭、亲戚、朋友和邻里的非正式援助

政府购买服务

图 3–3　公共服务多元供给

（2）公共服务多元主体的供给形式

公共服务多元主体供给不同于政府的垄断供给，也区别于市场化供给和志愿供给，而是要同时发挥政府、市场和社会的优势来提供公共服务的一种制度安排，这种制度安排在实践中有多种表现形式。见表 3–1。各供给主体因其在公共服务供给方面的功能差异，分别有其优势和劣势。在公共服务供给改革过程中，政府应做出恰当的选择。首先，根据政府、市场和社会组织的优势来确定公共服务的供给主体。政府拥有强制权和权威性，在提供纯公共物品时通过监管、补偿等办法使其顺利实施。社会组织的本质特征是非盈利性，财产的不分配不私有。其次，政府要决定其安排的公共服务项目的生产方式。根据公共服务的类型采用不同的生产方式，对于垄断性和公益性的纯公共物品一般由政府直接生产，而对于有些准公共物品可以引入市场机制由市场或社会组织来生产。最后，要确定具体的生产方式，如直接生产还是间接生产，再考虑引入市场的具体制度安排。直接生产方式有免费供给、用者付费、内部市场，间接生产方式有合同外包、政府间协议、特许经营、补助和凭单等。

表 3–1　公共服务类型和供应的安排方式

生产方式	制度安排	个人物品	可收费物品	集体物品	公用资源
政府直接生产	免费供应	适用	适用	适用	适用
	用者付费	适用	适用		适用
	内部市场	适用	适用		
政府间接生产	政府间协议	适用	适用	适用	适用
	合同外包	适用	适用	适用	适用
	特许经营	适用	适用		
	补助	适用	适用		适用
	凭单	适用	适用		适用
政府减少或不生产	政府撤资	适用	适用		
	政府淡出	适用	适用		

资料来源：句华：《公共服务中的市场机制：理论、方式与技术》，北京大学出版社，2002，第 47 页。

根据生产方式和制度安排，医养结合养老服务属于准公共物品，既可以采用政府直接生产也可以由政府间接生产。公办养老机构服务属于政府直接生产，政府给农村“五保”、城乡低保老人实行免费供养，对一般老人实行入住收费。养老服务供给方式中补贴形式是使用最多的政府间接生产方式，很大一部分的养老机构、护理院属于民办非营利企业，政府采取补贴方式鼓励支持社会力量参与到养老服务供给中来，给予他们税收优惠、低息贷款等支持政策。一些城市试点的“长者食堂”项目就是政府采取现金补贴的方式支持企业开展社区老年用餐服务。在政府治理现代化的进程中，公共服务多元主体供给模式的丰富和发展是不可逆转的趋势，多元主体在公共服务供给中如何形成规范有效的合作伙伴关系是当前推进公共服务供给改革的核心问题。

（二）公共服务供给的相关理论

1. 公共服务提供与生产分开理论

早期公共治理中，政府是社会公共利益的代表，公共服务由政府垄断提供。公共产品理论认为私人部门提供公共服务易造成“搭便车”和供给不足的现象，因此，私人部门处于服从地位，只能扮演补充角色。以奥斯特罗姆为代表的制度分析学派于1961年首次提出公共服务提供与生产分开的理论，[1]将公共服务供给划分为提供和生产两个分离的部分，供给主体可只提供不生产或只生产不提供，供给或等同于提供，或等同于生产。这个理论为公共服务供给主体多元化提供了理论基础。

2. 公共选择理论

詹姆斯·M. 布坎南等人创立的公共选择理论引申出公共服务政府失灵论。[2]这个理论运用经济分析方法探讨政治决策，其核心思想是把市场选择的逻辑运用在政治领域，认为官员是“经济人”，必将导致政府财政预算最大化。由于信息不对称，公共部门公共服务供给中出现了权力寻租，造成了公共服务供给的低效，公共选择理论为公共服务多元化供给创造了理论依据。

3. 新公共管理理论

20世纪80年代，西方国家掀起了“新公共管理”运动，是由于这些国家陷入了公共服务需求扩张和财政危机的局面，迫使政府转变治理观念，在

---

1 V.Ostrom C Tiebout , R.Warren. “The Organization of Government in Metropolitan Areas: A Theoretical Inquiry”, American Political Science Review,vol. 55,no. 4,1961,pp.831–842 .

2 詹姆斯·M. 布坎南：《自由、市场和国家》，吴良健译，北京经济学院出版社，1988，第38页。

公共服务领域进行革新，探索公共服务供给的新模式。政府公共服务供给追求“3E”（economy,efficiency,effect）, 即经济、效率和效能的目标。为化解政府危机，通过引入市场化和竞争机制，第二、第三部门的加入和合作有效解决了政府的危机。保障性公共服务在生产和供给中，政府是管理、运作和协调的中枢，政府承担最终责任。在这样的形势下，戴维·奥斯本和特德·盖布勒提出了企业化政府的新公共管理理论。[1] 其主要理念是：（1）掌舵而不是划桨；（2）注重产出和效果、质量和效率；（3）顾客导向，公民是公共服务的顾客；（4）引入竞争，减少垄断；（5）市场管理手段；（6）授权而不是服务，是参与式、协作式供给。

根据新公共管理理论，政府是掌舵而不是划桨。基本公共服务不必要由政府生产，政府可以通过政府间协议、合同承包、特需经营、补助等方式安排生产。公共服务市场化改革，通过各种化公为私、合作方式（如PPP 等形式），从而引进竞争机制，提高管理效率和服务质量，缓解地方财政压力，增加消费者选择的机会，达到更好的社会治理效果。[2] 同时，市场化带来了诸多问题。首先，其逐利行为忽视了公共责任和公共利益，比如公立医疗机构。其次，公共性的缺失导致不公正的结果。市场化公共服务生产者以盈利为目的，往往选择易获利和获利大的服务项目，而那些难提供的或利益小的项目却不提供或消极提供。最后，服务导向下的公共服务市场强调个人能力，服务的数量和质量是完全由个人付费能力决定，个人付费能力强将获得高质量的服务，而贫困的或低收入老年人等低消费能力者只能获得低质量的服务。

1 戴维·奥斯本、特德·盖布勒：《改革政府》，上海市政协编译组、东方编译所编译，上海译文出版社，1996，第 8 页。

2 赵素卿：《公共服务理论研究概述》，《中共山西省委党校学报》2005 年第 6 期。

4. 新公共服务理论

新公共管理理论强调绩效评估与公共服务公共利益最大化的目标产生冲突，新公共管理理论强调效率的同时忽视了公平，比如顾客付费能力导向忽视了弱势群体的利益。罗伯特·登哈特和珍妮特·登哈特注意到了新公共管理理论的弊端，对其进行了反思和批判，提出了新公共服务理论。认为公共部门的主要职责不是划桨和掌舵，而是服务。其中，新公共服务理论的主要思想包括[1]:（1）服务而非掌舵；（2）追求公共利益；（3）战略的思考、民政的行动；（4）服务于公民而不是顾客；（5）责任并不是单一的；（6）重视人而不是生产率；（7）超越企业家身份，重视公民权和公共服务。新公共服务理论的核心思想是通过服务满足公民的需求和实现公共利益。

另外，第三部门理论和多中心治理理论为公共服务供给多主体参与和多元供给提供了理论依据。有学者认为，作为独立的第三方，第三部门在公共产品提供上能够兼顾公平与效率，可以克服市场和政府的双重失灵，市场、政府与非营利组织作为公共产品的提供者是可以相互替代的。在分析了政府和市场在公共服务供给上的失灵后，第三部门理论认为第三部门具备提供公共服务的能力和优势。但是，第三部门在公共服务供给上也不是完美无缺的，也存在失灵即“志愿者失灵”。“志愿失灵”论为多主体协同、合作提供公共服务奠定了理论依据，同样为公共服务多元供给提供了依据的是多中心治理理论。奥斯特罗姆夫妇创立了多中心治理理论，他们认为应该在政府和市场之外寻找新的公共服务供给途径。[2] 公共服务的消费者能在公共服务供给的多种形式主体中自由选择。多中心治理理论强调自主组织和互动参与，竞争与合作并行和供给民主化，

1　罗伯特·B. 登哈特、珍妮特·V. 登哈特：《新公共服务》，中国人民大学出版社，2004，第 22 页。

2　张序：《公共服务供给的理论基础：体系梳理与框架构建》，《四川大学学报（社会科学版）》2015 年第 4 期。

主张各类组织都可以参与公共管理活动，提供公共服务。

二、整体性治理理论

（一）整体性治理产生的背景与理论渊源

1. 整体性治理产生的背景

（1）社会风险与社会问题

随着人类社会的变迁，科学技术的发展和现代制度的全球化扩展，人类面临的风险由单一的自然风险向社会风险、制度风险与自然风险并存转变。当代世界的风险发生了巨大变化，风险根源的内生性导致风险伴随着各种制度而生；风险的延展性将影响到全球和每个人的生活；风险的不确定性、低概率与严重性并存。风险的这些特性需人类提高构建应对机制的能力。20 世纪七八十年代，欧洲国家政府改革运动风起云涌，社会矛盾日益显露。首先，社会排斥现象严重，如保障的缺乏、社会活动参与缺乏、社会支持缺乏等，社会排斥与贫困和可行能力的剥夺连接起来。社会排斥即排除在社会关系之外，同时还可能导致其他形式的剥夺。[1] 其次，婚姻家庭及其相关社会问题增长。离婚率、未婚母亲和单亲家庭比例上升，青少年犯罪、儿童性虐待和针对女性的家庭暴力等问题显现。以上复杂的社会问题不是单一政府能解决的，需在政府主导下，联合社会、家庭共同来解决。

（2）新公共管理问题

始于 20 世纪 70 年代末西方发达国家的新公共管理改革，有效提高了政府的管理绩效和公共服务的质量，同时也带来了诸多的问题。第一，新公共

1　吴红梅：《包容性增长背景下我国基本养老保险整合研究》，华中师范大学博士论文，2012，第 28 页。

管理强调效率但忽视了公共利益。政府作为理性经济人提供公共服务，公民作为顾客基于自身利益做出选择，而作为政府存在的合法性基础的公共利益却被忽视了。第二，新公共管理重视企业家精神而忽视公平、正义和公民权。[1]当政策与顾客偏好不一致时，顾客理念和企业家精神发生冲突。第三，新公共管理改革强化了部门主义，导致政府治理碎片化。新公共管理采用企业管理方法，引入竞争机制，强化了机构分化，忽略了政府整体目标，导致部门主义和公共责任的缺失。

（3）现代信息技术的发展与应用

信息技术的突飞猛进，加快了人与人、组织与组织、国家与国家间的交往与沟通，使整个社会走向网络化。[2]传统组织交流和合作的方式主要是开会、文件提交和面对面沟通等，这种交流方式会产生巨大的时间成本和财务成本。以互联网为代表的现代信息技术的产生和广泛使用，使组织之间不受时空限制共享数据，整合组织运行过程，能即时、低成本地分享产品和信息。互联网的应用渗透到社会生活的方方面面，随着电子政务在我国政府部门的普及和使用，信息技术在政府治理中将发挥越来越重要的作用。由于信息技术的发展，数字时代的公共服务治理要求政府功能重新整合，发展整体性的、以需求为导向的服务供给模式。

2. 整体性治理的理论渊源

19世纪以来，各国政府的层级组织都是以功能作为区分的标准，也就

1 王顺：《整体性治理视角下我国基本养老保险制度整合研究》，南京大学硕士论文，2015，第11页。

2 胡佳：《跨行政区环境治理中的地方政府协作研究》，复旦大学博士学位论文，2011，第33页。

是功能化是政府部门分化的基本原则。[1]官僚制理论是建立在功能分化的基础上，以效率为导向的。官僚制组织结构热衷于分权和等级化，在组织体系中有严格的分级和分工，各行政部门形成分割状态，各组织之间等级明显，对于复杂多元的公众需求无法有效回应，从而产生了碎片化问题。在20世纪80年代的政府改革浪潮中，这种功能化的政府层级构建无法应对很多跨越功能边界的重大问题。

英国的新公共管理和美国的新政府运动都想通过改变政府的运作方式来减少政府管制、引入竞争，以达到提升政府效率和减少公共支出的目的。20世纪70年代后期，西方国家出现财政危机，新公共管理改革的呼声与浪潮迭起，公共管理理论流派纷呈，如多中心治理、网络治理、协同治理。[2]在克服传统公共行政的官僚制、等级制和控制方面无疑是成功的，但新公共管理不断受到学者和实践家的批评，提出新公共管理的价值观和缺乏组织原则等问题。新公共管理将私营部门和工商企业的技术应用于公共部门，使用新技术进行了诸多革新，重构官僚机构、分散决策权使公共职能私人化。[3]新公共管理运动是以美国和英国为首的政府财政和行政改革运动，新公共管理注重管理强调效率，终极目标是降低行政成本，将公共部门进行分割，通过市场机制和服务外包等手段形成竞争。[4]20世纪80年代以来的政府改革，主要是追求效率，政府各部门追求内部效率，并没有专注于实际问题的解决。

英国学者帕却克·登力维对新公共管理进行了精辟的概括，认为新公共

1 Perri 6. Towards Holistic Governance: The New Reform Agenda. New York: Palgrave, 2002, p203.

2 张衡：《集体行动与秩序生成——高职学制政策变迁的政策网络分析》，华东师范大学博士论文，2013，第249页。

3 罗伯特·B. 丹哈特、珍妮特·V. 丹哈特：《新公共服务：服务而非掌舵》，刘俊生译，张庆东校，《中国行政管理》2002年第10期。

4 彭锦鹏：《全观型治理：理论与制度化策略》，《政治科学论丛（台湾）》2005年第23期。

管理强调分散化、竞争和激励。新公共管理倡导各级政府对中央政府负责，各部门政府忠诚于所属部门，却不是对民众和服务对象负责。[1]希克斯认为人民对政府的信任降低、支出膨胀、政府效能低等问题的来源都是功能化政府的后果。[2]整体性政府是使政府能从全体出发，政府的功能变成整合的，具有预防性的，是结果导向的，弥合政府不同层级、部门之间割裂，以便为人民提供更好的服务。[3]整体性政府是通过信息技术设置综合单一窗口，提供民众整合型的服务，而不是在各部门之间来回穿梭。1997年英国工党执政，对整体性政府的理念做出了很大的回应，布莱尔政府也进行了整体性政府改革。整体性的政府运作是个渐进的改革，在推动整体性治理的政府组织架构时，不会完全解散功能性的政府部门而重新组建新的机构，只是加入统合的机制，在实际运作中实现整合能力。政府运作的整合有两个策略：一是水平整合，是增加部门之间的统合机制，如政策计划部门与财政预算部门的统筹整合；二是组织价值的整合。

20世纪90年代，西方国家掀起了新一轮政府管理运动。后工业社会科学技术改变了世界，技术变革带来了物质财富的同时也带了技术性风险。吉登斯从制度角度解释了这一风险，现代制度的运转失灵形成制度化风险。[4]现代公共管理进入了“治理与善治”阶段，整体性治理在这个背景下产生。随着政府的改革和信息技术的发展，整体性治理理论逐渐建立起来。希克斯在《整体性政府》一书中提出，政府改革的方向是建立整体性政府。[5]随

1 Patrick Dunleavy. Digital Era Governance: IT Corporations, the State, and E - Government. Oxford University Press, 2006, p227.

2 Perri 6, Hoslistic Government. London: Demos 1997,p.26.

3 彭锦鹏：《全观型治理：理论与制度化策略》，《政治科学论丛（台湾）》2005年第23期。

4 吉登斯：《现代性的后果》，田禾译，译林出版社，2011，第109~112页。

5 全永波：《海洋污染跨区域治理的逻辑基础与制度建构》，浙江大学博士论文，2017，第54页。

后，希克斯在其著作中提出政府要打破功能性和专业性部门间的藩篱，以整体性合作为发展方向。[1]整体性治理是在对传统官僚制和新公共管理的批判和反省基础上提出来的，反对政府部门按功能划分而产生政府服务分裂性。公共治理理论经历从官僚制理论—新公共管理理论—整体性治理理论的发展过程。

新公共管理强调分权、管理、竞争、效率，以及政府行政化与传统官僚行政有很大的不同。[2]台湾学者彭锦鹏把整体性治理与传统行政管理制和新公共管理进行比较，认为整体性治理的管理理念更加先进，采用整合型的运作原则和网格式的服务组织等都是前两种公共治理模式无法比拟的，进一步阐述了整体性治理的策略构架。

整体性治理的目标是政府组织将官僚组织的价值和标准融合在运作过程中。希克斯提出形成制度化来达成整体性治理的目标，但如何进行制度化希克斯没有给出答案。彭锦鹏提出三项主要策略来达到整体性治理，即建立线上治理基础建设、建立整合型组织和建立主动型文官体系。[3]Pollitt 指出，整体性治理是指一种通过横向和纵向协调的思想与行动来实现预期利益的政府治理范式，具体包括：消除政策间的矛盾和紧张来增加政策的效力，减少重复整合稀缺资源，增进某一政策领域中不同利益主体的协作，为顾客提供无缝隙而非分离的服务。[4]

---

1 Perri 6.Diana Leat,Kimberly Seltzer， Gerry Stoker.Towards Holistic Governance:The New Reform Agenda. New York:Palgrave,2002,pp.78−79.

2 Peters B. Guy. “A North American Perspective on Administrative Modermisation in Europe.” In Public Management and Administrative Reform in Western Euroope, ed. Walter J. Kickert. Brookfield, V. T.:Edward Elgar,1997,pp.256−261.

3 彭锦鹏：《全观型治理：理论与制度化策略》，《政治科学论丛（台湾）》2005 年第 23 期。

4 冯朝睿：《整体性治理视阈下的中国食品安全监管研究》，云南大学博士学位论文，2015。引自 Pollitt C. “Joined−up Government:a Survey” .Political Studies Review,No1,2003,pp.34−49.

（二）整体性治理的核心思想

整体性治理理论以公众需要为基础、以服务为中心、以整体性为取向，克服管理的碎片化，以综合组织机构为载体来修正功能化的部门分权带来的弊端。整体性治理强调政府的公共服务职能，以整体性价值、功能化整合为核心观点，以全方位、多层次的合作与协同为路径，通过协调、合作、整合的方法使公共服务各主体合作，提供连续的、综合的无缝隙服务。

1. 整体性治理的内涵

整体性治理是以公民需求为导向、以解决问题为治理目标，强调合作性整合。Tom Ling 认为整体性治理是组织内部新的组织架构和组织部门间的新协作方式。[1] 国内外学者对整体性治理内涵与外延进行了丰富的解读，西方国家整体性治理在社会服务方面的应用给我们启发，社会服务由多元主体提供，需要组织内部、跨组织、公私部门间功能整合，整体性治理正是强调摆脱部门的、狭隘的视野。

整合是整体性治理的核心概念，是对新公共管理的超越。整合起源于拉丁语“integer”，是完整的意思，还有整体的有机部分或者一个整体的部分整合的意思。全面性与整合重叠，表示对情况的充分了解。[2] 整合是系统理论的核心，而且是组织安排和表现的中心，某种程度来说，所有组织是分层的，由不同的结构组成，但各元素间相互联系，为了完成共同的任务，这些组成

1 Tom Ling.Delivering Joined–Up Government in the UK:Dinmension,Issues and Problems，Public Adminstration,vol.80,no.4,2003,pp.625–626.

2 Dennis L.Kodner,Cor Spreeuwenberg.“Integrated care:meaning,logic,applications and implications–a discussion paper”,International Journal of Integrated care,vol.2,no.14 November,2002,pp.1–6.

部分起着互补的作用，然而在更复杂的组织中在有效的和质量的目标干预中出现分裂、分权和专业化，因此，制度目标的实现在各组织或系统各部分之间必须合作与协作。整合是黏合剂，把整体绑在一起，能取得共同目标和最佳结构。整合的内容是丰富的，除了对服务内容、组织内部和组织间机制的整合，还应包括服务理念、筹资渠道和融资方式等各个方面，以提高服务质量，增强服务的可及性。

整体性治理的基本内涵是促成多种公共管理主体协作一致地进行社会公共事务管理，在其政策与服务的具体落实过程中，借助交互协作与一体化协同的管理方式充分利用稀缺资源以达到完善的功能整合并有效解决政策冲突，真正为民实现无缝隙服务。在这种内涵下，整体治理的根本目的是提供优质的公共服务，其精神实质是整合政府机构功能。整体性治理即是要各种方式的联合、协同或协调来充分发挥其在管理上的效能。[1]

2. 整体性治理的特点

（1）整体性治理的对象：碎片化问题

本书要讨论的“碎片化”是指政府治理中因各种政策目标和手段的冲突，使组织形成一个封闭系统，无法沟通与共享资源。[2] 佩里·希克斯依据组织机构间的政策目标与手段是否相互冲突与增强的判断标准，把“碎片化”政府定义为机构间有共同或相近目标，却缺乏相互沟通合作的渠道，以致机构间执行政策的手段呈现冲突的状况，甚至导致地盘争夺战。[3]Pollitt 对解决公共部

1 冯朝睿：《整体性治理视阈下的中国食品安全监管研究》，云南大学博士学位论文，2015，第 44 页。

2 吴红梅：《中国社会养老保险政策“碎片化”问题审视》，《黔南民族师范学院学报》2014 年第 6 期。

3 王顺：《整体性治理视角下我国基本养老保险制度整合研究》，南京大学硕士学位论文，2015，第 13 页。

门和公共服务碎片化问题的协同政府的界定是：通过纵向与横向的协调消除政策间的相互抵触，有效利用稀缺资源，使某一政策领域不同利益主体聚集起来并创造出整体性效益，为公众提供无缝隙的而非碎裂化的服务。[1]整体性治理理论的提出是建立在官僚制理论和新公共管理理论基础上的，是对前两种理论所产生的碎片化问题的批判。整体性治理是以协调和整合为核心的治理方式，其运作机制和管理模式要克服分割化和碎片化问题，[2]强调通过协调或整合现有相互独立组织的行动，提供整体化的公共服务以满足服务对象的不同需求。

（2）整体性治理的目标：问题解决

整体性治理就是要通过协调与整合机制打破这种壁垒，促使各级政府和部门以及各种类型的组织间政策目标和手段相互增强，有效利用各种资源，实现政策的整体效益。[3]整体性治理的评价标准是目标和手段是否增强。目标是如何使政府的功能进行整合，以便更有效地处理公众最关心的一些问题，而不是在部门和机构之间疲于奔命。整体性治理以手段和目标两个维度，在三个层次上构建五种不同类型的政府。[4]

整体性治理的目标是解决问题，通过减少部门间的冲突或政策的重复来

---

1 吴红梅：《包容性增长背景下我国基本养老保险整合研究》，华中师范大学博士学位论文，2012，第 32 页，引自 Pollitt C.Joined–up Government:a Survey Political Studies Review,No.1,2003,pp.34–39.

2 胡佳：《跨行政区环境治理中的地方政府协作研究》，复旦大学博士学位论文，2011，第 31 页。

3 吴红梅：《包容性增长背景下我国基本养老保险整合研究》，华中师范大学博士学位论文，2012，第 32 页。

4 郭雪松、朱正威：《中国应急管理中的组织协调与联动机制研究》，中国社会科学出版社，2016，第 15 页。

实现资源有效利用，为全体公众提供整体的、无缝隙的服务。[1]整合是整体性治理的核心，希克斯认为整合机制要在政策、客户、组织和单位这四个目标之下构建。[2]见表 3–2。

表 3–2　整体性治理四个层次的整合目标

层次	输入	转换能力	输出	结果
政策目标	政策连续性	更好的决策管理	更高质量的服务供给	更有效预防、治理，对顾客更多的控制
顾客目标	鼓励公民提出看法和参与	顾客更多地接受服务	提供全面的、更加便捷的服务	公共合法性的提升和社区建设
组织目标	避免重复，减少冲突，分担风险，知识最大化	成本 – 效益	对输出的更多控制	—
结构目标	平衡资源和投资	行政控制的转移	对相关部门输出的更多控制	—

资料来源：Perri6. “Towards Holistic Goverance:The New Reform Agenda”，Palgrave, 2002,pp.47.

（3）整体性治理的实现策略：从协调到整合

整体性治理的工具是连接、协调和整合。整合过程的协调由某个牵头部门将相关联的职能部门和其他主体组织起来，针对某类共同关注的议题，进行沟通、对话和协商，联合进行政策规划和制定。组织层面的协调也由牵头部门将相关组织联系起来针对组织之间存在的组织文化和组织理念冲突进行协调，消除差异、创造合作，最后达成共识。

1　Pollitt.C. “Joined–up Government: a Surney”,Political Studies Review, No.1,2003,pp.67–84.

2　Perri 6，Diana Leat, Kimberly Seltzer，Gerry Stoker.Governing in the Round: Strategies for Holistic Government. London: Demos，1999,pp.58–59.

3. 整体性治理的主要内容

整体性治理理论是以公众的需要为基础、以服务为基础的组织基础。整体性治理的内容主要包括：互动的信息搜寻和提供，以顾客和功能为基础的组织重建，一站式服务提供，数据库，重塑从结果到结果的服务，灵活的政府过程，可持续性。[1]

（1）组织结构层级和功能整合

整体性治理在组织结构上不以功能为导向，而是在保留部门专业化、功能化的基础上进行组织创新的大部制协作。整体性治理致力于组织内部层级的整合和同层级组织之间的整合。较之新公共管理，在组织层级的整合中整体性治理更注重共同价值观的塑造，在合作中强调协作、共担和信任的价值理念。[2] 组织间的整合以原有的组织结构为基础，从组织目标、组织权限和信息系统等方面进行整合，以期构建跨组织的运行机制。通过新的组织结构和运作机制破除政府部门之间的相互扯皮推诿和功能重叠，减少资源浪费，提升政府公共服务效率。

（2）公共服务供给基本要素的整合

公共服务供给的基本要素包括政策支持、人力资源和财政预算等，基本要素的缺乏和分散造成了公共服务的碎片化供给。整体性治理要解决碎片化问题，建立跨部门的机构协调运作机制，消除冲突、整合政策，实现信息统一和“一站式”服务提供的目标。服务机构以目标和结构为导向进行预算，通过整合政府预算和制度设计为公共服务供给联合、协调和整合提供制度支持。

（3）信息系统的整合

整体性治理的基本手段是打破政府内部和政府之间的组织边界，实现组

1 张璇：《国内外整体性治理比较研究》，《湖北社会科学》2016 年第 12 期。

2 冯朝睿：《整体性治理视阈下的中国食品安全监管研究》，云南大学博士学位论文 2015，第 44 页。

织之间合作的无缝对接，实践中完全无缝对接是很难做到的。通过网络化、电子化，打破组织间的壁垒，再造扁平化政府，达到信息传递和共享，实现政府服务信息公开化和透明化。在公共服务部门之间及其内部建设具有整合资源能力的信息交互服务知识管理系统，并在该系统中打造“一站式”公共产品交易与公共服务供给的信息化、智能化服务平台。[1]从供给和需求两个方面分析信息系统的整合，公共服务的需求者即民众通过信息系统平台了解政府政策和相关服务的供给情况，公共服务的供给者即服务组织根据系统反馈的公众服务需求情况，及时进行公共服务供给决策和计划安排。

三、医养结合服务供给整合的分析框架

（一）整体性治理与医养结合供给整合的契合性

新公共管理治理模式下，公共服务分布于各部门，具有明显的分散性和不连贯性，无法从整体上提供公民所需求的服务。[2]医疗服务和养老服务主要来源于养老机构和医疗机构，是分散的、断裂的，在现有模式下，老年人需要的连续性服务无法提供。“协同政府”用来克服服务碎片化问题，强调质量和效率，常常用于健康服务、社会服务等公共服务领域。[3]医养结合供给整合的目的就是克服医疗机构和养老机构功能分化的弊端，进行跨组织机构的整合来为老年人提供连续的、综合的、长期的医养护服务。整体性治理

1　冯朝睿：《整体性治理视阈下的中国食品安全监管研究》，云南大学博士学位论文，2015，第 45 页。

2　Perri 6. Diana Leat,Kimbe rly Seltze r , Gerry Stoker.Towards Holistic Gove nance :The New ReformAgenda. New York :Palgrave,2002,pp.39.

3　Jeanette Moore ,Justin Kean.Accounting for Joined–Up Government: The Case of Intermediate Care, Pubic Money & Management,vol.5,2007,pp.61–68.

视角与医养结合服务提供的契合性体现在治理结构和治理目标的一致性。

1. 治理结构一致：组织结构分散

2016年6月民政部、国家发展改革委员会联合发布《民政事业发展第十三个五年规划》，提出要增加养护型、医护型养老床位，到2020年，护理型床位占总养老床位的比例不低于30%。2017年3月，国家卫生计生委等13个部门要求大力发展医养结合服务，医疗卫生服务向社区、家庭延伸。在国家政策的驱动下，我国医养结合服务实施范围不断扩大，从机构延伸至社区和家庭。与此同时，由于我国科层制政府管理体制，处于初步发展阶段的社会组织以及服务供给载体分属多个相互独立的部门，医养结合在试点实践中存在碎片化、割裂化和服务交叉重叠等治理难题。纵向垂直管理和横向部门分割的“条块”体制束缚，政府层级之间和部门之间以及公私部门之间难以有效协同配合，医养结合服务的有效供给困难重重。要突破这些障碍，应从公共治理视角出发，打破传统部门界限，构建整体性治理的医养结合供给机制。整体性治理的本质是整合，[1]其包括组织内部以及组织之间的为实现同一目标的整合，也包括政府与其他性质组织之间的跨界合作。医养结合服务的多元供给产生的“碎片化”问题，只有整合才是实现医养结合服务的连续性、综合性的关键。

2. 治理目标一致：解决碎片化问题

整体性治理理论为“碎片化”问题提供了解决方案。在整体性视角下，医养结合服务模式吸纳整体性治理理论的“整合”“无缝隙”的理念，为解决医养结合服务的“碎片化”问题提供可行路径。

1　郭雪松、朱正威：《中国应急管理中的组织协调与联动机制研究》，中国社会科学出版社，2016，第15页。

整体性治理在治理碎片化问题上有独特优势，对解决非结构化的社会问题效果显著，为破解当前医养结合实践割裂和碎片化提供了独特的分析视角与解决思路。[1]但是整体性治理不是包治百病的灵丹妙药，实践中还将面临诸多问题。整体性治理的前提是信息技术的发展，是不同层级政府、不同机构和不同政府部门之间网络的整合。整体性治理需要解决组织结构、信息技术以及政府官员的能力等问题，这对当前中国来说无疑是一个很大的挑战。我国目前的政府管理模式难以改革，短期内组织机构难以从科层制改革成网络化、扁平化的政府。[2]公共服务整体性治理需要先进的信息技术支持，我国的医疗信息还未实现全国一体化，养老服务信息化还处于个别发达地区先行先试阶段。基于信息化滞后的现状，我国医养结合整体性供给任重道远。

（二）医养结合服务供给整合的分析框架

“框架是对研究范围的限定，指导研究者通过细化不同类型的变量及其相互之间的一般关系。框架为研究探索提供了一个基础，即变量的一般种类是如何很松散地组成一个固有的结构。”[3]学者们依据整体性治理的实践，从不同视角对整体性治理的解释框架予以理论上的分析。Perri从政策、规则、服务供给、监控过程和政府不同层级及同一层级间、不同部门间、公共部门与非公共部门间三个维度建立整体性治理的框架。[4]而Tom Ling把整体性治理分为“内、外、上、

1　方堃：《民族地区精准扶贫难点问题研究》，科学出版社，2018，第12页。

2　郭雪松、朱正威：《中国应急管理中的组织协调与联动机制研究》，中国社会科学出版社，2016，第15页。

3　埃德拉·施拉格：《政策过程的框架、理论和模型比较》，转引自（美）保罗·萨巴蒂尔编：《政策过程理论》，三联书店，2004，第314页。

4　Perri6.Towards Holistic Governance:The New Reform Agenda. New York: Palgrave, 2002,pp.28−31.

下”四个维度，涵盖组织内部、跨组织部门、目标设定和服务供给。[1]Pollit 指出整体性治理的四个目标是增加政策效力、更好地利用资源、增进组织协作及提供无缝隙服务。整体性治理涉及的整合包含三个面向，即全球与国家的整合、各职能部门的整合、公私部门的整合。[2] 三个治理面向的整合是整体性治理理论的重要主张，这就要求治理行为的整合，包括政策、组织、服务和监督等层面。希克斯在他的第三本著作中的观点是，在现代信息技术下，整体性政府的整合面向是多元复杂的，如政策、规章、服务、监督等。[3]

综观以上学者的研究成果，尽管视角不同，但他们对整体性治理的基本观点是一致的，即强调跨界合作。在吸纳和综合借鉴各观点的基础上，结合公共服务供给的服务提供者、服务内容、政策、信息等基本要素，本书提出将公共服务供给整合从政策、组织和资源三个层面加以考察，形成理论框架，即供给组织、供给政策、供给资源三个维度。后文的分析将围绕医养结合服务供给政策、组织和资源三方面开展，分析我国医养结合服务供给实践中的碎片化现状，并从组织、政策和资源三个维度构建我国医养结合服务供给的整合路径（如图 3–4 所示）。

1 TomLing. “Delivering Joined–up Government in the UK:Dinmensions,Issues and Problems” ,Public Administration,vol.80,no.4,2002,pp.625–626.

2 Perri6.Towards Holistic Governance: The New Reform Agenda. New York: Palgrave, 2002,pp.29.

3 Perri6.Towards Holistic Governance:The New Reform Agenda. New York: Palgrave, 2002,pp.28–29.

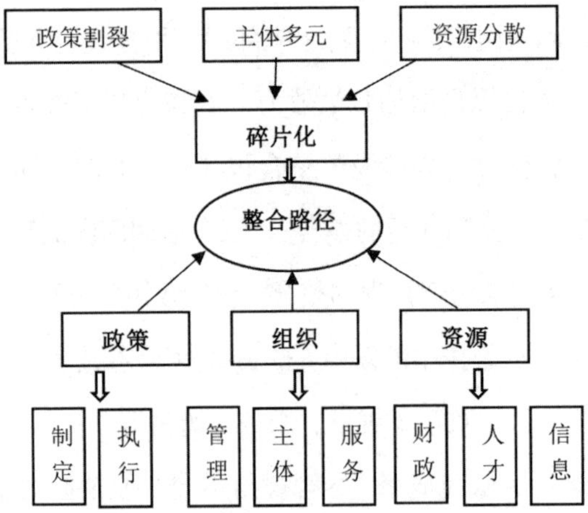

图 3-4　整合的逻辑与维度

1. 医养结合供给的政策分析维度

医养结合供给的政策整合分析是对政府纵向层级间的整合和横向部门功能的整合，从而促进政策的有效联接。整体性治理在医养结合政府功能和政策制定与执行中的体现：一是纵向层级治理的整合。中央和各级地方政府之间在政策制定、标准拟定和目标措施等方面的整合。整体性治理理论在我国政府机构改革中得到了运用，如 2018 年我国机构进行了合并、重组，多部委联合发布医养结合方面的国家政策文件等。二是治理功能的整合。组织内部和相似主体之间融入到一个协作、高效的系统化体制中。利用信息技术建立沟通渠道，医养结合服务相关部门如卫健委、民政部、人社部、老龄办、医疗保障局等部门功能整合。我国一直以来形成的科层制组织、地区间发展差异，行政等级和区域化短期内在养老服务供给和医养结合实践中难以逾越。现实中能够进行的政策整合主要发生在横向政府部门之间，如医养结合供给相关部门进行联合、协调和整合。

2. 医养结合供给的组织分析维度

医养结合服务属于公共服务类别中的社会性服务。从服务内容上分，主要包括生活照顾和医疗护理两大类，这两类服务的“伴生性”与“相继性”充分体现在老年人身上。[1]欧洲国家寻求并推进打破医疗和社会照护界线的办法，促进各利益相关者的对话、交流和合作来弥合个人、组织及社会层面的分歧。为此，提出了“整合照护（integrated care）”的理念，整合照护的连续性、综合性特征得到了国际社会的普遍认可。

医养结合的整合照护需求是单一供给主体难以满足的，医养结合供给主体除了政府，还有企业、社会组织、家庭和个人。实现医养结合服务有效供给的前提是多元主体协调整合，构建公私部门合作伙伴关系，共享权利、分享利益，以更有效、更经济的方式提供产品和服务。

3. 医养结合供给的资源分析维度

公共服务供给的基本内容包括供给主体、供给模式、供给方式、供给内容和供给效果等。公共服务供给活动开展必备的条件是资源，其中人力资源、财政资源和信息资源必不可少。虽然互联网信息化发展迅速，大数据在各行各业中得到广泛使用，但是我国开展医养结合服务仍存在诸多困境，其中突出的问题是医养服务人才缺乏、专业化程度低，国家财政投入不足，行业间壁垒重重、利益博弈，信息渠道难以畅通。医养结合服务供给整合首先要解决资源分散的问题。

整体性治理理论是对新公共管理理论的批判，从治理理念、组织形式和治理主体为公共服务供给整合提供了理论工具。但是这个产生于西方国家的理论应用于我国公共服务改革实践可能会产生悖论。比如，公共服务多元供

1　梁誉、林闽钢：《论老年照护服务供给的整合模式》，《中共福建省委党校学报》2017 年第 7 期。

给主体整合实现目标一致，各主体为了争取资金或者迫于上级权威而进行合作，但由于各自利益冲突导致合作形同虚设。整体性治理理论在我国公共服务供给整合中仍有需要解决的现实问题，需要在实践中不断完善修正。即便如此，就目前来说，找不到更优于整体性治理理论的最佳理论。

因此，本书结合我国医养结合的实践，对整体性治理理论进行了适当的拓展，从政策、组织、服务、资源和信息等内容对医养结合供给进行整合。医疗资源与养老资源相结合实现优势互补和社会资源利用最大化，通过线上的信息管理，准确匹配线下资源，改善线下服务效率，使线上、线下得到有效衔接，以便建立“医、养、护、康”四位一体的整体性服务供给模式。

第四章　老年服务需求与养老方式选择的影响因素

医养结合是养老服务发展到一定阶段的产物，是社会经济转型阶段回应社会需求、应对养老服务供需错位的有效措施。本书在我国部分地区医养结合实践现状调查的基础上，通过对老年居民的访谈和问卷调查，了解老年人对医养结合模式选择偏好，挖掘老年人养老方式选择的影响因素，为分析我国医养结合养老模式存在的问题和未来发展的重点取向做铺垫性论述。

本章使用定量和定性分析方法，利用定量数据描述老年人经济收入、疾病情况、生活现状、家庭子女情况等人口特征信息，分析经济收入、人口特征与养老方式选择的相关性；借助定性数据探究老年人的家庭背景、公共福利政策等因素作用于老年人自评经济状况的机理，既把握“是什么”、也回答“为什么”的问题。

一、组织调查与样本数据的来源

（一）问卷调查的组织与实施

限于人力物力，调查由笔者带领海南医学院社会保障专业的大三学生共同完成。考虑到海南本地老年人，特别是高龄老年人听不懂、也不会说普通话的问题，调查员以海南籍学生为主。开展调查之前，笔者对调查员进行了集中培训，主要介绍本次调查的目的、有关注意的事项和做问卷调查的一些策略，组织调查员学习调查问卷的内容并就疑问进行解答，同时对调查的要求、时间安排等问题进行了说明。笔者全程参加了调查，随时与学生沟通、发现问题并解决问题。由于老年人的视力问题以及对问题的理解能力等因素，大部分老年人难以独自完成问卷，因此调查全部以面对面访问的方式，调查员提问并根据老年人的作答进行填写，调查员的认真与耐心保证了调查结果的信度。

问卷调查采用随机抽样的方法，抽取了海口市美兰区的新安社区、金甸社区、京安社区、大英社区，龙华区的昌茂社区、金山社区、海垦社区，秀英区石山镇的扬府村。共发放问卷500份，回收450份，有效问卷435份，回收率90%。问卷收回后，由参加问卷调查的四位调查员将资料编码、录入计算机，笔者使用社会科学统计软件SPSS 22.0进行统计分析。

（二）访谈的组织与实施

质性研究的访谈法主要回答“为什么”的问题，其优点是有较深的解释性，有利于全面理解医养结合模式中的多主体之间的结合与互动行为的逻辑。但是对调查对象的选取有较高的要求，比如代表性、典型性以及获取资料的客观真实性等，要求研究者熟练掌握访谈方法，并具有比较成熟的访谈技巧，还需注意“研究的价值中立”和“调查对象的反应”。研究者自身的价值取向、访谈水平很大程度上决定了研究数据的获取水平。访谈对象的选取及其对研究的反应也会影响到数据收集的效果，虽然这种影响很难完全消除，但对于一个成熟的访谈法研究者会尽可能大程度地去化解。根据访谈对象对问题的态度和用词辨别其背后的立场，比如政府机构人员被访谈时善用官方数据宣扬成绩，而对存在的实际问题及本质根源往往避而不谈，社区组织人员则易夸大困难和寻求关注。研究者在访谈研究中需透过表象进行思考，以中立的立场总结、归纳，以发现其本质与规律。

为弥补问卷调查的不足，本研究中较多地使用了半结构式访谈法。笔者于 2019 年 7 月 5 日—7 月 15 日对海口市龙华区农垦干休所、海南医学院第一附属医院神经内科病区、内分泌病区和心内科病区老人、椰岛之家老年公寓老人以及秀英区吉尾村的老年人进行面对面的半结构式访谈。通过与村委会、养老机构负责人和医院各病区护士长的引荐，在个案选择上尽量体现代表性和多样性的原则，选取了 32 位老年人进行访谈（见表 4–1）。

表 4–1 访谈案例信息列表

案例	性别	年龄	退休前职业	患病情况	访谈地点	访谈时间
1	女	65	农民	糖尿病、高血压	海医附院	2019–7–10
2	男	62	公务员	糖尿病、高血压、高血脂、高血糖	海医附院	2019–7–10
3	女	66	工人	糖尿病、高血压	海医附院	2019–7–10
4	男	68	公务员	高血压	海医附院	2019–7–10
5	男	69	教师	糖尿病	海医附院	2019–7–10
6	女	76	工人	高血压	海医附院	2019–7–10
7	男	69	公务员	高血压、腰椎痛	海医附院	2019–7–10
8	男	68	教师	糖尿病	海医附院	2019–7–10
9	女	76	工人	高血压	海医附院	2019–7–11
10	男	74	工人	高血压	海医附院	2019–7–11
11	女	60	幼师	糖尿病	海医附院	2019–7–11
12	男	60	公司职员	糖尿病	海医附院	2019–7–11

续表

案例	性别	年龄	退休前职业	患病情况	访谈地点	访谈时间
13	男	83	医生	糖尿病	海医附院	2019-7-11
14	女	65	护士	糖尿病、心脏病	海医附院	2019-7-11
15	男	76	农民	高血压、偏瘫	海医附院	2019-7-11
16	男	80	干部	腔隙性脑梗死	海医附院	2019-7-11
17	男	83	农民	腔隙性脑梗死	海医附院	2019-7-12
18	女	66	农民	高血压	海医附院	2019-7-12
19	女	71	农民	脑梗死	海医附院	2019-7-12
20	女	66	农民	高血压	海医附院	2019-7-12
21	女	80	工人	高血压	海医附院	2019-7-12
22	男	79	农民	高血压	吉尾村	2019-7-14
23	女	90	农民	高血压	吉尾村	2019-7-14
24	男	73	民办教师	视力障碍	吉尾村	2019-7-14
25	男	73	农民	偏瘫	椰岛之家	2019-7-14
26	男	75	军人	肺气肿	椰岛之家	2019-7-14
27	女	81	农民	高血压	椰岛之家	2019-7-14
28	男	85	高工	腰椎增生	干休所	2019-7-15
29	男	90	高工	慢阻肺	干休所	2019-7-15
30	女	90	工人	高血压、心脏病	干休所	2019-7-15
31	女	87	工人	关节痛	干休所	2019-7-15
32	女	83	工人	心脏病、高血压	干休所	2019-7-15

（三）调查样本特征和变量赋值

调查样本中，男性 198 人，占 46%；女性 237 人，占 54%。从年龄段来看，年龄在 60~69 岁的老年人 236 人，占 55%；70~79 岁的老年人 145 人，占 33%；80 岁及以上的老年人 54 人，占 12%。被调查老年人中，汉族占绝大多数，其中少数民族包括黎族、苗族、回族等共 33 人。从居住地来看，被调查者以城镇为主，有 333 人，约占 3/4；农村 102 人，占 1/4。被调查老年人中 319 人已婚且老伴健在，116 人未婚、离异或丧偶。从文化程度来看，被调查者的文化水平分布较均衡，小学及以下的 135 人，初中、高中、中专、技校的 112 人，大专及大专以上的人分别是 102 人和 69 人。从退休前的职业来看，被调查对象中以工人、农民为主，两种职业人数加起来占 55%。从被调查对象的收入状况来看，个人年收入层次分布较均匀，个人年收入 5 000 元以下的 85 人，5 001~10 000 元的有 93 人，10 001~20 000 元的 78 人，20 001~40 000 元的 105 人，40 001 元以上的 72 人。见表 4–2。

表 4–2　被调查对象基本信息

特征		人数	占比（%）
性别	男	198	46
	女	237	54
年龄	60~69 岁	236	55
	70~79 岁	145	33
	≥ 80 岁	54	12
民族	汉族	402	92
	少数民族	33	8
居住地	城镇	333	76
	农村	102	24
婚姻状况	未婚	5	1
	已婚老伴健在	319	74
	离婚	20	5
	丧偶	91	20

续表

特征		人数	占比（%）
文化程度	小学及以下	152	35
	中学、中专	112	26
	大专	102	23
	大专以上	69	16
退休前职业	公务员（军人）	62	14
	教师	48	11
	工人	119	28
	农民	116	27
	个体户	53	12
	其他	37	8
子女数	0 个	6	2
	1~2 个	293	67
	3 个及以上	136	31
个人年收入	5 000 元及以下	85	20
	5 001~10 000 元	93	21
	10 001~20 000 元	78	18
	20 001~40 000 元	105	24
	40 001 元以上	72	17

本章主要论证老年人养老方式选择的影响因素，家庭因素、个体因素和社会因素是主要自变量。其中，家庭因素包括子女数、居住安排、子女结构；个体因素由年龄、文化程度、个人收入状况、婚姻状况、自评健康状况和需要的健康服务来衡量；社会因素包括家庭关系、孤独感两个变量。见表 4–3。

表 4–3　影响因素变量赋值

年龄 X_1	低龄老年人（60~69 岁）=1；中龄老年人（70~79 岁）=2；高龄老年人（80 岁及以上）=3
性别 X_2	男性 =1；女性 =0
民族 X_3	汉族 =1；少数民族（黎族、苗族、回族、其他）=0
婚姻状况 X_4	未婚 =1；已婚、老伴健在 =2；离婚 =3；丧偶 =4
居住地 X_5	城镇 =1；农村 =0
文化程度 X_6	小学及以下 =1；中学、中专 =2；大专及以上 =3
退休前工作 X_7	公务员（军人）=1；教师 =2；工人 =3；农民 =4；个体户 =5；其他 =6
个人年收入 X_8	贫困（5 000 元及以下）=1；低收入（5 001~20 000 元）=2；中等收入（20 001~40 000 元）=3；高收入（40 001 元以上）=4
和谁居住 X_9	独居 =1；与他人同住（老伴、儿子、女儿）=0
子女数 X_{10}	0~1 个 =1；2~3 个 =2；4 个及以上 =3
儿子数 X_{11}	有儿子 =1；无儿子 =0
健康状况 X_{12}	很好和好 =1；一般 =2；较差和差 =3
慢性病 X_{13}	1 种及以下 =1；2 种 =2；3 种及以上 =3
有无医务室 X_{14}	有 =1；无 =0
有无养老中心 X_{15}	有 =1；无 =0
家庭关系 X_{16}	融洽（很好、好）=1；一般（一般、较差、差）=0
心事是否说 X_{17}	是 =1；否 =0
是否孤独 X_{18}	经常 =1；偶尔 =2；从不 =3

根据各变量的赋值，导入 SPSS 软件进行 Logistic 回归分析，发现个体健康状况如自评健康、慢性病、孤独感，与家庭成员的关系以及养老观念如养老靠谁等变量呈显著相关性，说明这些变量都与养老方式的选择有关。老年人的养老方式意愿选择与个体身体状况、子女关系和个人养老观念有显著的

关系，而与老年人个人收入状况与照护需求程度的相关性并不明显，这说明被调查老年人在养老方式选择上并不是由实际需求决定的，而受家庭因素和社会因素影响较大。见表 4–4。

表 4–4　养老方式选择相关因素 Logistic 回归分析

变量选项	模型适合准则	概似比测试		
	降阶模型的 −2 对数概似值	卡方	df	显著性
健康状况	473.470	19.685	4	0.001
文化程度	457.238	3.454	4	0.485
婚姻状况	463.934	10.149	6	0.118
以前职业	467.771	13.987	10	0.174
收入分类	460.727	6.942	6	0.326
居住状况	458.262	4.478	2	0.107
照护需求	459.700	5.916	4	0.206
慢性病种数	457.010	3.225	6	0.780
养老靠谁	473.618	19.834	8	0.011
心事倾诉	459.850	6.066	4	0.194
孤独感	475.100	21.315	4	0.000
家庭成员关系	460.216	6.431	2	0.040

二、照护需求与经济状况调查

随着年龄的增长，人的身体功能发生退化，各种疾病找上门来。人老体弱是自然规律。除了年龄增长导致的身体自然老化、老年疾病的发生，老年人照护需求还受到经济状况如个人收入、经济来源，家庭状况如子女情况、家庭关系和社会观念等因素的影响。老年人的健康包括身体的健康和心理的健康，本书研究老年人的身体健康主要从健康自评和慢性病患病情况两方面来体现，精神健康主要从家庭关系和孤独感来体现。

（一）照护需求调查

被调查的海口老年人自评健康统计数据中，47.5% 的老年人认为自己的健康状况很好或好，只有 5.7% 的老年人认为自己的健康状况较差或差。可见，海口老年人对自身健康状况较自信。但是，积极的健康自我评价与老年人实际的患病情况并不吻合。调查发现，超过 80% 的老年人患有慢性病，其中患高血压和关节炎的老年人比较常见，40.0% 的老年人患有高血压，31.2% 的老年人患有关节炎。老年人患病呈叠加的现象，同时患有 3 种或以上慢性病的老年人有占被调查老年人总数的 8.5%，同时患有 2 种慢性病的占 23.4%。见表 4–5。

表 4–5 被调查老人患病情况（N=435）

疾病类型	人数	百分比（%）	疾病类型	人数	百分比（%）
高血压	174	40.0	脑血管	28	6.4
糖尿病	76	17.5	白内障	48	11.0
心脏病	39	8.9	支气管炎	30	6.9
关节炎	136	31.2	其他	91	20.9
以上都没有	78	17.9			

将性别、年龄、户口性质、退休前职业、子女数量、婚姻状况、孤独感、文化程度、收入状况、健康状况和慢性病病种数等作为自变量，将老年人的照护需求作为因变量，进行相关性分析，结果发现以上自变量与因变量存在显著相关性。

表 4–6 照护需求相关因素

自变量	Pearson 相关性	显著性（双侧）
健康状况	0.693**	0.000
慢病种数	0.562**	0.000
退休前的职业	−0.500**	0.000
户口性质	−0.484**	0.000
常住地	−0.431**	0.000
子女数量	−0.293**	0.000
年龄	−0.258**	0.000
社区是否有医务室	0.210**	0.000
文化程度	−0.200**	0.000
家庭关系	0.179**	0.000
社区是否有养老中心	0.171**	0.000
婚姻状况	−0.161**	0.001
孤独感	−0.150**	0.002
和谁居住	−0.133**	0.005
个人收入状况	−0.101**	0.036

注：** 表示相关性在 0.01 上显著（双侧），* 表示相关性在 0.05 上显著（双侧）。

由表 4–6 可知，老年人健康状况与慢病种数与照护需求呈显著的相关性，说明相对健康状况好的老人，健康状况差、慢性病多的老人更需要照护。子女数量、文化程度、退休前的职业、户口性质、常住地、婚姻状况、孤独感等因素与照护需求呈负相关，说明子女数量越多、文化程度越高的老年人照护需求越小，城市老年人比农村老年人的照护需求更大，相对已婚老伴健在的，未婚、丧偶和离异的老人更需要照护；相对于与家人同居的老人，独居老人更需要照护；相对于偶尔孤独和经常孤独的老人，从没孤独感的老人更少需要照护。

从照护需求的角度，可以把照护需求分为照护依赖、照护均衡和照护独立三种类型。

1. 照护依赖

世界卫生组织（WHO）对照护依赖的定义是指频繁地需要他人的帮助和照护，超出了健康成年人的正常需求。[1] 根据 WHO 的定义，普通成年人不能自我照顾的，其基本生活需要在他人的帮助下才能正常进行。在这个定义基础上，本书所界定的照护依赖是指照护服务需求强烈，通常是个人自理能力较差，难以完成基本的日常生活活动，需要家庭成员提供照顾，或需要寻求家庭之外的照护服务。照护依赖型老年人一般身体状况较差或患有多种慢性病，其生活照料、医疗服务、康复护理服务的需求强烈，并且经济上独立、子女少或无儿子。根据照护需求影响因素，可以推断照护依赖者往往更倾向选择机构养老方式。但是从养老方式选择的相关因素看，事实并非如此。照护需求与养老方式选择的相关性并不显著。为什么在控制了其他因素后，照护依赖的老年人养老方式选择上仍然倾向居家养老而不是机构养老？通过访谈找出了个中原因，如老年人对养老机构有误解、认识不足，更大的原因是受传统观念的影响。

郑爷爷，83 岁，丧偶，因糖尿病住院，退休前是主任医师，儿子也是医生，40 多岁，儿媳妇是护士。被问到平时谁照顾时，郑爷爷说“儿子啊，他的外婆外公（儿子的老丈人和丈母娘）”。“如果外公外婆不在这里怎么办？”“是啊，不知道怎么办。”“有没有想过去住养老院？”“没想过，养老院那是没有小孩啊，那不是孤老吗，那不是惨了吗？我没敢想，害怕啊，不懂怎么讲，没有子女的才去，那是孤老院吗？”（案例 13）

张阿婆，83 岁，农垦退休工人，安徽人，1959 年与老伴儿一起来海南，有 1 个女儿、2 个儿子，其中小儿子和大女儿也是农场职工。阿婆与老伴儿退休金每月 5 000 多元。“要不病的话就够了，我因为心脏病放了支架，又有高

1 唐钧、覃可可：长期照护试点深度调研报告，《社会政策评论》2019 年第 1 期。

血压。”阿婆今年住院 3 次，个人共支付医药费 6 000~7 000 元，其老伴儿每个月用药 1 000 多元。“像你们这样子，如果说送你跟爷爷去养老院，你们愿意去吗？”“没有钱呐。”“小孩平时来看你们吗？”“来，有时候过一天就走，80 多岁值了，过一天算一天，走一步算一步，不要想那么多，不错了。”（案例 32）

2. 照护均衡

照护均衡是指老年人对照护服务的需求不太强烈，通常情况下能够在家庭中获得照护。大多数老年人能够部分自理，但由于年龄的增长而导致部分能力退化，单独居住时仍需要部分帮助，如出门看病、购物等。但由于个人经济状况不足以支付机构养老费用，加上传统养老观念，这类老年人通常会向邻居或社区寻求帮助，选择社区养老方式。

郝爷爷，80 岁，事业单位退休，山东人，常住海口。诊断腔隙性脑梗死，白内障术后，个人退休金足以支付医疗费，不需要子女资助，其老伴儿也有退休金，老两口单独居住。“你有没有想过去养老院的事？”“我想去，但老伴儿不愿意去”。“你有了解过吗？”“了解过，海甸岛的 ××× 收费要上万，押金 40 万，每个月要花 9 000，设施条件还可以，生病了马上送医院。”“如果让你考虑养老院，你会考虑哪些因素？”“环境、简单的医疗设施、老年活动场所、卫生条件、生活条件，收费要一般，大家要承受得起，我觉得三四千就可以了。”“你考虑去养老机构是为啥呢？”“自己方便些。”“你有没有朋友去住养老院的？”“没听说过，为什么不愿意去嘞，高档的收费太高，低档的条件太差。”（案例 16）

杨阿婆，90 岁，农垦退休工人，两个女儿，高血压，有心脏病，老伴儿去世了，独居。退休金加上老年高龄补贴每月 2500 元，两年前做了手术，除了医保报销外，自己花了 30000 元左右。问到女儿是否天天来看望，阿婆

落寞地回答没有。“如果让你去养老院你愿意去吗？”“不愿意，没有钱，有钱的话会去。”（案例 30）

符阿婆，87 岁，农垦退休工人，有 1 个儿子，退休金加高龄补贴每月 2 500 元，做了白内障手术，腰酸、关节痛，老伴儿去世后一直独居。儿子也已退休，儿媳妇有心脏病需要有人照看，所以儿子没法陪伴老人生活。“现在最大的困难是什么？”“晚上睡觉没人陪，担心突然生病没人知道，儿子住在府城那边又远，没办法很快赶过来。”“想去养老院吗？”“我想去啊，钱不够，退休工资才 2 500 元，怎么够？”（案例 31）

结合三类照护需求老年人对于养老方式的选择，可以基本判断并概括不同类型老年人的特点。见表 4–7。

表 4–7　三类照护需求老人的特征归纳

照护需求分类	退休前职业	经济来源	子女情况	身体状况	居住状况	养老观念
照护依赖	行政、事业单位	较高养老金	无子或少子	疾病多	独居、夫妇	比较认可机构养老
照护均衡	工人	有养老金、中等收入	有子女	较差	独居、夫妇	经济允许
照护独立	农民、工人	子女、微薄养老金	多子女、有儿子	任何状况	与家人同住	养儿防老

3. 照护独立

照护独立主要是指照护服务在家庭内部获得，无须或不愿向政府和社会寻求帮助。此类老年人一般是生活基本能够自理，有儿子或子女较多，个人经济状况较差，难以支付社会照护服务费用；或是其传统观念根深蒂固，有照护需求却不愿离开家而要依赖子女照顾；抑或是经济状况较好，请保姆或护工居家照顾。以上照护独立的老年人往往会选择居家养老方式。在调查访谈中，大多数被访老年人虽然需要不同程度的照护，但是仍然坚持居家生活，从其言语中可以看出他们的无奈。可以说，大多数高龄、有照护需求的老年人处于被照护独立的状态。

李阿婆，90 岁，农民，有 2 个儿子、4 个女儿，单独居住在一间破旧老房子里，主要经济来源是养老金和老年高龄补贴，生活必需品和药品主要是女儿帮着买。身体没有大病，脚痛、脚麻，主要在村卫生室或村医上门打针。当问到老人是否会去养老机构养老时，“在家养老，有孩子就不会去，小孩也不想我去。”“平常在家感到孤单吗？”“孤单也没事啦，老了。”“平常有烦心事跟谁讲啊？”“不跟谁讲。”“对现在的生活满意吗？”“满意是满意，老人现在自己一个人孤单也不相干啦（无所谓）。”（案例 23）

周奶奶，65 岁，因糖尿病住院，退休前是防疫站护士，退休金每月 5 000 多元，与老伴儿一起住，有 1 个儿子在广州。“如果年龄大了，照顾不了自己时，会打算住养老院吗？”“哦，我不去哦，人家会笑话的，那种（住养老机构）是没儿子的才去。有男孩不能去，女孩（纯女户）出嫁了才去。我们那里去的是残废，家里没人照顾的才去。去到那里有饭吃，有人照顾观察啊。请个保姆要几千块，去那里家属就很干净，有什么问题就打电话。”“那你怎么不想去呢？”“我不去，我生的是男孩，女孩出嫁了的可以去。女孩嫁了养那边的父母，久久回来看一下。城市也是这样认为，我们小城市的风俗观念改不了。”（案例 14）

林爷爷，68 岁，糖尿病 24 年，退休前是中学教师，有 2 个儿子，与其中 1 个儿子一起住。“不能照顾自己时会不会想去养老院？”“还没这个想法，看电视、微信曝光很多养老院虐待老人，养老院的素质口碑很多都不行，不是自己的家人，有时候不耐烦，喂饭搞得满床是啊，他要打你啊。管理方面也是，管理层就是为了赚钱，没有人与人之间的情感。”（案例 8）

（二）老年人经济状况调查

老年人退出劳动力市场，经济来源单一。我国城镇老年人经济来源主要是退休金或养老金，农村老年人以种植、养殖收入为主，子女孝敬为辅，平均每月 100 元的新型农村养老保险的养老金收入只能算是一种安慰，基本可以忽略不计。老年人贫困是世界普遍现象，在亚洲东方文化体系中，子女的经济支持是大部分农村老年人的主要经济来源。关于谁应承担经济上赡养老人的义务时，美国大部分人都认为是政府的责任而不是小辈的责任。在老年人需要经济帮助时，实际上他们对请求孩子给予帮助感到很犹豫。[1]

宁婆婆，76 岁，有心脏病，坐着说话有点喘气，曾在镇卫生院住院 5 天共花了 2 000 多元，老伴已去世。被问到是否愿意花钱去住养老院时，她表示不愿意，询问原因时，婆婆说不想增加儿女的负担。

尽管我国的医疗保障制度不断完善、保障水平不断提高，但是医疗费用却以更大幅度上涨，个人医疗费用负担仍然是压在城乡居民头上的一座大山。我国老年人个人收入难以支付其医疗卫生费用，一方面是我国老年人收入普遍偏低，如城镇企业工人的月养老金在 2 500 元左右，而农村老年人的月均养老金标准是 100 元左右。我国城镇老年人的收入来源主要是自己和配偶，但是农村老年人经济上对子女的依赖程度很高，尤其是中西部农村老年人，其收入的一半以上均来自子女。

黄婆婆，76 岁，3 儿 3 女，2 个儿子在家，有坐骨神经痛和胃病，与老伴儿住自己的老房子，主要收入是每月两个老人的养老金 160 元，看病费用主要是儿子掏，女儿回来给零花钱。

蒋婆婆，70 岁，3 儿 3 女，与二儿子同住，患有糖尿病和腰椎间盘突出，每个月看病要花 300~400 元，看病费用主要来自老伴儿打零工和种植所得，

1　戴维·L. 德克尔：《老年社会学》，沈健译，天津人民出版社，1986。

与二儿子同住的原因是其房子的地基是老房子的。儿子拿钱较随意，女儿过年回来会给钱。

传统的家庭养老是以家庭经济为基础的农业社会的产物，养儿防老是中国几千年的传统养老观念。父辈在家庭中是权威，掌握全家的话语权和经济支配权，父辈年老后子辈理所当然地反哺。在家庭经济崩塌的后工业社会，在多种作用力的合力影响下动摇了家庭养老的基础，老年人的个人收入状况决定其老年生活的状态。收入状况决定了居民看病的支付能力，制约着居民对健康服务的利用程度。而老年人个人收入状况又与性别、子女数量、户口性质、退休前职业、文化程度、慢病病种数和健康状况相关。

调查发现，海口市城乡老年人收入的主要来源是养老金或退休金、积蓄、子女孝敬和种植经济作物等。因为调查样本中约四分之三是城镇老年人，所以经济来源中养老金占比最高，其次是积蓄和子女孝敬。这符合中国的养老文化，也在一定程度上说明老年人养老金水平偏低不足以支付老年人的日常需要。见表 4–8。

表 4–8　被调查对象收入来源与收入水平（*N*=435）

老年人收入来源					
来源类别、水平分类	养老金	积蓄	子女孝敬	种植、养殖	政府及其他
人数	314	215	220	34	55
百分比	72.2%	49.4%	50.5%	7.8%	12.6%
老年人收入水平					
来源类别、水平分类	5 000 元及以下	5 001~10 000 元	10 001~20 000 元	20 001~40 000 元	40 001 元以上
人数	84	94	77	107	73
百分比	19.3%	21.6%	17.8%	24.6%	16.7%

从表 4-8 中老年人的收入水平可以看出，海口市被调查老年人中约 60% 处于低收入或贫困状态，四分之一的老年人的收入处于中等水平，只有六分之一的老年人年收入在 40 001 元以上，即月收入在 3 300 元以上。老年人的收入与户口性质显著相关，有明显的城乡差异。在老年人的收入普遍偏低的状态下，农村老年人的经济状况更令人堪忧。进入老年期前的职业与老年收入密切相关，文化程度也是决定老年人收入的最关键因素。从调查中发现，老年人文化程度越高其收入相对越高，因为文化程度决定了其老年期前的职业，职业与收入呈正相关。调查发现，性别也是影响收入的一个因素，老年女性的收入普遍低于老年男性，这个现象与全国的统计调查是吻合的。另外，老年人的健康状况也与收入相关，健康状况越差、患老年慢性病种类越多的老年人收入状况越差。见表 4-9。

表 4-9　被调查对象个人收入相关因素（*N*=435）

相关因素	性别	子女数	户口性质	文化程度	前职业	慢病种数	健康状况
Pearson 分析	−0.118*	−0.3**	0.417**	−0.494**	−0.398**	−0.107*	−0.13**
显著性	0.014	0.000	0.000	0.000	0.000	0.025	0.004

注：** 表示相关性在 0.01 上显著（双侧），* 表示相关性在 0.05 上显著（双侧）。

根据表 4-9 老年人个人收入的相关因素，把老年人的经济状况划分为三类：经济独立、经济均衡和经济依赖。经济独立型老年人一般文化程度较高、退休前的职业较稳定、社会地位和声誉较高，或者从事农业种植、养殖业有较好的收入。经济均衡型老年人有一定的养老金，但是养老金水平较低，往往只够维持温饱或难以维持生存。这类型的老年人多为退休工人，或破产倒闭的企业工人，子女数量较少，经济上并没有完全依赖子女，或者子女的经济状况不允许其依赖。经济依赖型老人一般没有退休金或养老金，只有普及型的农村居民养老金和老年补贴，这类老年人文化程度较低、子女数量较多且传统养老观念根深蒂固。

1. 经济依赖

根据海口市老年人收入和贫困线标准，本研究的调查问卷把老年人个人年收入设定为 5 000 元及以下、5 001~10 000 元、10 001~20 000 元、20 001~40 000 元和 40 001 元以上五个等级。老年人个人年收入在 10 000 元以下，或者无退休金、月养老金在 500 元以下的本书将其定义为贫困老年群体。贫困老年人的经济依赖较明显，除国家兜底的“五保”和低保老年人外，经济依赖型老年人的养老方式无论是客观上还是主观上都更多地选择居家养老。

卓爷爷，83 岁，“五保”户，因腔隙性脑梗死、冠状动脉粥样硬化住院，有 1 个女儿，平时和老伴儿与侄子一起居住。“这是第几次住院了？”“第四次。”“每次住院谁来陪呀？”“外孙来的，女儿上班没空。”“愿意去养老院吗？”“有条件的话就愿意去。”（案例 17）

韩奶奶，66 岁，农民，一儿一女，与老伴儿一起居住。“生活靠谁挣钱呢？”“我们两个老的什么都不干，靠小孩给点。”“住院是谁出钱呢？”“儿子出的。”（案例 18）

刘奶奶，66 岁，5 个女儿，老伴儿去世了，小女儿未婚在县税务局工作，与她一起居住。刘奶奶每月养老金 1 000 多元，这次住院花费 13 564 元，个人出 5 028 元。“有想过要去住养老院吗？”“到时候再想吧，养老院费用也高。”（案例 20）

2. 经济独立

身体健康状况较好的农村老年人从事种植或养殖业，其收入可观；城镇退休老年人尤其是行政、事业单位退休人员退休金普遍较高。城乡老年人个人年收入在 40 001 元以上，或者有养老金且月养老金在 3 000 元以上的本书将其定义为老年高收入群体。高收入老年人一般具有较高文化程度，子女数量较少，经济独立且选择自由，这类型老年人往往在年老不能自理时，出于不给子女添麻烦的考虑会选择去机构养老，也有部分因受传统观念的影响而坚持居家养老。

符阿公，68 岁，患有高血压，退休前是乡镇公务员，每月退休金 6 000 多元，老伴儿也有退休金，一儿一女，退休后与儿子一起居住。“如果年龄大了，有没有想过住养老院？”“我从来没有这样的想法，因为我有儿子、孙子，最大的孙子都高二了。我快 70 岁了，老了就顺其自然啊。”“自己照顾不了自己呢？”“我还有老伴儿啊、儿媳妇啊，他们会照顾我们的，家里很融洽，都很理解。”（案例 4）

符爷爷，69 岁，患有糖尿病，退休前是小学教师，退休金每月 6 000 多元，有 3 个孩子，与老伴儿一起住在老家。退休后回到老家种胶，有额外丰厚的收入。“住院费用有压力吗？负担得起医疗费吗？”“有报销，没什么压力，负担得起。”“孩子们都忙，年龄大了不能照顾自己时有想过住养老院吗？”“现在不考虑，有子女的就不想。”（案例 5）

江奶奶，76 岁，高血压病史十多年，还患有心脏病，有 3 个女儿，与老伴儿一起住，都有养老金。“看病的医疗费需要女儿帮忙吗？”“一般不用，我退休金每月 5 000 多元。女儿给办住院和出院手续，我出院后把钱给她们也不要。平时都是自己去，不会要女儿，办好了告诉她们。她们有工作、有家庭，我们老人要理解，尽量不麻烦就不麻烦。”“如果自己不能照顾自己了，有想过住养老院吗？”“我有想过，但是老伴儿不愿意。他就想两个人住在家里，我就说那肯定要麻烦女儿，得找个好点的养老院。”“有了解过吗？”“没有问过，就是闲聊。”（案例 6）

3. 经济均衡

对经济均衡型老年人的界定是有子女、个人有一定的经济收入、经济上部分依靠子女、个人年收入在10 000~40 000元，或者有养老金且月养老金在1 000~3 000元。在养老观念方面，此类老年人能接受居家之外的养老方式，只要经济允许或身体状况难以自理的条件下，他们愿意选择社会养老方式。但鉴于支付能力有限，更多老年人选择通过社区养老来获得部分所需服务。

龙奶奶，76岁，患有高血压、高血糖，老伴儿去世了，与儿子一家居住。“年龄大了，做不了时怎么办？儿子照顾吗？”“那个到时候再说。”“以后有没有考虑住养老院啊？”“这个还没有想过。”“你愿意住养老院吗？”“我不想去，就想在家里孩子照顾呢，我们的工资这么低，怎么去？我们2 000块都不够自己用呢，工资少！”（案例9）

莫爷爷，74岁，退休前是工人，患有高血压，和大儿子一家居住，帮忙做饭、看店；老伴儿跟小儿子一起居住，帮忙做家务、看孙子。和老伴儿每月都有2 500元左右的养老金。“以后年龄大了，自己照顾不了自己，儿子们又很忙怎么办？”“以后不知道，没到那一步不知道路怎么走，走一步想一步，到时候再打算。”“有没有想过住养老院？”“我们工资低，住不起，那里收费很高的，每月要3 000~4 000元呢！我们住不起，才2 500元的退休金，儿子也出不起。”（案例10）

结合三类经济状况老年人对于养老方式选择的基本判断，概括各自代表类型的老年人特点，见表4–10。

表4–10　三类经济状况老年人特征归纳

服务类别	退休前职业	收入状况	子女情况	养老观念
经济依赖	农民、工人	低收入	多子女	居家养老
经济均衡	工人、个体户	中等收入	少子女	认可社会养老
经济独立	行政、事业单位	较高收入	少子女	接受社会养老

三、影响养老方式选择的主要因素

我国经济转型、社会人口年龄和性别结构的变化和家庭结构小型化、核心化削弱了家庭供养老年人的能力。虽然家庭在照料老年人方面的核心作用在不断减弱，但由于公共福利的不足，家庭仍然是养老的主要来源和支持。子女数的减少及劳动力的流动对老年人的照料提出了严峻的挑战，独居与空巢比例不断增加，老年人与子女同住的比例日益减少，无论城镇还是农村三代同堂已然鲜见。

（一）照护需求程度

老年人选择何种养老方式与子女、社会和政府之间的依赖有很强的关系，这种依赖的强弱会直接影响城乡老年人养老方式的选择。照护需求是养老方式选择的一个重要方面，而照护需求程度通常采用老年人的身体状况、慢性病患病情况、子女情况和自理能力等维度来测量。本书中老年人的照护依赖和经济依赖主要通过以下几个问题来体现。A10：“您个人年收入大概多少？”B1：“您认为自己目前的健康状况怎样？”B2：“您是否被诊断有老年慢性病？有几种慢性病？”B4：“您最需要哪些健康服务？”C2：“您觉得养老主要靠谁？”C9：“您和家庭成员之间的感情如何？”C10：“您平时感到孤独吗？”C11：“您有心事会和谁说？”

老年人的照护需求呈现多样化、个体性差异，因此问卷中设计了两个问题来调查老年人的需求。B4：“您最需要哪些健康服务？”C6：“您最希望得到的帮助是什么？”见表 4–11。

表 4-11　调查对象最需要的服务与帮助（N=435）

最需要的健康服务						
频数	定期体检	慢性病防治	健康教育	医生上门服务	住院治疗	康复护理
人数	362	158	141	132	76	50
百分比	79.4%	34.6%	30.9%	28.9%	16.7%	11.0%
最想获得的帮助						
频数	帮做家务	上门医疗	照顾陪伴	医药报销比例	其他	
人数	103	140	214	319	34	
百分比	22.6%	30.7%	46.0%	70%	7.0%	

老年人因为身体虚弱和慢性病的频发，对健康服务的需求强烈。从调查结果看，定期健康体检需求最大，其次是老年慢性病的防治。另外，上门健康服务和康复护理需求也占了一定的比例。老年人最想获得的帮助是提高医药费报销比例，这说明医疗费用对老年人来说是最大的负担。接近一半的被调查老年人需要获得照顾陪伴，所以老年人的孤独和精神慰藉需求不容忽视。除了身体健康状况外，老年人的精神健康也很重要。调查中以“您和家庭成员之间的感情如何”“您平时会感到孤独吗”这两个问题来反映老年人的精神健康状态。从调查数据看，约一半的老年人家庭关系一般，而自认为家庭关系较差和差的老年人占四分之一。特别值得关注的是，超过一半的老年人感觉到孤独，接近十分之一的老年人经常感觉孤独。见表 4-12。

表 4-12　被调查老年人家庭关系与孤独感（N=435）

家庭关系	人数	百分比	孤独感	人数	百分比
很好、好	101	23.2%	经常	41	9.5%
一般	224	51.5%	偶尔	237	54.4%
较差、差	110	25.3%	从不	157	36.1%

根据国家卫生计生委第五次卫生服务调查报告，老年人需求的服务项目排在前三位的是上门看病服务、上门做家务和康复护理服务，这三个项目中有两个与医疗护理有关，其中上门看病服务所占比例高达 38%，助餐助浴服务所占的比例都在 10% 以内。而报告中能提供上门看病、康复和护理服务的社区分别只有 35%、12.3% 和 7%，开展了家庭病床服务的社区只占 4.5%。见表 4–13%。

表 4–13　老年人服务需求与社区服务

项目		内容	比例（%）
老年人服务需求		上门看病服务	38.1
		上门做家务服务	12.1
		康复护理服务	11.3
		心理咨询或聊天	10.6
		健康教育服务	10.3
		日间照料服务	9.4
		助餐服务	8.5
		助浴服务	4.5
		辅具用品租赁服务	3.7
社区服务	提供生活类服务	法律或维权服务	33
		殡葬服务	21.8
		托老服务	15.6
		家政服务	15.2
		老年餐桌服务	5.9
		陪同购物服务	2.2
		老年婚介服务	1.6
	提供医护康类的服务	健康讲座服务	37.5
		上门看病服务	35
		心理咨询服务	15.5
		康复服务	12.3
		上门护理服务	7
		陪同看病服务	5.6
		家庭病床服务	4.5
		辅具用品租赁服务	3.9

数据来源：《第五次国家卫生服务调查分析报告》。

（二）照护的质量与服务便捷性

自 2013 年国家提出开展医养结合养老服务试点以来，全国各地掀起了医养结合的热潮。部分养老机构增设医务室或寻求合作医疗机构来提供医养结合服务，医疗机构也响应政策号召转型为康复医院、护理院或增设养老病区。为应对老龄化而随之产生的高龄化、失能化的社会发展趋势，老年非治疗性医疗服务、康复护理和长期照护日益被重视。前面的章节对我国人口老龄化现状和长期照护服务需求与供给现状进行了较深入的分析，在此不再赘述。调查发现，老年人最需要健康体检和老年慢性病的预防和治疗，最想获得上门医疗服务和照顾陪伴。然而，现实中老年人的服务需求难以得到满足，基层医疗护理服务缺乏且服务质量差强人意。在对海口市的调查中发现，一半的社区没有老年服务中心，约 30% 的社区没有卫生服务中心。

社区服务供给不足、部门间层层壁垒。海口市社区服务项目中针对老年人的服务主要是通过政府购买服务的方式为孤寡、独居、残疾、失独等老年人群体提供诸如敬老宣传、游园活动、孤寡帮扶、节日联谊、义诊、健康讲座等服务。

“针对政府购买服务对象主要是提供上门服务，帮他搞搞卫生、量量血压，给她按按摩、陪她聊聊天，服务项目还是比较多的。计生委还购买了一个社工服务，是对失独的家庭提出一对一的服务。像中秋节、端午节这些中国传统节日，召集这些失独老人，坐下来聊聊天，一起搞一些活动。”（滨海新村社区 L 主任）

调查中发现社区组织与社区卫生服务机构之间很少有互动，更谈不上合作。

“它（卫生服务站）刚要落户在社区时，希望一些老年人去服务站体检，但一些老年人就是不愿意去。服务站跟我们社区对接，但还没落地的时候，我们之间有个很好的互动和连接。但是他们一旦在这个地方落地了、扎根了，跟我们的连接就变少了。他们就是有事了，有什么需要配合的就叫我们。”（滨海新村社区L主任）

“前两年交流的话会多一点，但是近两年基本没有。因为我们用的系统跟他们以前用的不一样了，现在的系统都是最新的党政系统，里面很多信息也不方便透露，但是他们要是实在着急要的话我们也会配合他们。”“现在国家也提倡社区医养结合，目前这个工作在做吗？”“没有，因为我们要根据上面下的文件才开始工作，如果我们主动去接触他们的话，我们也不知道怎么入手，因为我们对这方面不懂，不知道怎么做。如果要我们配合那也行，但是如果涉及居民利益我们还是要向上面反映。”（新安社区C主任）

机构医养结合服务质量低、医保报销难。调研过程中，被调查老年人对机构养老有一定的误解，对服务质量担忧。

林爷爷，68岁，退休前是教师，有2个儿子，和老伴儿与其中1个儿子一起居住，患糖尿病24年。“等年龄大了，不能照顾自己时会不会想去养老院？”“还没这个想法，看电视、微信中曝光很多养老院虐待老人，养老院的素质口碑很多都不行，不是自己的家人，有时候不耐烦，喂饭搞得满床是啊，他要打你啊。管理方面也是，管理层就是为了赚钱，没有人与人之间的情感。”（案例8）

“住在这里好吗？”“人已经住在这里了，这话怎么说，你说不好，人已经在这里了，反正住这里不会挨饿，有饭吃。挨打挨骂由不得人，这里有个叫林××的，护士打他，因为他把床搞湿了。外面看这里环境好，其实这里边护理工作很差，一点都不到位，就是有饭吃，能洗澡。”“你还想要什么服务呢？”“里面有些人生病，比如那个林××成天发高烧，38度，如果不退烧就怕转成炎症，就是打青霉素。护士年龄很小，不到20岁（不

是护理专业毕业的），就是跟着学的。”（案例 25）

张爷爷，69 岁，退休前是公务员，有 2 个孩子，现与老伴儿一起居住。患高血压、腰椎痛多年。“你自己有没有想过去？”“我现在自己肯定不想去，多好都不去。住院是有国家报销，养老院没有报销，几千块钱呢！住院几天就要出院回去，这边床位很紧张的。养老院有医院医生就愿意去，不能报销不想去。有吃又可以看病那个谁都想去。”（案例 7）

张阿叔，60 岁，机场工作人员，有 1 个儿子，患糖尿病十几年，与老伴儿子一起居住。“我们来住院是看中了有医保，其实这里条件还不好，医院很多人不想来，如果那里（养老院）能报销就能分流很多人过去。”（案例 12）

（三）个人经济状况

老年人的收入状况是养老方式选择的决定因素。老年人的经济收入状况决定了其养老服务的支付能力。访谈过程中，照护依赖型和经济依赖型老年人即使是照护需求得不到满足，但由于支付能力低或无经济收入无法选择去养老机构获得帮助。把老年人个人收入与养老方式选择进行交叉分析，总体上居家养老是我国老年人的首选，低收入老年人选择居家养老的比例高于收入高的老年人，老年人收入与居家养老的选择呈负相关。相反，社区养老与老年人收入呈正相关，收入高的老年人比收入低的老人更多选择社区养老。而普通收入的老年人比高低收入的老年人更多选择机构养老，高收入老年人可选择钟点工、保姆或护工上门服务。见表 4-14。

表 4-14 个人收入与养老方式选择交叉表

个人收入（元）	人数 / 比例	养老方式		
		居家养老	社区养老	机构养老
5 000 及以下	人数	74	7	2
	比例	87.1%	8.2%	2.4%
5 001~20 000	人数	126	29	12
	比例	73.7%	17.0%	7.0%
20 001~40 000	人数	76	22	8
	比例	71.7%	20.8%	7.5%
40 001 以上	人数	45	24	2
	比例	61.6%	32.9%	5.5%

老年人养老方式选择最关键的因素是经济因素，调查中老年人普遍反映去机构养老住不起。60% 的被调查老年人个人年收入在 20 000 元及以下，而一所中档层次的养老机构其对自理老人的收费标准是每月 2 000 元以上。有照护需求但无支付能力或支付能力弱的老年人只能选择居家养老，但也有部分老年人无经济收入但子女有支付能力的被送去机构养老。有照护需求又有支付能力的老年人更可能会选择机构养老，也有相当部分仍然选择居家养老。这其中的原因是照护需求的需求程度和是否有子女照顾两方面决定的，调查中不乏这样的案例。

陈爷爷，73 岁，一儿一女，老伴儿去世后跟儿子来到海南，因脑卒中偏瘫入住养老机构一年多。“儿子送你过来住的吗？”“儿子在外面做事啊，每个月住这里 4 000 多，我没有退休金，靠儿子赚点钱。”“因为什么住这里了呢？”“脑卒中偏瘫了，一个脑卒中的人很麻烦，儿子自己做生意，开了 3 个店，3 个孙子在读书。”（案例 25）

周爷爷，75 岁，转业军人，老伴儿于 10 年前去世，两个儿子在海南昌江工作，一个女儿在四川老家。周爷爷因肺气肿住院，入住 ××× 养老公寓1年多。“你住这边是自己要来的吗？”“从医院出院时，儿子直接从昌江医院拉过来的。这边有人管吃喝，这里面有工作人员，有人照顾你。那边（昌江儿子家）他们都忙，管不了。这里有吃有喝，没有这些人我们老人就走不出来了。”（案例26）

（四）养老观念

中国传统养儿防老和家庭养老观念根植于心。本书在调查问卷中设计了关于养老经济来源即养老靠谁的多项选择题，发现选择靠子女的排第一位，有211人，其次是靠自己的145人、靠老伴的36人、靠政府的116人。将被调查老年人的养老经济来源与养老方式选择进行交叉分析，发现老年人的养老无论是靠谁，选择居家养老的仍占绝大多数。其中，认为养老要靠自己的老年人有81.4%选择居家养老，其次是认为养老要靠子女的老年人有78.2%选择居家养老；认为养老要靠子女和政府的老年人选择机构养老多于养老要靠自己和老伴儿的老年人，认为养老靠老伴儿和政府的老年人选择社区养老多于要靠自己和子女的老年人。见表4–15。

表4–15　养老靠谁与养老方式选择交叉分析

养老靠谁	人数/比例	养老方式		
		居家养老	社区养老	机构养老
自己	人数	118	14	8
	比例	81.40%	9.70%	5.50%
老伴儿	人数	22	10	2
	比例	61.00%	27.00%	5.60%

续表

养老靠谁	人数 / 比例	养老方式		
		居家养老	社区养老	机构养老
子女	人数	165	30	13
	比例	78.20%	14.20%	6.20%
政府	人数	69	37	7
	比例	59.5%	31.90%	6.00%

养老观念对养老方式的选择影响巨大。根据养老靠谁与是否选择机构养老的因素交叉分析，不选择机构养老的主要影响因素是老年人身体还硬朗、有子女、机构收费高、去机构丢面子以及机构条件较差等。在不选择机构养老的因素中，排在首位的是有子女。养老依靠对象不同，有子女影响不选择机构养老的比重有差异，其中认为养老靠子女的老年人因有子女而不选择机构养老的占 81.5%，养老靠自己的占 41.5%，养老靠老伴儿的占 52%。老年人选择机构养老的主要因素是身体不好、在家孤单没人照顾以及养老机构设施齐全等，其中最大的影响因素是认为养老机构条件较好。在选择机构养老的因素中，认为养老要靠政府的排在首位，其次是靠子女养老的。见表 4–16。

表 4–16 养老靠谁与是否选择机构养老的因素交叉表

养老方式选择	主要因素	养老靠谁							
		自己		老伴儿		子女		政府	
		人数	比例	人数	比例	人数	比例	人数	比例
选择机构养老	身体不好	6	22.2%	3	27.3%	14	32.6%	26	51.0%
	没人照顾	8	29.6%	3	27.3%	17	39.5%	27	52.9%
	在家孤单	11	40.7%	2	18.2%	19	44.2%	6	11.8%
	机构条件好	18	66.7%	8	72.7%	22	51.2%	28	54.9%
	与子女不合	1	3.7%	0	0.0%	2	4.7%	0	0.0%

续表

是否选择机构养老	主要因素	养老靠谁							
		自己		老伴儿		子女		政府	
		人数	比例	人数	比例	人数	比例	人数	比例
不选择机构养老	收费高	37	31.4%	8	32.0%	45	26.8%	27	42.0%
	有子女	49	41.5%	13	52.0%	137	81.5%	31	47.7%
	没面子	22	18.6%	5	20.0%	26	15.5%	7	10.8%
	身体硬朗	65	55.1%	12	48.0%	41	24.4%	24	36.9%
	机构条件差	31	26.3%	8	32.0%	46	27.4%	17	26.2%
	其他	19	16.1%	4	16.0%	18	10.7%	13	20.0%

上文对被调查老年人养老方式选择的相关因素进行了统计，结果发现传统观念无论是对城镇还是农村，无论是对行政事业单位退休人员还是工人，个体户都有显著影响。在养老方式选择调查中，有70%的老年人选择居家养老。在问及养老主要靠谁时，接近一半的老年人回答要靠子女。访谈中，绝大多数老年人认为有子女的要在家养老，尤其强调有儿子的要在家养老。另外，老年人的落叶归根思想严重，调查中久居海南的外地老年人仍想着回老家养老。

蔡奶奶，65岁，农民，患有糖尿病，有6年高血压病史，有3个女儿1个儿子，与老伴儿和儿子一起居住。“年纪大了，自己照顾不了自己的话，是孩子照顾还是住养老院啊？”“肯定是儿子、孙子照顾啊，我们家乡的习惯都是这样的。有儿子、有媳妇啊，肯定是这样，女儿那边有亲家，两边过得好就好，不用麻烦他们（女儿）。我们也有伙伴，一起聊聊天，我们那边都这样。我的妈妈现在90岁了，跟舅舅（兄弟）一起住，被照顾得很好。没有儿子、女儿的，才送去那里（养老院）。”（案例1）

“以后身体不好了，照顾不了自己了，会打算住养老院吗？”“哦，那不去哦，人家会笑话的，那种是没儿子的才去。有男孩不能去，女孩出嫁了才去。我们那里去的是残废，家里没人照顾的才去。我不去，我有儿子，还有1个女儿出嫁了，她养那边的父母，久久回来看一下。我们小城市的风俗观念改不了。”（案例14）

“你平时都做些什么？住这里会无聊吗？”“就是看看报，天气好不热的时候会出去在镇上走几圈。有点孤单，有时候想回家乡，老家战友多啊。”“你离开老家多少年了？还想回去啊？”“60年了，回到出生的那个老家，落叶归根。老家很多兄弟、侄子都住高楼大厦，很不错。成都、天津、上海到处都有。想法不一样，回去想请人做饭、洗衣服。”（案例26）

老年人养老方式的选择受多种因素的影响，从调查中发现，养老观念的影响力最大，有无儿子是选择居家养老还是机构养老的首要因素；其次是个人收入状况因素；最后才是因健康状况导致的照护需求。这个调查结果有一定的地域局限性，与海南的社会文化有密切的关系。海南仍保留着浓厚的大家庭观念，经济、社会发展相对落后，人口老龄化程度低于全国平均水平。因此，家庭养老观念根深蒂固、社会化养老观念淡薄。对于经济发达地区和人口老龄化程度较高的地区，社会化养老观念的接受程度较高，养老方式选择的影响因素会有所差别。但总体来说，在中国，养老观念依然是影响养老方式选择的一个重要因素。

第五章　我国医养结合服务的多元供给实践

传统的养老服务与新时代老年人的养老服务需求之间的矛盾催生了医养结合新型养老服务模式。国家提出养老服务与医疗服务相结合的政策意见，各地方政府在国家政策框架的指导下，结合地方社会经济发展的实际与需求，编制符合地方发展需要的医养结合政策和试点方案。“医”“养”如何真正结合并实现医养结合服务有效需求满足，是当前养老服务发展的重点和方向。自 2016 年国家实施第一批医养结合试点以来，多城市逐步建立医养结合养老服务模式。截至 2019 年年底，全国有 29 个省（自治区、直辖市）出台了省级医养结合实施意见，18 个省（自治区、直辖市）建立了跨部门协调工作机制，4 个省（自治区、直辖市）建立了医养结合服务质量监管制度。[1]但是实践中医养结合服务供给存在哪些问题？养老机构、医疗机构和社区如何进行“医”“养”的结合？各服务主体实施医养结合的动因是什么？要了解以上问题需从实践探索中找到答案。

本章通过对三种形式的医养结合供给实践案例的分析，来了解我国医养结合服务供给的实践现状，通过实地调查和深入访谈收集一手数据，利用扎根理论的方法对访谈数据进一步分析并挖掘现象背后的深层问题，为本研究提供可靠的论证依据。

1　赵晓芳：《老龄健康视角下“医养结合”政策文本分析》，《社会福利》2018 年第 1 期。

一、医养结合服务供给的实践分析

医养结合服务是我国近年来政、企、学三界热议的话题，也是广受民众欢迎的养老服务形式，其主要供给形式包括机构式、社区式和居家式三大类。其中，机构医养结合服务主要是相关医疗机构如护理院、医院的健康护理服务与养老机构（集养老院、敬老院以及福利院的生活照料于一体）；社区医养结合涉及的供给主体是社区卫生服务中心、社区护理站、日间照护中心、养护站、长者照料之家等，这些主体提供的医疗护理服务与生活照料服务相互融合；而居家医养结合主要表现为上门提供家庭医疗康复护理和便民生活服务。在多部门联动、多主体参与下，集医疗、护理、养老与社会支持于一体的医养服务可以及时回应老年服务需求，让老年人获得包含医疗、护理、个性化的照顾。非正式与正式的照护服务相互配合，参与服务的各健康团队积极合作，为老年人提供完整而持续性的照护服务。

（一）协作联盟：机构医养结合服务供给模式

机构医养结合服务供给模式主要包括内设式、转型式和合作式三种。内设式是指养老机构内设医院或医务室，主要以养老公寓为依托，以养为主，设置二级及以下规模的医院，满足机构内老年人日常看病和紧急状况的处理。合作式是指机构之间通过签订合作协议，明确各自的责任与权利，组成医疗养老联合体并制定转诊机制。签约的医疗机构主要对养老机构内的老年人进行相关健康服务，其优势在于实现资源互补，节约资源，减少运营和管理成本。但由于医护人员不足，再增加工作压力而又没有相应的效益刺激的话，难以发挥其积极性。

我国医养结合方式中机构医养结合服务模式最为广泛，其中协议合作是机构医养结合的重要方式。合作方式丰富多样，目前较典型的是医疗机构与养老机构组建医养联合体，养老机构与不同层次的医疗机构签订合作协议组成医养协作联盟。在“医养结合”的概念下，我国多地进行了积极探索，其中成都市探索出了一种颇具特色的“医养协作联盟”服务模式。

1. 供给政策

2015 年 11 月国务院发布《关于推进医疗卫生与养老服务相结合的指导意见》（下文简称《意见》），多地省市政府在《意见》指导下，制定促进医养结合服务发展的实施方案和配套政策。成都市卫计委（现为卫健委）等 5 部门联合发布《促进医养结合发展的实施意见》。2016 年《成都市养老服务促进条例》出台后，成都市人民政府印发了《成都市关于提高老年人健康服务水平的实施方案》，从资金、土地、税收、保障、信息、人才等方面有效促进了医疗卫生资源与养老服务资源的对接。

2015 年 7 月，南京市人力资源和社会保障局联合市民政局、财政局、卫生局出台了《基本医疗保险支持养老服务业发展的若干措施》（宁人社〔2015〕79 号）[1]，把护理院、康复医院优先纳入医保定点，符合医保规定的医疗费用参照社区医疗机构医保门诊政策享受待遇，见表 5-1。

表 5-1　南京市养老机构医保报销标准

医院等级	二级医院	一级及以下医院	临终关怀医疗
报销标准	100 元 / 床 / 日	90 元 / 床日	35 元 / 天，＜ 15 天

1　南京市人力资源与社会保障局：基本医疗保险支持养老服务业发展的若干措施，2015 年 7 月 9 日。http://rsj.nanjing.gov.cn/njsrlzyhshbzj/201508/t20150803_1053272.html，2019 年 5 月 30 日。

民政部实施“全国养老服务业综合改革”的试点，南京是试点城市之一。2017 年南京市制定《南京市养老服务设施布局规划》，明确将养老服务设施建设与全市城市规划一体衔接，确保新建商品房小区按相应比例配建养老服务设施。以政府为主导，灵活盘活各种公共资源，同时加大运营补贴力度，推动社会化养老机构可持续健康运营。

2. 供给主体合作

机构医养结合服务供给主体包括不同层次的医疗机构和不同性质的养老机构，其中养老机构分为公办公营、公办民营、民办公助和民办民营；医疗机构分为三级医院、二级医院、老年病专科医院、护理院和乡镇卫生院及社区卫生服务中心等。

医疗机构或社区卫生服务机构利用专业优势辐射周边的养老机构，为机构内的老年人或社区老年人提供健康服务。如南京市秦淮区 LBS 老年公寓与附近的南京医科大学邦德骨科医院和江苏省中医院合作，公寓中如有老年人突发疾病或意外摔倒可通过绿色通道送往这两家医院就医。

成都市第八医院牵头成立的医养结合促进会具有跨多个行业、多个行政部门、多种专业的资源整合及综合性服务的特点。成都市推行了“5+3+n”医养结合机制，其中包括医疗机构与养老机构协议开展医养结合服务，组建三级医养结合服务体系，即以“基本医疗卫生机构为依托，护理院、养老院、康复医院、精神专科医院和综合医院为支撑，老年专科医院为龙头”的老年医疗护理服务三级体系。

3. 机构医护资源

据《成都市 2017 年老年人口信息和老龄健康事业发展状况报告》的数据，截至 2017 年年底，成都市有老年病医院 11 家、门诊 208 个，床位数共 4630

张。为了促进医养结合服务供给，成都市鼓励医疗机构与养老机构合作，大力培养家庭医生，组建家庭医生团队，形成包括医师、护士和护工在内的近5000人的老年医疗护理从业人员队伍。[1]成都市“十三五”末的发展目标之一是老年医疗护理床位数达8000张，针对失能、失智老年人的服务平均达到80%以上。见表5-2。

表5-2　成都市“十三五”期间养老服务业发展指标

一级指标	二级指标	2015年完成值	2020年目标值	增长率（%）
机构养老	养老服务床位张数（万）	8.9	16.69	87.5
	护理型床位张数（万）	3	6.67	122.3
	社会力量兴办或经营的养老机构床位数占比（%）	60	70	>10
	每千名户籍老人拥有养老床位张数（张）	34	45	32.4
社区居家养老	城市社区养老服务设施（%）	70	100	30
	农村社区养老服务设施（%）	40	80	40
养老服务人才队伍	养老护理员培训率（%）	75	100	25
	养老护理员持证上岗率（%）	73	100	27

数据来源：《成都市养老服务业发展“十三五”规划》。

2016年11月25日，南京市政府办公厅发布的《关于印发南京市“十三五”养老服务业发展规划》（宁政办发〔2016〕169号）提出，[2]南京市80%以

1　成都市老龄工作委员会办公室：成都市2017年老年人口信息和老龄事业发展状况报告，2018年5月22日。http://sc.people.com.cn/n2/2018/0522/c345167-31607894.html，2019年3月16日。

2　南京市人民政府办公厅：关于印发南京市“十三五”养老服务业发展规划的通知，2016年11月25日。http://www.nanjing.gov.cn/zdgk/201810/t20181022_573279.html，2019年5月30日。

上的养老床位是护理型床位，85% 的养老机构能提供医疗服务。南京市每千名老年人拥有床位数远远超过全国平均水平，高达 50.5 张。“十三五”期间，南京市政府重点支持民办护理院、康复医院和提供临终关怀服务的养老机构。[1] 见表 5–3。

表 5–3　南京市 2018 年养老服务供给机构数

南京市养老机构数（个）和床位数（张）						
机构养老	机构数	城市	223	社区养老	养老机构	453
		农村	35		日间照料床位	9935
	床位数	城市	29146		留宿照料床位	2850
		农村	8633		互助型设施	0

数据来源：南京市民政局 2018 年 12 月份社会服务业统计报表。

截至 2018 年年底，南京市有基层医疗卫生服务机构 2491 个，床位 4416 张，医护人员 25728 人；护理院 29 个，床位 2502 张，医护人员 1699 人；疗养院 2 个，床位 746 张，医护人员 272 人。[2] 见表 5–4。

表 5–4　南京市医养结合中的医疗护理资源

	基层医疗	护理院	疗养院
机构数（个）	2491	29	2
床位数（张）	4416	2502	746
医护人员（个）	25728	1699	272

1　南京市人民政府办公厅：关于印发南京市“十三五”养老服务业发展规划的通知，南京政府网，2016 年 11 月 25 日。http://www.nanjing.gov.cn/zdgk/201810/t20181022_573279.html，2019 年 5 月 30 日。

2　南京市卫生健康委员会：《2018 年全市各类卫生机构、床位、人员数》，2019 年 4 月 30 日。http://wjw.nanjing.gov.cn/njswshjhsywyh/201904/t20190423_1517298.html，2019 年 5 月 30 日。

4. 机构医护服务

从调查的地区来看，各地基本涵盖不同形式的机构医养结合服务形式。公办机构中以养老机构增加医疗护理服务和医疗机构转型为老年康养院为主，公办民营和民办民营机构则以合作方式为主。例如南昌市 XH 区社会福利院就是典型的公办养老机构，其成立于 1984 年 11 月，隶属于南昌市西湖区民政局，是一所集住养、康复、娱乐于一体的综合性公办老年社会福利机构。2015 年设有保健站，有一名全科医生坐诊，提供健康咨询、病情判断和处理一些简单急症。养老机构内设医务室模式是以养为主、以医为辅，是养医结合的模式，主要提供生活照料、康复护理和情感关怀。机构医养结合通过建立完善的医疗护理管理制度、工作流程、抢救措施、应急预案，定期举办传染病、常见病、老年病的科普宣传和教育学习讲座。护理服务按照行业标准和《老年人能力评估》要求，划分住养老人的护理等级，并根据护理等级严格分区域管理。制作统一、规范的岗位职责、工作管理制度、服务标准，加强养老护理员的业务技能培训。南昌市 XH 区社会福利院通过每月举办护理理论知识和实操技能培训，提升护理人员综合服务意识来更好地为老人服务。其管理模式是院长—护理部长—副部长—主管—护士，如护理员跟老年人之间的纠纷首先由主管来处理，护士也可以参与，然后层层上报。

成都市温江泽一城颐养居是一家规模中等、运营较好的公办民营综合养老机构。由成都市和温江区政府投资修建，其特色服务项目以康复理疗、推拿按摩等健康管理和营养咨询为主。对入住的老年人建立健康档案并进行 24 小时的健康监护。更为难得的是，定期邀请成都中医药大学的专家教授团队来院讲授健康养生知识，同时也与不同层级的医疗机构建立了合作关系，如成都市第五人民医院、华西医院等三级医院以及温江区人民医院、温江区中医院等二级医院。

（二）“互联网 + 社会组织”模式：社区医养结合服务供给

西方发达国家从大力发展机构养老服务到去机构化、向社区养老服务转型的教训值得我们反思。社区养老是最被推崇的养老方式，帮助老年人在熟悉的环境和社会网络中生活，使其感到安全和稳定。社区养老的目的是达成“在地老化（aging in place）”。社区养老的对象主要是自理老人和轻度失能与早期障碍者，包含生活照顾和专业照顾，既有非正式服务也有正式服务。因此，需协调两者之间的关系，互相配合，以提供“使用者为中心”的服务为宗旨。[1]

国内学者对于我国养老方式的格局基本达成一致意见，“9073”和“9064”（90% 的老人选择居家养老，6% 或 7% 的老人选择社区养老，3% 或 4% 的老人选择机构养老）模式被广泛认可。大多数老年人适宜居家和社区养老，少数老年人需要机构养老。由此可知，居家养老仍是我国最主要的养老方式，社区居家养老是最适宜最受欢迎的养老方式。

1. 供给政策

2018 年江苏省为加强社区居家服务的发展，陆续出台了支持促进社区医养结合服务的政策文件。2018 年 1 月江苏省政府发布《关于制定和实施老年人照顾服务项目的实施意见》（苏政办发〔2018〕1 号）[2]，对老年人照顾服务做了更具体的规定，在保基本的基础上强调通过政府购买的方式保障特殊困难老人的服务需求。强调政策的衔接和准确性，主要体现在社区居家养老服务供给与老年人需求的精准对接上。南京市在发展机构医养结合的同时大

1　陈燕帧：《老人福利服务理论与实务》，华东理工大学出版社，2018，第 309 页。

2　江苏省政府办公厅：《关于制定和实施老年人照顾服务项目的实施意见》，2018 年 1 月 2 日。http://mzj.nanjing.gov.cn/njsmzj/njsmzj/201810/t20181022_590528.html，2019 年 5 月 30 日。

力发展社区居家医养结合服务，充分利用互联网信息技术，形成具有特色的社区医养结合服务供给模式，大力培育各类社会组织，以公益创投和政府购买服务的方式充分发挥社会组织在社区居家养老服务中的重要作用。南京市江宁区《关于全区居家养老服务中心规范化建设意见》[1]（江宁民发〔2019〕24号）于2019年3月1日实施，提出从安全管理、形象识别、运营管理、服务内容、运营监管五个方面进行规范。在电子政务的基础上，江宁区大力发展社区养老服务，打造“互联网养老院”。

2. 服务内容

南京市江宁区充分发挥社会组织的作用，以政府购买服务的方式提供居家养老服务。居家养老服务中心为老年人提供日间照料、助餐、助浴、助洁、助医、助行、助乐、精神关爱和上门照护等服务。“小江家护”是江宁区政府为特定对象购买居家上门服务的政府品牌，主要为特定对象的老年人、残疾人和未成年人提供免费居家上门服务。

“小江家护”平台的服务板块包括四大内容：上门照护、智能手环、银发助餐和智能烟感。

第一，上门照护。上门照护中的老年人照护服务对象主要包括：五类老人[2]中的失能人员、五类老人中的半失能人员；江宁区80~84岁低保、分散特困、空巢老人、南京大屠杀幸存者，85~89岁、70岁及以上独居，60岁及以上低保低收入家庭的计生特扶老人；90~99岁以上计生特扶自理老人。服务内容是一个老年人基础服务包，包含血压测量、血糖测量、药品管理、

1 《关于全区居家养老服务中心规范化建设的实施意见》见南京市江宁区政府网：http://www.jiangning.gov.cn/jnqrmzf/202007/t20200722_2303955.html。

2 五类老人是指百岁老人、城乡特困供养老人、60周岁及以上低保对象、60周岁及以上低保边缘对象和70周岁及以上计生特扶老人。

心理关爱、家庭安全检查、家庭保洁、理发、修甲、面部清洁、洗头梳头、陪同散步、代购代送、买菜做饭、代缴水电气费、慈善超市需求获取、慈善超市货品转交和家庭照护指导等。

第二，智能手环。可申请对象除了五类老人之外，还包括80周岁以上的老人、70周岁以上的独居老人、入住江宁区养老院的60周岁以上的老人和60周岁以上患有阿尔茨海默病的老人。智能手环终端连接在互联网养老院，呼叫中心24小时接听紧急求助电话。核心功能包括心率监测、血压测量、睡眠监测、六模定位、跌倒识别、SOS呼救、智能导航、电子围栏、离家判定、事件提醒等16项，起到远程守护、健康监测、亲情联系的作用。

第三，银发助餐。服务对象是江宁区户籍的75周岁老人、70周岁及以上计生特扶老人、60周岁及以上低保和低保边缘老人、百岁老人、城乡特困供养老人和经济困难老人。政府分三类进行补贴：第一类是江宁户口75周岁以上的老人，早中晚三餐政府分别补贴1元、3元和3元，老人每餐自付1元；第二类是江宁区户口60周岁以上的五类老人，早中晚三餐政府补贴2元、5元和5元，老人每餐自付1元；第三类是60周岁以上的江宁户口老人可享9折优惠。

3. 供给资源

根据《2018年南京民政蓝皮书》的规划，2018年南京市新增社区老年人助餐点100个、老年人日间照料中心20个，开设老年人家庭养老床位1660张，医养结合护理型床位超过60%。政府还将为500名居家重度失能老年人免费提供一定时间的照护服务，为75岁以上特殊群体老年人提供防走失紧急呼叫终端，并推出服务对象手机APP等。[1]

截至2015年年底，南京市护理型床位达3.3万张，社区卫生医疗服务中

1 唐悦：《2018年南京民政蓝皮书出炉，医养结合护理床位将超6成》，《大苏网》，2019年3月2日。http://www.tzzfcg.com/webinfo/bid_news/51189.html，2019年5月30日。

心组建全科医生团队700多个，与258家养老机构、400多家社区居家养老服务中心签订合作协议书。[1]

“十二五”期间，南京市各区设了虚拟养老院（含居家呼叫系统）、社区日间照料中心、居家养老服务站、老年配餐中心、银发餐桌、老年康复中心等社区养老服务设施。

江宁区社区养老与现代互联网紧密结合，打造大数据时代的养老模式。据江宁区《2019年国民经济和社会发展计划》报告，2019年江宁区推进“互联网+政务服务”，加快建设智慧江宁运营管理中心、大数据中心和政务数据交换平台。江宁区全区护理型床位数占养老机构床位数比例的86%，每万名常住人口拥有全科医生数达5.4人，注册志愿者人数占城镇常住人口比例的15.5%。政府购买居家养老服务应保尽保率达100%，为5000户老人家庭进行了适老化改造。[2]

（三）医疗社区嵌入模式：居家医养结合服务供给

1. 南京市家庭病床模式

南京市在倡导并支持发展居家医养结合服务方面制定了诸多的指导政策，南京市民政局颁发的《促进社区居家养老医养融合意见》和《关于开展社区居家养老综合护理中心建设试点的意见》，提出支持提供家庭病床等个性化医疗服务和一体化健康服务。为解决失能、失智老年人居家养老问题，南京市开展家庭养老床位试点。2017年9月南京市民政局联合南京

1 南京市人民政府办公厅：关于印发南京市“十三五”养老服务业发展规划的通知，2016年11月25日。http://www.nanjing.gov.cn/zdgk/201810/t20181022_573279.html，2019年5月30日。

2 江宁区2019年国民经济和社会发展计划，南京江宁政府网，2019年2月20日。http://www.jiangning.gov.cn/zjjn/ghjh/fzgh/201902/t20190220_1430450.html，2019年6月5日。

市财政局印发《南京市家庭养老床位试点实施办法（暂行）》（宁民规〔2017〕1号），要求养老服务机构为居家的失能、失智、半失能老年人提供养老服务的家庭床位。同时为确保家庭养老床位的服务质量，建立了家庭养老床位综合运营补贴及评估机制，把家庭床位的监管纳入全市养老机构床位“一张网”管理，实行“一体化”服务，把养老机构专业化、标准化的服务复制到老年人家中。

（1）供给主体

南京市家庭病床模式在秦淮区试点施行，秦淮区地处南京主城东南，由原秦淮区、白下区行政区域合并而成。社区通过购买金康老年康复医院的服务，在社区设立家庭养老床位，通过社会组织与居民签订服务协议的方式提供上门服务。

家庭养老床位的服务主体是街道通过遴选机制确定的，以民政部门批准的A级以上养老机构和AAA级以上的居家养老服务中心。由养老机构或养老服务中心上门对居家老年人提供医疗、护理和生活服务。在家庭养老床位服务对象家里安装网络服务信息系统和电子设备，并对家庭设施和床位进行必要的适老化改造。由市、区两级财政对家庭养老床位实施综合运营补贴，根据收住的对象不同实施不同的补贴标准。

（2）服务内容

家庭病床供给模式的服务对象是居家失能、半失能老年人及其照顾者，服务项目主要包括日间照料服务、医疗保健医、助学、开设家庭养老床位等，兼具居家养老的“人文关怀”和养老机构的“专业服务”等优点。

我国倡导社区居家养老为家庭照顾者提供喘息服务，北京、上海、南京等人口老龄化程度高、社区养老服务较成熟的城市社区纷纷开展此项服务。如南京市秦淮区率先为居家重度失能老年人提供照护服务，让长期照料的家属得以喘息，缓解其压力，减轻照顾负担。喘息服务的申请条件是服务对象为 70 周岁以上，申请前至少 3 个月居家。同时还要具备其他条件，如患有严重疾病且病情稳定需卧床者等。办理流程是：（1）向街镇提出申请；（2）街镇受理和评估；（3）在本社区公示三天；（4）组织老人家属与养老机构进行双向选择，老人达到评估值分后，家属可选择老人入住养老机构并接受入住养老机构的服务。具体服务内容由服务机构和老年人家庭在经费标准范围内依据老年人失能实际情况签订服务协议。

针对居家养老的老人，比如年龄超过七十周岁、长期卧床、丧失活动能力的，也可以去社区提出申请，设置家庭病床，全科医生定期上门评估病情，提供导尿、测血糖、插鼻饲管等服务。家庭病床服务实行套餐制，服务内容主要包含生活照料、健康管理和医疗康复，价格随内容差异略有变化，套餐价格从 600 元每月到 900 元每月不等。见表 5–5。

表 5–5　金山社区居家养老家庭床位套餐服务与价格

序号	类别	服务内容	服务频次	单次收费	人员资质
1	生活照料	衣物清洗	8 次 / 月	20 元	保洁员
2		餐具清洁	8 次 / 月	20 元	保洁员
3		打扫卫生	8 次 / 月	20 元	保洁员
4		个人清洁	4 次 / 月	30 元	护理员
5	健康管理	生命体征监测	4 次 / 月	10 元	护士 / 治疗师
6		健康教育	1 次 / 月	30 元	护士 / 治疗师
7		用药指导	4 次 / 月	20 元	护士 / 治疗师
8	医疗康复	康复评估	2 次 / 月	60 元	护士 / 治疗师
9		居家康复指导	4 次 / 月	20 元	护士 / 治疗师
10		理疗康复	8 次 / 月	50 元	护士 / 治疗师
11		导尿	1 次 / 月	100 元	护士 / 治疗师
12		鼻饲	1 次 / 月	100 元	护士 / 治疗师
每月合计 1 550 元，套餐优惠价 900 元					

2. 成都“9073”医疗护理站

成都市发挥医疗资源优势，利用社会资源组建嵌入式社区医疗护理站。从 2018 年起，成都市大力发展社区嵌入式养老服务，其目的是让老年人不出社区、不出院子就能享受养老服务，满足养老刚性需求。

（1）供给主体

在需求的推动下，2018 年成都第一家“9073”医疗护理站成立，护理站是在成都市卫计部门批准下成立的专业化、品牌化的连锁医疗机构，隶属于成都九零七三健康科技有限公司，是一家专注于社区居家医养服务的健康管理科技公司。2018 年在成都市卫健委的支持下，采用市场运作的模式在社区成立“9073”医疗护理站。护理站具备医疗资质，属于医保定点机构，打造社区医养结合服务平台，与各医养机构签订“医联体”和“养联体”，由专家团队组成医护康养服务团队提供技术保障。通过电话、微信公众号和 APP 的方式进行预约，技术团队为护理站周边 1.5 公里的患者提供上门服务。截至 2020 年 4 月，分别在武侯区、成华区和温江区设立并运营 4 个“9073”护理站，每个护理站设有店长 1 名、1 名以上康复治疗师、护师和护士若干名。

（2）服务内容

目前，嵌入式养老服务多以微型机构形式出现，服务人群有限。除了床位嵌入外，广大居家养老的老年人更需要的是上门服务。其中，最需要的是医疗服务，如失能失智人群、高龄老年人、偏瘫卧床老年人、术后康复老年人、癌症、肿瘤晚期病人和慢性病康复人群迫切需要医疗上门服务，包括定期上门慢性病监测、术后康复护理、鼻饲护理、口腔护理等。“9073”护理站以社区护理站为载体，以医护上门为主要服务方式，追求高品质的护理，以此消除患者病痛、消解家属烦恼。这种社区嵌入式的护理站以老年人为中心，关注患者的身体、心理、亲情、价值、社会等方面，为社区居家老年人建立动态健康档案，提供临床护理、专科护理、康复护理及指导、精神慰藉和老年介护等服务，为社区居家老人制定一站式的医养服务整体解决方案。其服务主要包括三大板块：医疗护理服务、康复调养服务和定制医养服务整体解决方案。第一个服务板块是医疗护理服务，主要包括伤口处理、吸痰护理、导尿护理、鼻饲服务、会阴护理等在内的专业医疗护理服务；专业老年介护服务，包括助餐助浴、生活照护、心理慰藉等；居家上门照护服务，包括上门评估、代买代办、陪诊服务、送医送药和居家服务等。第二个服务板块是包括康复理疗、中医推拿、中药熏蒸和中医诊断等的康复调理服务，还包括慢性病管理服务、健康监测、健康评估和健康计划等。[1] 第三个版块是为老人建立动态化的健康养老档案，为社区居家老人提供“医疗、护理、康复、调理、精神慰藉、养老”六位一体的一站式医养服务整体解决方案。

（四）医养结合服务供给的实践成效

在政府与社会组织的协调合作方面，南京市多部门联动，社区、社会组织多方参与、提供医养结合综合服务，形成了合作共治、三社联动的良好发展局面。在互联网技术基础上，大力培育各类社会组织，以公益创投和政府购买服务的方式充分发挥社会组织在社区居家养老服务中的重要作用。南京市的社区养老服务在全市遍地开花，各区各具特色。“十三五”期间南京市养老发展的目标是以居家养老为重点，统筹各种养老方式共同发展。要求居家呼叫服务和应急救援服务信息网络覆盖率达 100%，85% 的社区居家养老服务中心实现医养结合。

在供给主体的协作方面，南京和成都两市建立了相关部门来促进

1　为社区老人提供高品质医护上门服务——成都 9073 护理站扎根社区服务居民，https://e.thecover.cn/shtml/hxdsbsq/20190604/107615.shtml。

“医”“养”机构的合作。2016 年 6 月 3 日，成都市第八人民医院牵头成立了医养结合促进会，成为全国首家“医疗”和“养老”相结合的平台，是医养结合的联合性社会团体，为养老服务资源的跨界整合起到了桥梁和纽带的作用。医养结合促进会具有跨多个行业、多个行政部门、多种专业的资源整合及综合性服务的特点。成都医养促进会以成都市第八人民医院（成都市慢性病医院）为会长单位，共有会员 133 个，其中单位会员 82 个、个人会员 51 个。单位会员包括 36 家医疗机构、21 家养老机构、2 家培训机构、2 家社会公益组织，还有 21 家老服务机构；个人会员主要来自医疗、养老、社会组织、社区、科研及金融等行业或部门的业务精英人员。

2016 年 10 月 29 日，由江苏省老年医院牵头联合各类医疗机构、养老机构成立江苏省医养协作联合体。联合体的成立促进了资源整合，实现了有效衔接，有利于实现老年人机构养老和医院医疗的顺利转诊，解决养老机构医疗资源稀缺的问题。[1]

在资源整合方面，成都市的“9073”社区护理站是医疗护理资源与社区资源整合的实践。“9073”社区护理站整合国内外优质的医养服务资源，运用先进的服务理念，不断提升医养服务技能，为社区居家老人提供高品质的医养服务；引领老年人与健康赛跑，做社区居家老人健康和养老的守门人，推动社区居家医养服务市场的健康发展。依托护理站自身的服务优势，常态化地开展与专业医疗机构和养老机构的深度合作，嵌入专业的医疗服务和养老服务，对辖区目标人群进行分类，对老年人的需求进行分层。以护理站为基地，通过网络工具，根据“健康养老照护档案”的规范，医护上门为辖区内老年人提供多元化、多层次、专业化、落地化的医养服务，实现辖区内老

1　张婷、杨彦：《江苏省医养协作联合体在南京成立》，《网易新闻》，2016 年 11 月 1 日。http://news.163.com/16/1101/02/C4OKE4VG000187VI.html，2019 年 5 月 30 日。

年人全覆盖，实现辖区内医养服务的体系化发展，[1]为社区居家老年人（特别是高龄老人、失能老人、术后康复患者）提供了专业、便捷、高品质的医养服务。

以上实践案例从政策、组织和资源等方面进行了医养结合服务供给的探索，从不同的内容进行了整合的尝试，但这种尝试是试点性、局部性的，还未形成一个系统性的制度安排。实际上，各地在医养结合的实践中出现了多方面的问题和困境，下文通过扎根理论的方法对访谈内容进行具体的分析和理论推演，从实践中总结并归纳问题。

二、医养结合供给实践的扎根理论分析

格拉泽和斯特劳斯在 1967 出版的《扎根理论的发现：质化研究策略》中首次系统阐述了扎根理论方法，该研究方法是在没有理论预设的情况下直接从数据中“发现理论”。在长期的发展中扎根理论形成了三大流派：一是以格拉泽等为代表的经典扎根理论，二是以斯特劳斯和科宾为代表的程序化扎根理论学派，三是以卡麦兹为代表的建构主义扎根理论。[2]扎根理论是指在与被调查者的沟通和对现象的反复观察中，研究者逐步找到并明确具体的研究问题，然后从访谈资料中归纳和提炼出相应的概念与范畴，再通过思辨找出共性并对其进行合理的阐释，进而将其提升到理论的高度。[3]扎根理论采用自下而上的理论建构方式，对研究问题的识别以及形成这个问题的原因

1　阳敏：《一中心多站点医疗护理站嵌入社区养老》，《成都日报》2019 年 5 月 9 日。http://www.cdrb.com.cn/epaper/cdrbpc/201905/07/c40550.html，2020 年 1 月 21 日。

2　贾旭东、衡量：《基于“扎根精神”的中国本土管理理论构建范式初探》，《管理学报》2016 年第 3 期。

3　罗秋菊、陈可耀：《基于扎根理论的民营会展企业成长路径研究——以广州光亚展览公司为例》，《旅游学刊》2011 年第 7 期。

进行深入剖析。近年来，社会学、公共管理学等研究领域大量运用了该研究方法。[1]

扎根理论在国际学术界被公认为是一种比较科学的质性研究范式。该理论方法已在我国公共管理领域有了较广泛的运用，从经验研究来看，其可被用于破解公共管理在过程性数据难题和中观理论发育不足的双重困境。[2] 扎根理论最显著的方法论特点是要求研究问题来源于现实，强调问题的情境。

（一）访谈数据的获取

格拉泽和斯特劳斯在解决实践问题中分别形成了各自的方法路径，斯特劳斯和科宾创立了程序化扎根理论，其在形式上更为程序化，更强调研究者的能动性，因此实践上更为灵活。程序化扎根理论较早被引入中国，是迄今为止运用最广泛的一种扎根理论方法。[3] 程序化扎根理论更擅于借助预设等技巧探寻数据中的规律，特别是强调理论忠于数据，以理论导向发展出步骤清晰的具体程序。其研究步骤遵循从目的性抽样到理论抽样，由开放式编码、主轴式编码和选择式编码三阶段的内容构成。

本书通过目的性抽样的方式，在第一阶段选取了成都市 3 家机构的 3 个中高层管理人员进行访谈，访谈结束后进行数据分析编码。为了验证数据的充分性和理论饱和度，第二阶段对南京市的 3 个机构的中层管理人员进行深度访谈，资料编码后获得了新的概念和范畴。在轴心编码后，为进一步验证理论是否饱和，开展第三阶段的访谈，选取了南昌市的 3 家机构的负责人或

1　薛利锋：《大学生职业价值观教育的主体接受机制探析》，《北京工业大学学报（社会科学版）》2011 年第 6 期。

2　李贺楼：《扎根理论方法与国内公共管理研究》，《中国行政管理》2015 年第 11 期。

3　陈向明：《扎根理论的思路和方法》，《教育研究与实验》1999 年第 4 期。

管理人员进行访谈，机构供给方面没有产生新概念和新范畴。而对于医养结合供给，社区也是重要的主体。为了补充关于社区方面的数据，穷尽概念和范畴，在访谈了 9 名机构医养结合供给主体参与者之后，开展了对社区的调查。笔者选取了南京市的秦淮区月牙湖街道的富丽山庄、石门坎和梅花山 3 个社区，以及江宁区东山街道的泥塘、上坊和大里 3 个社区的相关工作人员、2 名社会组织管理人员，分别对他们进行了面对面的深度访谈。在对访谈数据进行分析编码后，为了验证和穷尽概念范畴，笔者随后又选取了海口市的滨海新村、新安和玉沙 3 个社区的主任进行访谈。在社区供给主体中选取了 13 名参与者，加上机构参与者一共获得了 22 份访谈样本。在访谈时说明了访谈目的和用途，征得访谈对象同意后，大部分进行了现场录音，并在访谈结束后把录音转录成文字。本书的调查访谈分阶段进行，从 2018 年 7 月至 2019 年 9 月，跨越 1 年多的时间。访谈全部以个人深度访谈和参与式观察方式进行，每个访谈用时 1 个小时左右。笔者按地区、分机构、分社区对访谈对象进行了编码，汇总归纳了 22 个受访对象的访谈记录。本章从供给实践出发，按照程序化扎根理论的操作步骤，在对访谈资料的整理、编码和挖掘的过程中，尝试剖析医养结合服务供给实践过程中存在的问题，并分析问题产生的逻辑。

（二）数据编码过程

本书遵循程序化扎根理论的方法分步骤进行开放式编码、轴心编码和选择性编码，经过“搜集资料—形成概念—整合重组—理论提取”这一持续不断的循环抽样过程，在对访谈数据分析过程中不断地进行资料数据的概念形成和维度抽取。

1. 开放式编码

开放式编码要求用头脑风暴的方式做分析，分析者打开资料中所有的潜在可能意义，仔细审查其语境后，将解释性标签贴在资料上。这个过程就是“概念化资料”，将收集回来的资料用学术化的语句进行再表达，然后以新的逻辑方式将其进行分类与组合的操作化，从而明确类型的概念与维度。[1] 本研究采用字母加数字的形式对概念进行编码，如成都访谈数据的概念编码为 D，南京和南昌的访谈数据分别用 J 加数字和 C 加数字来表示。见表 5-6。

表 5-6　开放式编码标签化（1）

原始数据	开放式编码标签化
开展医疗是困难的，老人就拖着不看病，因为不能报销，医生也不敢看，因为用药报销不了，病人和家属到时候会有意见。医保是最大的问题	D1 医疗困难； D2 不能报销； D3 医保问题
有编制的是财政拨款，对无编制的看服务对象，如对“三无”老人服务的是财政拨款、对社会老人服务的工作人员是自负盈亏。通盘考虑的，根据老人数配护理人员	D4 财政拨款； D5 服务对象； D6 护理人员工资
私立有私立的问题，但更灵活。公办的也有公办的问题，必须严格按照国家政策来执行。收费不灵活，用工不灵活，私立的可以用高薪招聘高素质的员工。公办的对招进来的必须全部买保险，公办的有财政支持。还得看机构的定位，有选择地招聘所需层次的人。一般的和高档的都不一样，就看机构的定位和盈利模式	D7 私人机构灵活； D8 公办遵守按政策； D9 人力成本； D10 财政支持； D11 机构定位
学校出来的理论有一些，养老光有理论不行，请了很多医生教授做也是做不好，养老是需要不断实践和积累的	D12 养老行业； D13 实践积累
去家里巡视、看一看。日托比较好，上门服务要调动社会资源，如医疗、护理、护工等。居家养老不会是很大的问题	D14 居家养老； D15 上门服务； D16 社会资源

1　邹永广、林炜铃、郑向敏：《“驴友”旅游安全事故成因机理研究——基于扎根理论范式的质性分析》，《旅游科学》2014 年第 3 期。

续表

原始数据	开放式编码标签化
走偏的根本原因是服务费太低了，支撑不下去了，想办法去套取这部分的资金。是因为没有盈利，应该由政府主导，进行资源整合，比如社区里的社工科就是做资源整合的。根据老年人的需求来提供服务，与相对应的机构和专业人才来对接。跟医疗改革一样，堤外损失堤内补。不知道我们的领导是怎么做出来这个的，制度的制定者怎么会制定出这样的政策	D17 套取医保资金；D18 政府主导；D19 资源整合；D20 需求决定供给；D21 政策漏洞
有医疗康复科，1997 年就开始了，现在就是怎样事情少就怎样做，求稳不要出事。现在全国范围的医养结合做得太让人心疼了，太浪费资源	D22 康复科是摆设；D23 领导求稳心理；D24 医养结合；D25 浪费资源
看见了一些成效，这些成效能盈利的一些都是靠走歪门邪道的，现在堵这个漏洞，新建的医院都处于亏损状态，以前有赚钱的，都是套医保。有些私立养老机构也是这样做，公办的中规中矩不能做。私立的不可能学我们的东西，学我们的赚不到钱	D26 实施成效；D27 歪门邪道盈利；D28 套取医保；D29 新建医院亏损；D30 公立机构遵守政策
服务跟不上，不方便，转诊可以转出去，但是机构希望派医护人员进驻，跟上一级医院合作时会提要求，签协议后口头上会要求固定时间让老人去他的医院住一段时间，实际上是为了床位费。表面上做得很漂亮，实际操作很苦恼。为了应付一些检查，还得采取一些做法。以前我们跟三院有合作的时候，派医生来坐诊，医院那么忙，从一周一次改为一月一次，要有效应才会做	D31 机构合作；D32 医疗服务跟不上；D33 应付检查；D34 医院资源稀缺；D35 追求效益
机构会有风险，老人生病了怎么看病，出现意外怎么紧急处理？比如老人随时会跌倒，误食误服、噎食等，要有专业人员查看、评估、搬动，做紧急处理。紧急抢救需要有专业人员处理	D36 传统养老的风险；D37 紧急处理；D38 发生意外；D39 专业人员
国家提倡所有养老机构都要配置医务人员，老人也不会来，没有安全感。规模大一点的都要有医务人员，没有的话也会跟当地的卫生机构挂钩，派人定时检查看病	D40 国家提倡；D41 老人安全感；D42 医疗服务提供
做老人服务机构有风险，对老人自己也是莫大的风险。双方都有风险，谁的风险大？是老人。老人是生命，机构是纠纷，所以要为了避免老人的风险	D43 养老服务风险；D44 生命风险；D45 纠纷风险
我们形式上有，社工科和心理咨询室都是摆好了的，实际上做没做呢，估计是没做的。私人养老机构根本就没这块	D46 心理咨询室是摆设

续表

原始数据	开放式编码标签化
作为社会机构，我们应该发动资源，不仅仅是机构，更多的是社会和家庭资源，如子女和亲人过来安慰	D47 发动社会资源； D48 亲友慰藉
社工会组织一些活动，组织志愿者做一些活动，与老人进行互动。生活自理的老人享受得多些，失能的老人是最需要的，但却是最短板的地方，社会交往狭窄，反而却没享受到	D49 组织活动； D50 志愿者； D51 失能服务是短板
不是忽视，实际上都知道的，但是做起来难。这么多年工作中都知道，都有惰性趋易避难，但还是需要有这个责任去做	D52 失能老人需求； D53 趋易避难
老年病医院有他们的优势，收治的长期失能和有慢性病的老人，其实定点的医疗机构，占用医疗资源。任何老人都可以去，医保有政策可以轮转，直接住在里面不用出院，办一下出院证，重新办一次入院，同一个科都可以。今天出院明天可以入院，根本不用出院，就是走个形式	D54 老年病医院的优势； D55 医保定点； D56 医保政策漏洞
长照保险这块儿，调研时为什么是医疗机构的来做，不是养老机构来做？这个导向就偏了，评估系统就偏离了方向，评估的目的是什么？是了解老人的整体状况，根据状况提供服务，评服分离了	D57 长期照护保险； D58 导向偏差； D59 评服分离
评的过程是做不了的，20%~50% 跨度这么大，不可能全部框进去的。评分是 5 分一个阶段，50%~95% 跨度是非常大的，同一个级别服务内容是相差很大的。只要符合任何一条就在这个级别里，就要交这个等级的费	D60 评估标准不合理； D61 跨度大； D62 评服分离
公建民营是政府出土地，硬件由政府提供，我们这边软包是我们做的，政府提供的是清水房。同一期成都有 6 家，很多是全部政府搞好，带团队进来就可以。水电气都是按居民用的算	D63 公建民营； D64 政府提供硬件； D65 私人负责软件； D66 水电优惠
我们有 3 个护士和 1 个医生，解决老人的小病小痛。治病看病要送医院，今年申请了医务室，做类似健康管理，有些感冒之类的小病要送医院，现在就能由自己的医生来判断是否送医院。老人送医院很麻烦，子女要陪伴，或者请护工，看病没花多少钱，其他方面麻烦	D67 医护人员； D68 健康管理； D69 减少了老人就医的麻烦
在市第二社会福利院集中培训一周。我觉做得很好，安排得很紧，从早到晚，是高强度的培训，包括理论和操作	D70 培训效果好； D71 理论和操作
有很大改进，首先有正规培训基地，护理人员通过系统学习后认识到护理是一个岗位，有了认识的改变，认可这个工作岗位，自信心也强一些，实操也更规范一些	D72 系统培训； D73 岗位认同； D74 操作规范

续表

原始数据	开放式编码标签化
我们的服务理念跟公办的不一样，三年前了解到公办机构存在管理老人的概念，民营做养老的理念是服务老人。我们更人性化，我们的出发点是服务，公办的出发点是不出事，安全第一，公办更多的是用行政手段	D75 理念差异； D76 管理理念； D77 服务理念
自理老人来这里是为了孩子，为子女考虑，不想麻烦孩子。来了就是为子女解决问题的	D78 机构养老动机； D79 减轻子女负担
成都的日间照料还是很困难的。根本点是盈利从哪里来，怎么养活自己？日照的根本问题是自己怎么有造血功能。全是政府给资金，政府一断了就瘫痪了	D80 日间照料； D81 盈利问题； D82 政府扶持
临终关怀做得好的话，可以让老人不惧怕死亡，让其他老人认为死亡也是件很幸福的事	D83 临终关怀； D84 正面死亡
我们跟不同等级的医院都有合作，小问题就在镇里的医院，大问题就送三甲医院去，我们合作的是五院，我们开一个单和老人一起送医院。第五医院跟所有区的养老医院签了一个医院联盟。我们开始想要医院派医生进驻养老机构，医院不同意	D85 合作； D86 分级诊疗； D87 医院联盟； D88 医院不派医生
中央文件下来就是民政和卫健委都有一份，平时一起做事，一般就是民政牵头卫健委参与进来。现在长照保险，就是人社牵头卫健委和民政配合。各机构去开会的话都是发文到区里，区里通知我们去开会。一般都是民政和卫健委联合发文	D89 联合发文； D90 牵头与配合
我们有一个医养结合促进会，我认为医养结合怎么结合还是个问题，前两年基本上使一个养老机构和一个医院结合，但是存在的问题是不同机构处理问题的方式不一样，我们做养老的对死亡坦然面对，通知子女过来就可以了。那医院面对死亡就要很多证明，各种手续	D91 医养结合促进会； D92 如何结合是个问题； D93 工作方式差异
医院和养老院放在一起不是个很好的模式，合作也是一种模式，老人是想什么都在养老院解决最好，免得浪费资源	D94 医养结合； D95 浪费资源
我这儿的医生是内科医生，还没达到我的要求，他还是医院的那种模式，没转变过来	D96 医院工作模式； D97 工作方式差异
我聘请的是退休返聘回来的医生，年富力强的医生都不愿意来，年轻的、中年的医生有能力拿更高待遇。医生上有老下有小，有房贷等养家压力，我也很理解。退休的医生比退休前更吃香，现在很难请。医疗资源紧张，老人都愿意去住院	D98 医生难请； D99 生活压力； D100 医疗资源紧张
我们现在是要交政府一笔钱，国有资产使用，采取房租的形式。租金比民建房屋那要便宜	D101 国有资产 D102 房租优惠

续表

原始数据	开放式编码标签化
入住率要90%，大概60个左右，现金流才能平衡。住满了盈利也不太大，但是养老稳定，老板投资的心态是知道养老来钱是不快的，但却是长远产业	D103 低利润； D104 来钱慢； D105 稳定长远

表5–7　开放式编码概念化（1）

概念化	开放式编码
医疗资源缺乏	D1;D32;D34;D42;D86;D88;C100
资源利用	D16;D22;D25;D47;D95
制度支持	D2;D3;D28;D54;D55;D4;D10;D40;D64;D66;D82;D101;D102
政策漏洞	D17;D21;D56
服务需求	D5;D14;D15;D20;D46;D48;D49;D52;D52;D68;D78;D79;D80;D83
专业人才培养	D6;D50;D67;D70;D71;D72;D73;D74;D98;D99
医养结合现状	D7;D8;D9;D11;D12;D13;D29;D30;D40;D53;D63;D64;D65
运营困难	D35;D36;D37;D38;D43;D44;D45;D53;D54;D81;D103;D104;D105
资源整合	D18;D19;D24;D31;D85;D87;D89;D90;D91
医养结合困境	D69; C75;C76;C77; C92;C94;C96;C97
评估标准差异	D58;D59;D60;D61;D62

成都的访谈数据编码后提取到了105个概念，对这105个标签化概念进行归类得到11个概念范畴，分别为医疗资源缺乏、资源利用、制度支持、政策漏洞、服务需求与提供、专业人才培养、医养结合发展现状、运营困难、资源整合、医养结合困境和评估标准差异，见表5–7。为了进一步了解机构医养结合的现状和问题，验证概念是否穷尽，笔者对南京市和南昌市的养老机构进行了补充访谈调研，通过对访谈数据的编码，重复出现的概念表示已经饱和，新出现的概念归纳见表5–8。

表 5–8　开放式编码标签化（2）

原始数据	概念化
入院判断身体失能程度是由评估公司来院判断定级别，根据南京市失能评估条例，民政局内设第三方单位炫黄养老服务指导公司。每个月进来的老人都要上报让它来评估	J1 失能程度评估； J2 第三方评估
政府按失能程度来补贴，市区政府按两级来补贴。半护和全护补贴不同，每位老人几十块钱，以基本设施维护费的方式下拨，每年 20 000 元左右，补贴少	J3 失能补贴； J4 市区财政； J5 设施维护费； J6 补贴标准低
工资还可以，主要是领导不摆架子，院长蛮善良的，有些领导鼻子是翘的，不跟我们说话，所以很多要走。大家跟老板像姊妹一样的一家人	J7 领导善良； J8 不摆架子； J9 像一家人
南京的医保很复杂，政府机关的公费医疗每天限制开药每次最多 60 元；高校的都要在校医院开药，还是职工医保好。东南大学的定点在铁路医院看病，要出来需要转诊	J10 医保政策复杂
消防查得很紧，不停地整改。经常来检查，市、区级的都有。每次来都有新要求，新建的要求更高，每次来查的不一样，每次来的人又不一样，但每次整改的都一样。现在有时候是委托第三方，有时候是消防自己来查。9 月份有个 5 个部门的巡查组要来检查	J11 不同层级政府； J12 重复检查； J13 重复整改； J14 多头管理
有工龄补贴，取得了资格证的也有补贴，还跟护理难度和护理老人的数量有关。我们的工资结构还是比较公正的，用百分制来计算。每个月有安全奖，出了事就会扣除安全奖，每个月 150 元	C1 安全奖； C2 工龄； C3 护理人员工资构成
政府的补贴给机构也是可以，但是更应该补在这类失能非自理老人身上。政府往往是补砖头、床头。成都搞成保险的形式，这才是真正的惠民，独生子女现在也承受不起，子女收入不高的话很多还是啃老族	C4 政府补贴； C5 补砖头、床头； C6 补人头； C7 子女承受不起
管得很死的，家属缴费不能用微信和支付宝，以前只能收现金，现在可以刷卡。我们申请一个 Pose 机都快一年了才申请下来。因为机构性质不一样，好不容易才申请下来，刚刚才用了，方便家属嘛	C8 管理呆板； C9 政府效率低

续表

原始数据	概念化
年轻医生也请不来，来这里业务会丢了，出再多钱人家也未必会来，人家肯定做不久的，要请年轻医生不现实。要有一个团队来撑得起这一块儿，你什么都没有啊，检验、拍片什么都没有啊	C10 年轻医生难请； C11 没有团队； C12 缺医疗设备
我们说、护士说家属不信，你不是医生你说了不算，如果是医生，跟老人沟通是相当有说服力的，跟家属沟通也会顺利很多，家属就是听医生的，因为他是专业的	C13 专业性； C14 说服力； C15 获得家属信任
医疗不是我们几个人搞得了的，医疗牵涉的太多，有些医疗我们处理不了	C16 医疗服务专业性
主要因为不是自己的房子，房东不租了，社区的居民反对。老年公寓经常有老人走了，人们的社会观念还没接受社会化养老。虽然政府很重视，但中国人的传统观念根深蒂固，所以社会养老还是比较新的东西	C17 租房困扰； C18 居民反对； C19 社会观念； C20 政府重视
如果没有公建民营这个政策的话，我是承包不了的。我不需要投资就直接经营管理，给我们提供了条件	C21 公建民营政策； C22 政府投资
不管是民政部门还是协会应该要想办法协调，不能光是检查，要想办法来解决这个事情。市民政局跟消防支队甚至是省消防总队来协商	C23 政府协调； C24 解决问题
南昌市有个政策，对民办机构财政进行补偿，租房的根据床位数和运营进行补贴。这个政策是好的，但是消防怎么样才能合格？我们目前是否能办到呢？	C25 财政补贴政策； C26 补贴不能到位； C27 政策冲突
平均能拿到 3 600 元。管吃管住的，上两天休息一天。还给交社保，机构出 60%，过年过节降温费都有的	C28 社保； C29 节日福利； C30 降温费； C31 人员待遇
运营中会出现各种各样的问题，有些是可以预想的有些是预想不到的。搬家的话有些老人有意见，要搬的话会流失老人	C32 运营问题； C33 难以预料的问题； C34 流失老人
现在的收费也高了，有心做这个事应该是更好了，夕阳产业朝阳前途	C35 夕阳产业朝阳前途

表 5-9　开放式编码概念化（2）

概念范畴	开放式编码
政策补贴	J3;J4;C4;C21;C22;C25
补贴问题	J5;J6;C5;C6;C26;C27
医养结合发展问题	C17;C18;C19;C20;C32;C33;C34;C35
护理人员待遇	C1;C2;C28;C29;C30;C31
医生难请	C10;C11;C12
人员稳定因素	J7;J8;J9
多头管理	J11;J12;J13;J14;C23;C24
医保政策复杂	J10
失能评估	J1;J2

在补充调研获得数据编码后，扩展了范畴、丰富了概念。补充调研数据在医疗资源缺乏范畴增加了没有团队、缺乏设备两个概念；在资源利用范畴扩展了专业性、说服力、获得家属信任三个概念；政策支持范畴增加了失能补贴、补贴方式两个概念；政策漏洞范畴增加了医保政策复杂、补贴标准低、补砖头床头和补人头四个概念；专业人才范畴增加了人才稳定影响因素；运营困难范畴增加了租房困扰、居民反对、社会观念、难以预料的问题和流失老人五个概念；评估标准范畴增加了第三方评估的概念；范畴方面补充了政府管理。

社区作为医养结合供给的主要主体之一，其供给现状如何，与机构供给有哪些不同之处？回答这些问题需要进行社区调查以补充材料和数据。根据社区调研数据进行开放式编码的概念化，概念编码以 S 加数字的形式表示。见表 5-10。

表 5-10 开放式编码标签化（3）

原始数据	开放式编码标签化
自上而下，没有调研，不是由我们上报，直接落地在这里。政府的项目是标准化的、模式化的，而需求是差异化的	S1 自上而下； S2 标准化； S3 模式化
以考核和指标为主，考核的有些是常规动作，但这些规定动作是不是居民所需要的呢，却要打问号	S4 考核指标； S5 规定动作； S6 需求脱节
老年人需要的服务与政府提供的服务匹配度不高	S7 供需匹配度低
死亡证明以前是由居委会来开的，现在居委会不能开，由法医或者派出所开，而派出所说现在是服务站开，这就很乱了，目前是没有一个规定流程	S8 责任范围； S9 互相扯皮； S10 工作流程
部门之间就是缺少了这个沟通，应该由上级部门整改	S11 政府部门之间缺少沟通
到现在你问我也不知道问谁，我问我上一级他们也不会给你一个确切的方案	S12 归属管理； S13 工作职责
去年年底的政府补助还没给，补助很难及时到位。主要是我们找他啊，每次办事都太难了，官僚得很	S14 政府补助； S15 难及时到位； S16 官僚化
不够条件就不批我的。稳定压倒一切，为了做这件事而做这个事。服务跟不上，表里不一，应付检查	S17 为做事而做事； S18 程序化； S19 应付检查
我们用的系统跟他们以前用的不一样了，党政系统很多信息也不方便泄露	S20 行政系统部门化

表 5-11　开放式编码概念化（3）

概念化	开放式编码标签化
供给标准化	S1;S2;S3
供给任务化	S4;S5;S6
供需匹配度低	S7
管理混乱	S8;S9;S10
缺少沟通	S11
权责不清	S12;S13
官僚化	S14;S115;S16
形式主义	S17;S18;S19
系统分离	S20

2. 轴心编码

在持续比较分析中进一步寻找共性，将若干个概念相互贯穿或联系起来，连接发生在各种层次的概念，形成一个更高层面的范畴。将开放式编码中发掘出的范畴进行分类与整合，挖掘出核心的概念并建立关联，在这个分析过程中主要的分析策略仍然是提问题和做比较。最后归纳出资源碎片化、政策碎片化、结合困境、评服分离、人才问题、多元供给、供需错位和政府管理碎片化八个核心类属。见表 5-12。

表 5-12　轴心编码过程

开放式编码概念化	开放式编码范畴化	轴心编码
医疗资源缺乏	资源缺乏	资源分散
资源利用，资源整合	资源利用	
制度支持，政策补贴	制度支持	政策实施困境
补贴落实难，政策漏洞，医保政策复杂	政策漏洞	

续表

<table>
<tr><th>开放式编码概念化</th><th>开放式编码范畴化</th><th>轴心编码</th></tr>
<tr><td>医养结合现状</td><td>医养结合现状</td><td rowspan="2">结合困境</td></tr>
<tr><td>医养结合发展问题，
医养结合困境，运营困难</td><td>医养结合困境</td></tr>
<tr><td>评服分离，第三方评估，
评估标准差异</td><td>评估问题</td><td>评服分离</td></tr>
<tr><td>医护难招</td><td>专业人才缺少</td><td rowspan="2">人才问题</td></tr>
<tr><td>人员稳定因素，
护理人员待遇，专业培训</td><td>人员稳定影响因素</td></tr>
<tr><td>公办机构，老年病医院，
政府购买服务</td><td>政府供给</td><td rowspan="3">多元供给</td></tr>
<tr><td>私人机构，公建民营</td><td>市场供给</td></tr>
<tr><td>居家养老</td><td>社区供给</td></tr>
<tr><td>供给标准化，供给任务化，
服务需求，供需匹配度低</td><td>供需匹配问题</td><td>供需错位</td></tr>
<tr><td>系统分离，
多头管理，缺少沟通</td><td>部门管理混乱</td><td rowspan="2">管理部门权责壁垒</td></tr>
<tr><td>权责不清，官僚化，
形式主义</td><td>层级管理官僚化</td></tr>
</table>

3. 选择性编码

选择性编码是对多个主范畴及其各自连接的范畴的进一步比较分析，通过对问题的进一步聚焦和思考，选择最为核心的类属过程，以发掘出能以之为核心将其他所有范畴连接在一起从而形成一条能贯穿数据始终的“故事线”的范畴，构建相关的理论分析框架。根据表 5–12 的开放式编码、轴心编码进行系统分类与整合，经过概括—提炼—重组—整合的过程，抽取概念的范畴和类属，最终发现医养结合供给存在的核心问题是碎片化，主要表现为多元主体供给、服务供需错位、政府管理壁垒、政策落实难、专业人才不足和评估标准不统一等。政府管理壁垒和政策落实难的根本原因在于政府各部门系统独立，而服务供需错位的深层原因是信息不对称。如图 5-1 所示。

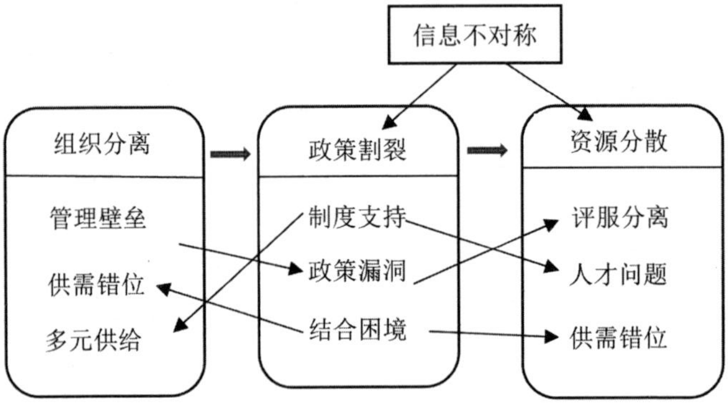

图 5-1　我国医养结合服务供给实践的问题

笔者在尊重访谈资料的基础上进行信息整理、数据编码，结合公共服务供给理论，归纳出医养结合服务供给的组织分离、政策割裂和资源分散等问题，其核心问题是碎片化。

（三）医养结合服务供给的实践审视

笔者调研发现，各地依托本地现有资源，通过多种方式探索医养结合养老模式，取得了一定的成效，并形成了多元供给的服务态势。从调研地区看，我国医养结合服务观念从上到下获得普遍认可，地方医养结合相关政策密集发布，医养结合服务紧锣密鼓地开展。从公办养老机构、医疗机构到社会资本举办的养老机构纷纷转型或以寻求合作的方式来提供医养结合服务，社区居家养老也逐步增加了老年人需求强烈的健康服务。

1. 供给方式发展不平衡

从调研地区的实践来看，目前我国医养结合服务模式主要通过在大型养老机构扩建医院或医务室来增加医疗服务功能，或者是医院转型为医养结合机构来收住失能老年人、大病后期维持治疗的老年患者。调查地区的医养结合服务以机构提供为主，各地的机构医养结合床位越来越多，机构医养结合不断普及，相比而言，社区居家医养结合服务发展相对迟缓。

南京和成都医养结合的主要方式是机构内设方式和签约合作方式。其中内嵌模式实施最广，调查地区都有大量的内嵌式医养结合机构。其次是机构合作模式，近年来南京和成都的康复医院和护理院数量增长较快，在社区居家医养结合实践中，南京的家庭养老床位是比较突出的亮点，成都自 2019 年开展的“9073”社区护理站发展势头较好。

2. 供给主体作用失衡

从主体功能看，家庭和企业是养老服务的主要供给主体，政府在购买社区居家服务和家庭养老床位中起主要作用，而机构养老中政府主要是财政补贴和税收优惠。社区在医养结合供给中的作用没有得到充分发挥，社会组织等社会力量的主体地位也被忽视。从实践来看，政府在养老服务中起主导作用，但是主体作用不够，尤其是社区居家养老模式政府应承担主体作用。地方政府建立养老服务扶持性政策和激励机制，但扶持的重点和扶持力度各有差异，见表 5-13。南京市医养结合养老服务中，政府的主体作用较显著，政府的购买服务覆盖城市每个社区。2018 年开始，政府补贴社区适老化建设和改造，并采用业主众筹等多种方式对社区公共场所和家庭内卫生间进行扶手安装等。在组织保障方面，按照国家行政机构改革的机构设置，南京市先后建立了一体化的行政协调机制。

表 5–13 南京和成都医养结合供给主体功能强弱对比

<table>
<tr><th colspan="2" rowspan="2">医养结合供给方式</th><th colspan="2">调研地区</th><th colspan="4">供给主体作用</th></tr>
<tr><th>南京</th><th>成都</th><th>政府</th><th>企业</th><th>社会</th><th>家庭</th></tr>
<tr><td rowspan="3">机构医养结合</td><td>内嵌式</td><td>+++</td><td>++</td><td>+</td><td>++</td><td></td><td>+</td></tr>
<tr><td>合作式</td><td>++</td><td>+++</td><td>+</td><td>++</td><td></td><td>+</td></tr>
<tr><td>康护院</td><td>++</td><td>++</td><td>+</td><td>++</td><td></td><td>+</td></tr>
<tr><td rowspan="3">社区居家医养结合</td><td>政府购买服务</td><td>++</td><td>+</td><td>+++</td><td></td><td>++</td><td>+</td></tr>
<tr><td>日间照料</td><td>+</td><td>+</td><td>+</td><td>+</td><td>+</td><td>++</td></tr>
<tr><td>家庭病床</td><td>++</td><td>+</td><td>++</td><td></td><td>+</td><td>++</td></tr>
</table>

注：“+”的个数表示此类模式开展和供给主体作用的强弱。

3. 地区发展差异化显著

从调查的地区来看，由于南京市经济较发达，老龄化程度相对较高，地方政府的意识也较强、理念更新。在医养结合的实践中，南京市充分利用医养服务资源来提供高质量、全方位的服务，招聘各专业人才，整合服务及管理团队。

南京市关于医养结合服务的探索实践实施得比较早，医养结合服务模式比较全面，医养结合服务延伸到家庭、社区和机构。“互联网 + 社会组织”的社区供给模式充分发挥了社会组织的作用，在政府的支持下，以社会组织为核心的医养结合服务特色，实现了机构—社区—居家三个层面立体式的医养结合。南京市江宁区利用互联网大数据向区域性综合养老服务中心转型，在探索“虚拟养老院”的新路径方面走在了全国的前列。其利用互联网技术探索建立“江宁养老联盟”，将单点资源融为一体，统一服务名称，统一服务标准，统一服务流程。全区居家养老服务中心纳入“小江家护”系统进行统一管理，上门照护和中心活动实施二维码扫描、GPS 定位、照片拍摄和南京市助老卡系统四重认证。截至 2019 年年底，南京市逐步建立起基于信息化体系下的居家养老服务运营监管机制。

2017 年江苏省开始对老旧小区进行适老化改造，除了小区户外环境外，还对失能失智老年人家庭设施和床位给予了必要的适老化改造，安装了呼叫和服务监控等必要的网络信息服务系统和电子信息服务设备。通过与老年人家庭建立签约服务关系，开展老年人健康教育和咨询、慢性病管理等健康服务。由南京市和成都市的实践可知，经过几年的实践，我国医养结合取得了很大的进展，机构医养结合供给相对充分，社区医养结合服务不断增进。各地政府发挥引导作用，充分利用政策以鼓励、支持医养结合的发展。

第六章 医养结合服务供给的碎片化困境

通过上文对我国医养结合服务供给实践的分析，发现我国医养结合服务供给的根本问题是碎片化，其产生的根源是体制困境、整合困境、机制困境。由垂直型科层组织架构而形成的部门间机构的专业化分工、各自为政成为医养结合的体制性掣肘；医疗与养老资源整合困境，缺乏有效激励机制，相关配套机制不健全；医养结合运行机制困境，医保支付对接困难、资金来源渠道单一且不稳定。究其深层原因，相关利益主体有着不同的利益诉求和策略选择，在互动博弈中，未达成集体共识和有效整合。[1]

医养结合服务供给碎片化的主要表现：首先，组织管理权责壁垒。养老机构由民政部门主管，医疗机构由卫健部门主管，医疗保险由医保局主管，医养结合机构准入和监管是由两部门同时负责，监管边界不清晰造成实操困难。其次，供给主体多元分离，服务提供方式割裂。再次，医养资源分散，主要表现为社会保障制度按人群分类、政策制定与实施的部门利益化以及医养结合服务市场的供需信息不对称等。

1 王浦劬、雷雨若、吕普生：《超越多重博弈的医养结合机制建构论析——我国医养结合型养老模式的困境与出路》，《国家行政学院学报》2018 年第 2 期。

一、医养结合服务供给的组织分离

我国社会福利缺乏理论基础，导致政府、市场、社会和个人之间的责任边界模糊。[1]各相关主体缺乏服务沟通平台，老年福利服务的输送和信息渠道难以获得，不同服务供给者、无法连接，造成服务片段性、服务供给的过度或重复、服务品质参差不齐。[2]我国养老保障的发展从游牧社会的弃老到农耕文明的家庭养老再到工业社会的个人养老，最后到后工业社会的社会化养老，在这个发展过程中，养老保障的责任主体不断变化，养老服务从无到有，养老服务的供给组织从家庭到"家庭 + 政府"再到"家庭 + 政府 + 企业"，最后到当前的"家庭 + 政府 + 企业 + 社会"的多元供给格局。

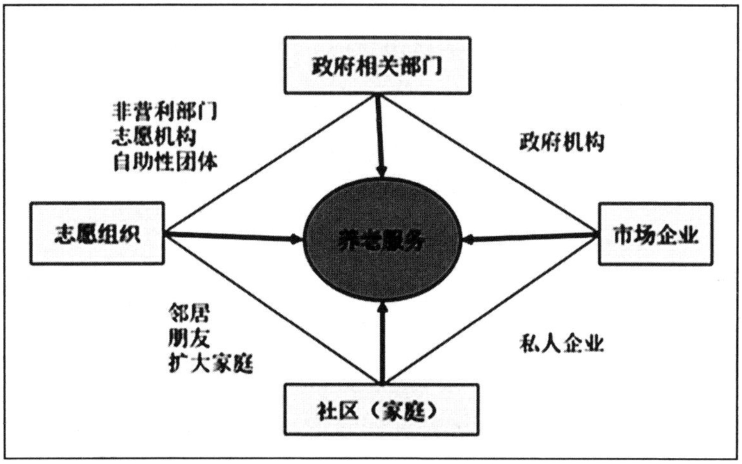

图 6–1　养老服务供给组织关系图

资料来源：陈燕祯：《老人福利服务：理论与实务》，华东理工大学出版社，2018 年，第 33 页。

1　景天魁：《围绕农民健康问题：政府、市场、社会的互动》，《河北学刊》2006 年第 4 期。

2　陈燕帧：《老人福利服务理论与实务》，华东理工大学出版社，2018，第 35 页。

养老服务的供给包括供给主体和服务，我国养老服务的供给碎片化表现为主体碎片化和服务碎片化。实际上，养老服务提供过程中由于服务项目由不同的主体提供，各项服务是脱节的和非衔接的。医养结合服务供给中的机构、社区和家庭是相互独立、割裂的，服务提供中机构、社区和家庭三者完全分离，医养结合服务主体缺乏统一的组织，服务内容的实施缺乏统筹和连续性。因此，医养服务层次分离，服务效果欠佳。

（一）政府部门权责壁垒

马歇尔认为社会公民权构成了福利国家的核心理念。国家活动如何与市场和家庭在社会服务提供中的角色相结合？政府既不是中立的仲裁者，也不会自然而然地对形成中的社会需求做出反应，它的行动受权力的左右。[1]我国医养结合缺乏顶层设计，需要设立综合性领导机构。现在比较突出的问题是总体上看各行其道，力量是分散的，缺乏顶层设计和统一的行动。[2]科层制又称理性官僚制，是建立在层级分工理论之上的。科层制在组织间关系上，存在层级管理和专业分工特征。科层制的组织特征使得部门与层级之间横向联系障碍。在层级划分严格的组织中，两个分属不同系统的部门遇到需要协作才能解决的问题时，并不能自行商量、自行解决，只能先报请共同协商部门通过请示汇报来解决。在处理跨域性公共事务时，科层制由于缺乏灵活性而备受批评。官僚制的部门主义、专业主义和各自为政的弊端在医养结合服务模式中表现得淋漓尽致，是医养结合服务发展的主要矛盾之一。

1　哥斯塔·埃斯平－安德森：《福利资本主义的三个世界》，李秉勤译，商务印书馆，2010，第 105 页。

2　《第二届养老模式与顶层设计座谈会》，《新华网》2016 年 1 月 19 日。http://www.xinhuanet.com//politics/2016-01/19/c_128641236.htm，2019 年 4 月 30 日。

新公共管理强调效率和专业化分工，政府各部门条块分割，追求部门利益。医养结合涉及的部门众多，“医”和“养”分属民政部门和卫生部门管理，由于两个部门实施的护理等级分级标准不同，导致不同部门对同一老年人进行评估时结果不同，享受的待遇将存在较大差异。卫生部门从医的角度强调身体健康水平，而民政部门从养的角度自然重点考量生活照护水平。[1]

医养结合服务是公共服务的重要内容，政府是公共服务的重要供给主体，政府在公共服务中承担财政支持、服务提供、政策规划和质量监督等责任。我国政府在地区、部门、行业上高度分割，条块结合与政府职能整合、政府间行政协调，政府、市场与社会的边界等问题突出。[2]医养结合养老服务涉及众多部门，造成牵头单位不明确、扶持政策不到位、医保体制仍存制度壁垒等问题。“多头管理”的管理方式缺乏整合，这大大降低了服务的整体效能。我国养老服务归属民政部门，医疗护理服务归属卫健部门，残疾人的康复服务归属残疾人联合会负责。医养结合服务由多部门管辖，使得服务严重割裂，导致资源分散、管理标准不一，阻碍整体发展。“九龙治水”是我国社会福利管理体制的历史传统和现实格局。多头主管导致封闭、衔接性差，各部门缺乏有效的沟通和协调机制，造成福利重复提供或者无人提供的局面。[3]我国医养结合的制度安排是一种行政分割的多头管理体制，管理“部门化”和政策“碎片化”是导致医养不能有效结合的主要体制性障碍。[4]部门间各有其职能分工，但是缺乏统一的组织管理体系和一体化的协调机构，没有明确的牵头统筹管理部门，导致规划缺失、管理分割、责任不明、职责交叉、制度分设、资源分散，医养服务资源缺乏有效整合，医养服务之间缺乏有效

---

1 王长青等：《医养结合资源的多重整合》，《学海》2016 年第 6 期。

2 刘继同：《中国社区福利体系研究》，中国社会科学出版社，2018，第 479 页。

3 毕云天：《大福利视阈下的中国社会福利体系整合研究》，中国社会科学出版社，2016，第 39 页。

4 王震：《推动医养结合的政策分析》，《中国医疗保险》2016 年第 3 期。

衔接。[1]

（二）市场主体的服务质量参差不齐

根据民政部2015年1月公布的数据，我国一半以上的民办养老机构基本达到收支持平，而40%的民办养老机构常年处于亏损状态，盈利的不足10%。[2]造成这种结果的主要原因是民营养老机构服务定位偏差、供需不对路。在实际发展过程中，民办养老机构普遍存在资金不足、盈利周期长等问题，政府的优惠政策难以落实到位，民营养老服务产业发展困难重重。为此，政府采取了许多措施促进民办养老服务的发展，比如采用政府和社会资本合作PPP（Public Priucde Partnerships,PPP）模式在一定程度上缓解了养老产业的资金缺口问题，但是长久发展之道是让民办养老机构能获得稳定可观的收益。第一，民办养老机构在与公办养老机构竞争时存在不公平的现象。对于公办养老机构国家财政补贴比较到位，相对来说民办机构享受的优惠政策较少且落实不到位。因此，公办养老机构在养老服务供给市场竞争中处于有利地位，其床位一床难求，而民营养老机构的床位闲置率居高。第二，民营养老机构大多是租赁土地或房屋，存在机构建设的土地成本高和专业人员缺失等高成本运营问题。养老服务发展的最大的问题是专业人员的缺乏和流动性，这也是民营养老机构发展的最大瓶颈之一。养老服务业由于是伺候人的工作，再加上较低水平的薪酬待遇，很难吸引专业的照护人员，使养老护理人员缺口大和流动频繁成为常态。

医疗机构的医养服务动力不足。我国医疗资源过于集中且分布不均衡，

1　李长远、张举国：《我国医养结合养老服务的典型模式及优化策略》，《求实》2017年第7期。

2　杜鹏、谢立黎：《失能老人审与思》，《中国人力资源社会保障》2014年第6期。

城乡之间、不同性质和不同等级的医院之间不均衡的表现突出。城市公立大医院资源丰富且经营效益好，让此类医院转型为康复院、护理院是很难的。国家政策鼓励门诊量较低的二级及以下医院改制为医养结合型机构，但由于养老服务类投资回报周期长，短期内养老是难以盈利的，目前很多中小养老机构处于亏损经营状态。医疗机构作为理性经济人有趋利行为，转型为养老机构的动力也显然是不足的。医院在与养老机构的合作中没有利益可图，没有经济效益就没有动力。因此，医疗服务跟不上，操作不方便，转诊可以转出去，但是实际操作很棘手。有些机构搞了合作也为了应付相关的检查，养老机构希望合作医院派医护人员进驻机构坐诊，医院由于业务繁忙，从一开始一周派一次改为一个月一次，最后甚至不派了。医疗资源是稀缺的，普遍来说三级医疗机构患者充足、业务量大、医护人员繁忙，没有动机和多余的人力资源去与养老机构合作，即使目前很多试点地区的养老机构与医疗机构合作也大多迫于行政压力而进行的，其主动性和能动性缺乏。

养老机构周边的公立医疗机构，不管是社区医院、医疗服务中心，还是综合性医院，它们其实并没有意愿要发展“医养结合”这块儿的业务。一方面，它们本身并不擅长此类业务；另一方面，医院的其他业务需求量已经很大了，病房常常都是“一床难求”，加之医患关系、医疗纠纷和养老行业的低利润等因素，医疗机构内设养老机构的积极性并不高。

1. 养老机构提供医疗服务困难重重

养老机构提供医疗康复护理服务的条件不足。医疗机构设置的门槛高，医疗护理人才紧缺等客观制约因素一直存在。国家卫生计生委 2014 年 10 月出台了养老机构中设置的医务室和护理站的具体要求。其中建筑面积不低于 $40m^2$ 和 $30m^2$，内部要有功能分区，如诊室、治疗室、处置室，对于医护人员的数量也有严格标准。如果为了医养结合而简单设置一个医务室或护理站，那是形式上的医养结合，实际意义并不大。在国家医养结合政策的大力推动下，全国多个城市进行了试点。一方面，有些地方政府为了政绩而下指标，要求达到多少机构进行医养结合的行政命令，同时辅之以政策优惠，其中不乏有养老机构为了获取政策红利来保生存而设置简单的医务室。另一方面，部分养老机构看清了市场发展趋势，在政策推动下确实想做好医养结合服务，但存在种种制约因素，尤其是医护人员招聘难的问题突出。年富力强的医生都不愿意来机构从医，这些医生有能力去医院拿更高的待遇。另外，年轻医生来养老机构不利于业务提升，医疗服务是需要团队和设备支撑的。实际上，养老机构聘请的医生和护士工作效果并不理想，医护人员习惯医院的工作模式，而养老机构与医院的工作模式是根本不同的。民营养老机构很难开展医疗康复护理服务，配备的硬件设施如同虚设。对于转型或扩建或新建的机构都将面临运营成本增加，老年服务机构本身投资周期长、收益低、见效慢等不利因素。[1] 除了医护人员招聘难、留住难，养老机构实施医疗服务的，存在最大的问题是医保补偿问题。如果养老机构没有医疗服务能力和资质，就很难获得医疗报销，也就是医保的支付，很多老年人就没有能力入住类似养老机构。

2. 机构面临巨大的运营风险

中小规模的养老机构为了在市场中占有一席之地，无论是从硬件建设还是人力资本的投资上都纷纷向医养结合模式转型。在诸多医养结合模式中，机构嵌入模式实施最广，但是服务质量不甚理想。养老机构内设医疗机构存在门槛高、资源浪费、医保难覆盖等问题。医疗机构内设养老床位的模式最受老年群体欢迎，能享受到所需的医疗护理服务且医疗服务费用报销与同等级医院待遇一样。但是此模式存在套取社会医疗保险基金的问题，医疗保险

1　耿爱生：《中国医养结合政策研究》，《中州学刊》2018 年第 6 期。

基金的压力增加会带来制度风险。

尽管有政府的支持，但是养老不同于一般行业，具有投资回报周期长、风险大的特点。养老机构的运营风险除了来自市场的竞争，更多的是来自老年人的意外伤害和家属的质疑。做养老服务风险大，养老行业突发事件发生的概率高。一旦发生突发事件需要专业人士第一时间紧急处理，避免给老年人带来伤害甚至造成其死亡，也给机构带来了不良社会影响。跌倒是造成意外死亡比例最高的因素，占 60%，老年人跌倒会引发多种并发症，跌倒是非常危险的因素。一旦出了事社会都是偏向维护老年人和家属的利益，机构往往处于弱势。

据相关研究表明，我国企业退休职工月平均养老金 3 000 元左右，全国有 70% 的老年人没有养老金，这部分老年人难以支付养老护理服务费用。医养结合养老模式的初衷是解决失能、失智老年人的养老服务需求，从调查情况来看，虽然取得了一定的成效，但是并未解决根本问题。我国老年人收入普遍不高，多数处于贫困边缘，公办养老机构体现较强的福利性，由于有政府的财政支持，其收费较民办养老机构低，但是“一床难求”，因此普通经济困难老年人难以获得所需的医养结合服务。

（三）非正式组织供给不足

1. 社区供给的地区差异化显著

医养结合服务具有层次性和综合性，其涵盖的服务种类多、内容广，参与主体多元化，需要多方协同、合作治理，方能取得更好的效果。[1] 除政府外，社区组织是一支重要的力量。社区服务涉及多部门、多主体，如果没有主导的管理部门对资源进行整合、优化配置，会造成资源的浪费。从服务提供实

1　耿爱生：《中国医养结合政策研究》，《中州学刊》2018 年第 6 期。

践来看，目前社区医疗服务提供的慢性病预防及康复服务相对较少，特别是针对老年人患病率较高的高血压、心脏病（冠心病）、颈（腰）椎病等慢性病的预防工作力度还远远不够，农村地区的健康预防工作尤为滞后。

调查发现，家庭和社区作为养老服务的基础和依托在医养结合的过程中并未充分体现，作为养老主体的社区未参与到医养结合中来。这样的医养结合是残缺不完整的，仅仅是机构养老进行医养结合是完全不够的。存在这样的现象是因为我国的社区一直是作为行政基层单位行使行政权力，而不是作为服务单位体现服务功能。

社区医养结合服务的供给主体是社区内的医疗机构和社会服务组织，但是这些供给主体分属不同的系统，政府主管部门之间和具体服务机构之间沟通不畅、行政效率低。调研中多个社区工作人员提及社区各项服务中主体之间的配合问题，社区卫生服务与生活服务之间没有交叉，无法连接起来。社区卫生服务中心归属卫健委管辖，不属于社区管辖范围。两个部门用的系统不一样，系统里的信息不能互通。社区管理方式的行政化，亦即社会生活服务行政化管理模式限制了社区服务的提供，不利于社区养老服务的发展。[1]我国村委会与居委会的组织构架、运行方式逐渐与基层政府接近。村居办社会代替了以往的单位制，成为目前社会管理、特别是社会控制的最主要手段。农村居家养老服务组织几乎不存在，组织化或市场化的居家养老服务在农村基本上处于空白状态。[2]个人本位的价值观主导了人们的思想观念，社区的互助合作精神和共同体意识遭到破坏。[3]我国城市社区的设置主要是履行管理职能，服务功能不足。社区服务是否开展、服务项目和服务内容如何定制都是围绕上级政府的指令和考核指标进行的。

---

1 曹煜玲:《多层次精准化城市养老服务体系研究》,经济科学出版社,2018,第69页。

2 陈友华：《居家养老及其相关的几个问题》，《人口学刊》2012年第4期。

3 钱宁：《中国社区居家养老的政策分析》，《学海》2015年第1期。

2. 家庭供给主体的功能弱化

无论是老年人自身、子女还是社会方面都发生了巨大变化，这种变化导致了孝文化的式微。离开了文化的导向和强化作用，家庭养老很难维系下去。中国具有浓厚的家庭主义氛围，养老服务社会化程度较低，老年照护服务主要由家庭成员尤其是女性免费提供。现代社会中国的女性劳动力从免费的家务劳动中走向付费的职业市场，再加上低生育率、高龄化、人口迁徙流动和职业竞争的叠加影响，家庭养老服务能力严重削弱，促使老年人的家庭照料成本上升，主要表现为家庭照料者的社会成本、健康成本和机会成本。

首先是社会成本。家庭成员提供帮助时会感到繁重、情绪低落或经济负担重。家庭是提供长期照顾的最重要的单位，但是长期照顾失能老年人是一项沉重的任务，照料者容易焦虑、忧郁，出现身体和情绪上的崩溃和经济上的压力。常言说“久病床前无孝子”，家庭照料者在长期的照料中，没有时间与朋友交流、没机会度假，甚至正常的休息都不能保证。这不同程度地与社会产生了隔离，心情易于烦躁，出现孤独情绪，因而代际关系紧张导致虐待甚至遗弃老人。

其次是健康成本。有研究发现，家庭主要照顾者中女性居多，其中占首位的是配偶，其次是女儿，然后才是儿子。国外的研究发现了一个世界性的共同趋势，八成的家庭主要照顾者本身有健康问题。[1] 如何让家庭照顾者纾解压力已然是各国老龄化社会共同的课题，如何用制度政策、设计方案给予家庭照顾者支持呢？比如我国台湾地区提供的福利项目包括喘息照顾服务、心理教育支持方案和经济性支持方案等。配偶、子女或其他近亲属作为居家

1 Kosberg J I, E.Cairl. “Burden and competence in caregivers of Alzheimaer’s disease patients:Research and practice implications”,Journal of Gerontological Social Work,vol.18,no.1/2,1991,pp.85–96.

养老的照料者，因照顾过程的体力消耗、疲劳等身体故障而产生疾病。对于同样是老年人的配偶，除了体弱外，本身可能还有一种甚至几种慢性病，这个照顾者的健康成本显而易见。

再次是经济成本。一方面，农村养老保险制度的经济作用不明显。2010年我国开始建立农村社会养老保险制度，制度实施时国家规定年满60岁的农村户籍老年人每人每月可领基本养老金55元，2018年全国农村养老保险金待遇平均每月100元。不同地区、不同人群养老金标准差异较大，农村老年人难以依靠养老金维持基本生活。新型农村社会养老保险制度（以下简称“新农保”）的建立体现了政府责任，但目前新农保的待遇水平对解决农村养老问题不能起到实质的作用。另一方面，主要体现在年轻一代照顾者方面。子代或亲属专职照顾父母或长辈时，减少或丧失了参与社会工作的机会和收入，子代或亲属工作的同时照顾父母或长辈，用于工作的精力和时间会受到很大影响，由于家庭的牵绊会失去很多工作机会和升迁的机会，这种机会成本就演化为经济成本。Susan L.Ettner[1] 研究发现，照顾父母对子女的劳动力供给有很大的负面影响，尤其对女性的影响更大。

虽然孝道文化规范可能仍是影响养老的因素之一，但随着成年子女的流动和缺位的增加，社会对照护者行为的压力可能会降低。对于失能老年人、痴呆老年人和精神病老年人的照料更让家庭照料者有心无力，这部分老年人让一般家庭照料者束手无策，而是更加需要专业照护支持。而我国基层医疗服务严重不足，导致社区居家医养结合服务发展缓慢。

1 Ettner, Susan L. “The Opportunity Costs of Elder Care” ,The Journal of Human Resources，vol.31,no.1,1996,pp.189-205.

二、医养结合服务供给的政策割裂

我国社会保障制度是按人群、分城乡而逐步建立起来的，社会保障制度具有典型的“身份碎片化”和“区域碎片化”特征。[1]因工作部门性质不同所属的社会保障制度差异，公务员、军人、事业单位职工、企业职工和城乡居民分属不同的社会保障制度类别，其福利待遇水平和标准各不相同。从养老保障水平来看，公务员和军人的保障水平最高，养老金的替代率接近100%，职工养老保障水平次之，居民养老保障待遇水平最低。

中国目前医疗服务呈紧缺态势，养老服务产业是高投资、低产出的福利型产业，仅靠现行市场经济运行规律下的常规发展，难以满足老年人日益增长的养老医疗需求。政府的垄断性和封闭性的特点使得许多市场机制失灵。[2]如以建设大型高端养老机构为中心，片面追求养老机构数量，而暂时忽略了老人的对养老服务的诉求；地方政府在具体的工作中，存在仅从政府的角度做好医养结合的供给工作，以符合中央考核、满足国家标准为目标，忽略了地方差异性、政策执行的灵活性，并在一定程度上忽视了老人的支付能力及基本需求，造成目前医养结合的政策割裂。

（一）政策制定的体制路径依赖

从计划经济的单位福利到市场经济的社会福利，我国的社会保障带有明显的身份属性和城乡差别。一直以来，我国的二元结构和区域发展不平衡，社会保障与养老服务存在城乡差异和区域差别。由于劳动力迁移，城乡人口

1　孟荣芳：《碎片化：社会基本养老保障制度发展中的迷思》，《社会科学研究》2014年第5期。

2　周雪光：《项目制：一个“控制权”理论视角》，《开放时代》2015年第2期。

结构发生了巨大变化，出现了农村人口老龄化程度高于城市的特点，即“城乡倒置”现象。[1]改革开放40多年以来，我国劳动力流动迁移十分频繁，每年以2亿人的规模由农村向城镇迁移，如杜鹏和王武林[2]预计到2045年我国城市的人口老龄化程度将超过农村。二元社会结构、二元经济体制以及身份特征是中国社会保障制度割裂的根本原因，导致社会保障制度的碎片化，使得社会保障项目分人群、分城乡进行。在碎片化制度惯性作用下，老年福利和养老服务的碎片化同样严重，老年福利的种类和水平也存在地域、城乡差异和职业身份差别特征。

1. 医疗保障政策二元化

我国的医疗保障政策同样是按人群、分阶段、分职业而实施的。计划经济时代的农村合作医疗制度随着家庭联产承包责任制的出现而逐渐瓦解，市场经济时代发展经济成了头等大事，配合经济发展而产生的社会保障制度应运而生。我国城镇职工基本医疗保险制度的建立，解决了城镇职工的看病问题，随后建立的城镇居民基本医疗保险又减轻了城镇居民的看病压力。几十年来，“看病贵、看病难”是农村居民的头等难题。直到2010年我国基本建立覆盖全民的医疗保障体系，但是基本医疗保险的缴费标准和待遇水平仍然存在差异。因身份属性不同和就医的医疗机构等级不同，所以待遇支付标准不同。医保政策同一个地方也有差异，同一个地方医保政策因身份而复杂化。例如南京市的医保政策，政府机关是公费医疗，高校在校医院开药，而东南大学定点在铁路医院看病，要去别的医院需要办理转诊。

老年人在患病与失能之间的界限是模糊不清的，高龄老年人残疾和失能

1　吕方、冯静：《国家贫困治理体系的供给侧结构性改革》，《党政研究》2017年第5期。

2　杜鹏、王武林：《论人口老龄化程度城乡差异的转变》，《人口研究》2010年第2期。

是普遍的，城市 65 岁以上老年人残疾流行率和失能率均为城市人口的 4 倍。[1] 如何明确地划分慢性病人的照护、医疗住院、后期康复等的保险给付范围，费用是归属于长期照护保险的长照给付，还是疾病保险给付仍然是个难题。即便如此，目前绝大部分养老机构医保未覆盖，民营医养结合机构往往入不敷出，基本是靠医院的业务收入维持，民营资本在提供医养结合服务时困难重重。

2. 养老保障政策身份属性

我国建立了涵盖全民的基本养老保险制度、“五保”供养制度和计划生育政策奖励和失独家庭津贴制度，多层次的养老保障制度必然导致碎片化的问题。此外，我国还建立了失地农民和农民工的养老保障制度。如此，我国针对不同社会群体的全方位、立体式的养老保障制度建立，并基本实现全覆盖。这种分人群、多层次的养老保障制度存在城乡差异、人群差异和待遇差别，其结构呈现明显的碎片化特征。

2012 年修订的《中华人民共和国老年人权益保障法》鼓励各级地方政府针对低收入、经济困难和不能自理的 80 岁以上老年人建立相关补贴制度，如高龄津贴、养老服务补贴和护理补贴制度。[2] 高龄津贴的领取条件主要是年龄、户籍和收入三方面。从各地对领取年龄的规定看，80 岁作为领取条件的占多数，部分地区如安徽、河南、湖北、湖南、广东和海南规定 100 岁以上才能领取高龄补贴。从待遇水平看，随着年龄的增长待遇水平会相应提高，但是各地的标准差别大，普遍在 50~200 元之间。我国的高龄津贴制度统筹层次偏低，以市级统筹为主，全国统一的高龄津贴制度尚未建立。不管是领

1 裴晓梅、房莉杰：《老年长期照护导论》，社会科学文献出版社，2010，第 2 页。

2 文太林：《中国长期照护筹资相关研究述评》，《四川理工学院学报（社会科学版）》2018 年第 1 期。

取对象还是发放标准，我国的高龄津贴制度属于“补缺型”的救助政策，少数人享有而不是“普惠”的社会福利。如图 6–1 所示。

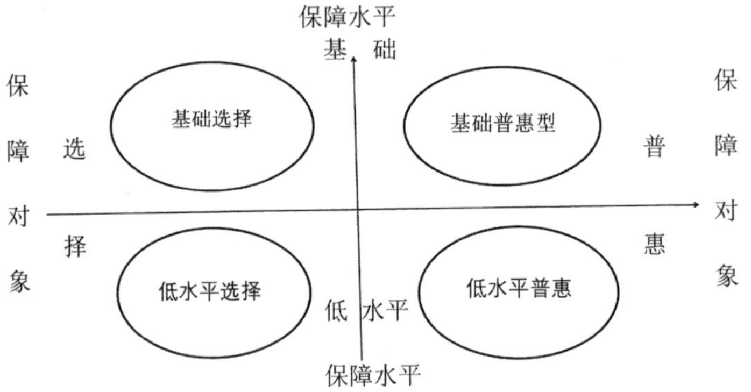

图 6–1　我国高龄津贴制度类型

资料来源：朱火云、金昱希：《基础普惠：我国高龄津贴制度的构想》，《社会保障研究》2015 年第 1 期。

尽管政府鼓励并支持各地建立老年津贴制度，但是对高龄老年津贴制度的研究较零散，制度设计不清晰。建立养老服务补贴制度首先要确定补贴对象、制度标准和发放程序，并配套建立评估制度、信息统计制度和组织队伍。[1] 相关制度建立时要统筹兼顾、做好规划，协调老年津贴制度与其他类型福利制度的衔接，处理好与生活收入型福利、医疗保健型福利、养老服务、老年人优待及特殊老年人群体的社会福利关系。[2]

众所周知，我国的老龄化是“未富先老”“未备先老”。人口老龄化的规模之大和速度之快始料未及，在没有做好相关的养老保障措施和适宜的养老服务准备的前提下，难免出现“头痛医头、脚痛医脚”的补丁效应，难以

1　董红亚：《养老服务补贴制度的创新及完善——由浙江省实践经验引发的思考》，《中国民政》2015 年第 2 期。

2　杨立雄：《高龄老年津贴制度研究》，《中州学刊》2012 年第 2 期。

形成全国的、统一的制度和模式，因而出现地区差异、制度不公平等弊端。

3. 长期护理保险制度地区差异化

2016 年 6 月 27 日人力资源社会保障部办公厅发布了《关于开展长期护理保险制度试点的指导意见》（以下简称《意见》），《意见》确定在江苏南通市、四川成都市等 15 个城市开展长期护理保险制度试点。在国家政策的指导下，各地结合当地的实际需求、人口与经济社会特点等因素，制定并出台相应的具体条例和实施方案，2017 年长期照护保险政策开始在各地陆续落地。[1] 其实在国家出台《意见》之前，青岛市、南通市等地区已率先开展了长期护理保险，限于篇幅并结合本研究的研究地区，本书主要选取了青岛、南通、上饶、成都和上海进行研究。见表 6–1。

表 6–1　部分地区长期照护保险相关政策文件

地区	文件	出台时间	简称
青岛	关于建立长期医疗护理保险制度的意见(试行)	2012.06	长期医疗护理保险
	青岛市长期医疗护理保险管理办法	2014.12	
南通	关于建立基本照护保险制度的意见（试行）	2015.10	基本照护保险
上饶	关于开展长期护理保险试点工作实施方案	2016.12	长期护理保险
成都	成都市长期照护保险制度试点方案	2017.02	长期护理保险
上海	上海市长期护理保险试点办法	2016.12	长期护理保险

资料来源：根据各地的政策文件整理。

从长期照护保险制度的保障对象、筹资来源、待遇给付形式等基本内容出发，梳理和比较各地长期照护保险的实践特点。按照《意见》的要求，制

1　杨菊华、王苏苏、杜声红：《中国长期照护保险制度的地区比较与思考》，《中国卫生政策研究》2018 年第 4 期。

度覆盖人群以参加职工基本医疗保险的人员为主。除国家规定的人群外，青岛、南通、上海还把城镇居民基本医疗保险参保人群纳入保障范围。

从筹资来源看，各地也有差异。青岛全由医保统筹基金划转，上饶、上海和成都三地的资金来源除了医保统筹基金划转外，还包括单位缴费和个人缴费。南通的不同之处在于财政补助代替了单位缴费，医保统筹基金划转和个人缴费同样包含在内。[1] 从各地待遇支付具体做法来看，主要依据参保人年龄、缴费时间、失能程度或护理等级和护理服务类型来评定。报销比例各地差异明显，其中青岛、上海报销比例较高，南通较低。待遇给付形式基本都以服务和现金为主，其中青岛和南通只提供服务形式。见表 6–2。

表 6–2　部分地区长期照护保险参保、资金及给付情况一览表

地区	保障对象	资金筹集	给付形式
青岛市	城镇职工基本医疗保险、城乡居民医疗保险参保人员	医保统筹基金划转	服务
南通市	市区范围内的职工基本医疗保险和居民基本医疗保险的参保人员	个人缴费、医保统筹基金划转、财政补助	服务
上饶市	城镇职工基本医疗保险参保人员	个人缴费、单位缴费、医保统筹基金划转	服务、现金
上海市	本市职工基本医疗保险、60 周岁及以上的城乡居民基本医疗保险的参保人员	职工医保：个人、单位缴费 居民医保：个人缴费、财政补助	服务、现金
成都市	城镇职工基本医疗保险参保人员	个人缴费、单位缴费、政府财政补助、医保统筹基金划转	服务、现金

2016 年国家提出建立长期护理保险制度，先后在全国选取了两批市区

1　杨菊华、王苏苏、杜声红：《中国长期照护保险制度的地区比较与思考》，《中国卫生政策研究》2018 年第 4 期。

进行试点，各地试点实施的长期护理保险制度差异化明显。经过四年试点，试点城市越来越多，而国家并没有制定统一的制度实施标准，“长期护理保险法”的制定仍未提上日程。德国、日本实施长期护理保险制度都经过多年的准备，在厘清了制度性质、确定了制度资金来源和目标人群并颁布《长期护理保险法案》[1]的前提下开展。我国的长期护理保险制度仓促上阵，制度的效果和可持续性有待观察。

（二）政策执行过程的权责博弈

1. 管理的部门政治

从2013年以来国家提出医养结合的养老服务新模式，发展养老与康复、护理相结合的养老服务。这牵涉到卫生、发改、住建和中医药等行政主管部门，这种碎片化的管理给政策制定和协调带来了很大困难，各方在利益博弈中降低了效率、损害了公众的利益，也阻碍了制度的有效实施。从政策制定、执行和管理上看，养老保险政策是由人力资源和社会保障部门制定，但缴费与待遇发放由社会保险机构执行管理。养老服务政策主要由民政部门牵头制定，但是待遇标准的制定和发放牵涉发改委、财政部门、老龄办等多个部门。

普通养老机构归民政部门审批和管理，社区居家养老服务由老龄办组织实施，医疗卫生服务机构归卫生部门认定和管理，医保报销由社保部门管理。由普通养老机构转型的，有机会获得政府一次性建设财政补贴和运营补贴，但由医疗机构直接转型为“医养结合”型养老机构的却不能得到任何补贴。

1　20.1994年德国联邦议院颁布《长期护理保险法案》，1997年5月和12月《护理保险法》分别在众议院和参议院获得表决通过。2000年4月1日，日本《护理保险法》正式实施。

原本为医保定点的医疗机构转型后基本上还具有医保定点资质，但普通养老机构转型后的医保定点困境却很难有实际上的突破，即使在理念和政策层面上有所认同。[1] 比如，我国对养老场所的消防问题要求很严，所在市区政府部门进行检查，因为所属不同层级政府，每次检查的人和内容不一样，可每次整改的都一样，但每次都有新要求，对新建养老机构的要求更高，不停整改。

2. 官僚体制的层层加压

我国公共服务供给遵循自上而下、强制性的决策机制，公共服务的供给是按地方政府的意愿和偏好来提供。事实上，医养结合服务供给一定程度上是上级行政命令代替公众的实际需求。从政府组织内部的控制权来看，医养结合养老服务的试点推行形式属于行政发包制。在行政发包制的制度框架下，医养结合养老服务试点的目标设定权来自中央政府。各级政府落实中央政府工作的决议，通过委托—管理—代理的方式，各级政府层层传导政策、层层压力加码，贯彻中央的政策意图。我国医养结合服务政策正是在这种“压力型决策机制”下，从上级政府到下级政府，把政府的目标和责任通过行政手段，一级一级往下摊派和施压，将工作逐级安排下去。首先，中央部委对省市中级政府整体的评价体系中，医养结合占很大的分数，与官员本身的政治前途紧密挂钩。其次，民政局社会福利处与卫健委在政策制定的过程中明确把责任细化分配到各个县区，要求每个县完成一定数量的医养结合养老服务中心的建设，并确保基层卫生巡诊覆盖到 80% 的街道和社区，50% 以上的养老机构能够为老年人提供医疗服务，老年人的签约医生服务覆盖率达 70%

1 黄佳豪:《关于“医养融合”养老模式的几点思考》,《国际社会科学杂志(中文版)》2014 年第 1 期。

以上。[1]而区县又把压力进一步转嫁到乡镇及街道，这样压力被层层传导下去。政治锦标赛的一个显著特征是官员的激励效应的逐级放大，即所谓的“层层加码”。[2]再次，基层政府出于政绩及完成任务的自我加压。市县增长计划对于省级目标的加码，“层层加码”体现在政府层级越低，其制定的增长目标越高。在检查验收前的实际操作阶段，基层政府拥有充足的行政自主权，但负责干部却缺乏相匹配的养老战略眼光及统筹安排。在考核压力下兴办医养融合养老机构，引入社会力量发展养老，导致基层政府片面追求数量，忽略经济运行规律与地方基本现状，造成目前养老资源大量闲置，医疗服务跟不上老人日益增长的医疗需求的养老困境。最后，基层接收上级压力的重复。在中级政府层面，医养结合养老服务的实现需要各个部门通力合作，但由于各部门之间的沟通渠道并不太顺畅，加之各个部门面临的上级考核不相同，导致不同的政府部门向下层层加压和分解指标也不同。

近年来各级政府出台众多养老利好政策指导养老服务市场的发展，鼓励社会力量投入养老事业、提供养老服务。政策的导向和宗旨是好的，但落地困难。比如 2013 年国务院发布的《关于加快发展养老服务业的若干意见》，在土地财税方面的政策难以落地，原则性规定多而缺乏细则。社区服务几乎都是细小的具体事务，需要具体而微的政策，而基层缺乏动力出台这些执行性政策。例如，南昌市政府对民办养老机构财政补贴政策中，根据床位数和运营进行租房补贴，每个床位补贴 2 000 元且一次性到账，按实际入住老年人人数，每个老年人每月补贴 300 元，共补贴 3 年。但机构必须要有消防合格证才能拿到这个补贴，南昌市 50 多家社会养老机构，具备消防合格证的

---

1 南昌市人民政府：《关于印发南昌市居家和社区养老服务改革试点工作实施方案的通知》(洪府厅发〔2017〕63 号)，2019 年 11 月 11 日。http://www.nc.gov.cn/ncfzggw/mzly/201911/bc4a813e0af34fc282f10b1397bf24a9.shtml，2019 年 5 月 30 日。

2 周黎安：《中国地方政府公共服务的差异：一个理论假说及其证据》，《新余高专学报》2008 年第 4 期。

寥寥无几。

3. 运动型治理导致政策搁置或流产

运动型治理制度以政治动员来打断、叫停官僚体制各就其位、按部就班的常规机制，通过自上而下的各类运动方式调动资源和注意力来追求某一目标或完成某一特定任务。[1]而在中国老龄化程度急剧加深的趋势下，中央大力支持推行医养结合养老服务的试点工作。在中国经济体制下，存在着中央集权与地方治理之间的深刻矛盾，而运动型治理是针对这一矛盾及其组织失败和危机而发展起来的应对机制。[2]在我国现行政治体制下，由于地方政府官员换届、调动、提拔等变动影响政策的执行，政府官员的变动对政策的影响巨大，每个地区执政的、每个部门主管的领导对该地区、该部门的工作重点和工作思路存在差异，甚至上一任领导推行的政策因换了主管领导而搁置或直接“流产”。

三、医养结合服务供给的资源匮乏与分散

我国“以居家为基础、以社区为依托、以机构为支撑”的社会养老服务体系做到了分层分类的目的，但没有明确政府在该体系中的责任和角色定位。社区居家养老服务到底由谁来买单还未理清思路，是市场性收费服务、政府提供部分资金服务外包，还是政府通过购买服务形式承担服务费用？在多元主体的多层次养老服务模式中，政府是重要的主体，其责任的界定落实关乎养老服务的供需平衡和养老模式的健康发展。现代政府改革浪潮中，政府从

1　欧阳静：《论基层运动型治理——兼与周雪光等商榷》，《开放时代》2014年第6期。

2　周雪光、练宏：《政府内部上下级部门间谈判的一个分析模型——以环境政策实施为例》，《中国社会科学》2011年第5期。

治理型政府向服务型政府转变。在公共服务领域政府制定相关政策法规来指导规范市场行为，采用税费优惠、项目拨款、特定补助等财政支持政策鼓励社会力量参与提供服务。在养老服务制度实施过程中的权责、财责落实时，纵向不同层级政府之间和横向同级政府各部门之间的责任不明、定位不清。在不同养老服务模式中，政府的责任主要体现在对机构养老的政策扶持和财政支持上。

我国的医疗资源和养老资源历来是割裂而分散的，资源分布在不同的机构，分属于不同的系统。我国老年服务资源主要来自政府、企业、非营利组织、社区、家庭和个人。政府主要提供政策支持、财政补助，建立公办养老机构等；企业建立民营养老机构，提供盈利性的养老服务，建立商业保险公司提供保险；非营利组织提供老年护理和生活服务等，志愿者、义工提供生活照料、精神慰藉等志愿服务；社区组织邻里互助、时间银行和社区养老服务中心等；家庭和老年人自身是养老资源的主要提供者，包括经济支持、生活照料和亲情慰藉等。

（一）财政制度的差序格局

我国在公共服务供给中形成的格局表现为差序格局。从地区层面观察，越发达的地区公共服务供给越丰富、服务质量越高；从城乡差异看，国家在公共服务供给中，以城市为中心向外不断扩散，越远离城市享受的公共服务越少。同样，在不同性质的服务主体之间也存在资源利用的不平等，公办机构享受政府优惠政策，而私人营利机构却较少享受相关政策利好。

1. 财政资源分配的地区差异化

我国东西部地区的经济发展不平衡，地区间财政资源差异明显。从调查的城市来看，南京市由于经济较发达，老龄化程度相对较高，地方政府的意识也较强、理念更新。南京市的医养结合实践在全国排在前列。南京市在医养结合的实践中，充分利用医养服务资源来提供高质量、全方位的服务，机构招聘各专业人才，整合服务及管理团队。南京市医养结合养老服务中，政府的主体作用较显著，政府购买服务覆盖城市每个社区。2018 年南京市开始进行居住区适老化建设和改造工作，采用政府补贴、产业引导和业主众筹等方式对社区公共场所的坡道进行改造、家庭内卫生间扶手进行安装等。推进医养结合为社区失能老年人设立家庭病床，建立巡诊制度。而南昌和海口同样作为省会城市，由于经济发展和地方财政资源有限，社区医养服务供给缺乏。政府在社区的财政投入较低，在社会组织的培育和支持方面投入不足。因此，中西部地区市场提供的医养结合服务较充分，而政府和社会组织在医养结合服务供给的作用明显较弱。

从城乡医养结合服务的发展来看，我国政府对城市的养老服务设施的投入和相关支持政策较丰富，城市养老服务社会化程度较高，服务供给充分、服务水平较高。在城市社区的政府购买服务方式发展和培育的社会组织发展迅猛。而农村地区养老服务发展缓慢，政府在老年服务等基本公共服务方面的投入有限，基础设施薄弱，供给主体稀少。政府在城乡之间的财政投入差别明显，相关保障措施优先从城镇实施，财政转移支付制度仍然是走“城市包围农村”的路子。

2. 不同供给主体资源利用失衡

（1）不同性质机构实施差别财政政策

机构医养结合的突出问题是不同性质的机构存在差异，公办公营机构一床难求，个别公办福利院等待入住人数几百甚至上千。而民营机构的运营状况并不乐观，床位利用率明显低于公办机构。从调研情况来看，公办养老机构有政府的支持，相对来说运营方面并不困难，但由于体制机制不灵活的弊端，存在定位偏差、示范性不够等问题。当前我国各层次养老机构分布不合理，主要集中在高低两端，满足中低端收入的养老机构数量少，应将养老机构由“哑铃形”调整为更加合理的“橄榄形”分布。由于国家政策导向和政策支持倾斜，不乏有些大资本投入建设“大而全、虚架子”的医养结合机构，实际上并没有真正理解什么是医养结合，也无法提供真正的医养结合服务，这最终将导致亏损倒闭而浪费资源。

（2）社区资源呈区域化特征

社区发展存在地区差异、城乡差异和社区间差异。第一，从地区差异看，经济发达地区的社区居家服务相对较多，服务内容和服务水平较高。经济欠发达地区社会组织发展落后，政府财政支持有限，社区居家养老服务发展缓慢且层次低。比如从南京和南昌、海口对比来看，南京市政府购买社会组织提供社区居家服务，开展了家庭养老床位和社区虚拟养老院，社区居家服务的服务项目和内容更加丰富。而南昌市和海口市的政府购买社区居家服务较少，并没有真正落实到位。第二，相比城市来说，农村社区居家养老只是美好的愿景，农村社区居家养老服务主要体现在亲戚邻里的互助，政府和社会的主体责任并未体现。农村失能、失智老年人迫切需要的上门医疗服务、生活照顾在农村社区基本处于空白。第三，同一城市新老城区的社区之间的居家养老服务也存在明显差异，对服务内容和服务方式需求不同。新建城区或开发区往往有超前规划设计，新建小区有预留居家服务所需空间，社区有比较完备的居家养老服务设施，并且以年轻人为主，老年人较少。老旧城区的社区空间狭窄，无法安排相关配套设施和服务场地，受空间限制社区居家养老服务开展困难。南京市秦淮区和江宁区在社区居家养老服务方面差别明显。江宁区的社区一般都有集体资产，比如 SF 社区所辖的居民小区有场所，小区免费提供两间房屋给 ×× 居家养老服务中心作为服务站点开展居家养老服务。秦淮区的FL山庄和SMK社区购买社区附近的社会组织提供居家服务，社区和居民小区没有服务站点工作场所。

（二）老年护理人才的稀缺与流动性

从全国来看，养老服务业缺乏专业医护人员，且人员流失现象严重，护理人员年龄结构偏大且学历层次偏低。目前养老机构聘请的医生基本上都是退休返聘或是医学院校的年轻毕业生，由于晋升空间小、薪酬待遇低，离职率较高。因此，医养结合机构面临着吸引力不足和人才流失率高的困境。[1]

1. 护理人员短缺、流动性大

养老企业除“招不到”老年照顾者之外，“高流失”给老年服务机构造成了高人力成本，给机构带来了很大的运营压力。在养老服务的劳资关系中，普遍关注被服务者的权利与福利，少有人关注提供服务的老年照顾者在工作场域中面临的风险。养老服务的高风险、高责任是留人难、流动性大的重要因素。老年照顾者在工作中经常面对诸多工作风险，如性骚扰、肢体攻击、恐吓威胁和交通安全等问题，照顾者时常处在充满危机与无尊严的服务情境中，这就会产生养老行业照顾者高流动性的困境。在面对人口高龄化社会所需大量照顾服务人力的困境，如何提升照顾服务者的劳动条件、薪资水平来吸引更多劳动力投入照顾服务工作，以保障高龄者的照顾需求，这有赖于政府积极规划完善的老年福利政策落实和福利社区化的理念。

已有研究文献大多从需求与供给两方面对照，关注养老服务人员缺乏，老年护理人员缺口大，护理人员普遍年龄大、文化素养低。访谈中机构负责

1　李凤月、董申琪：《基于供需视角对上海市医养结合机构的调查分析及对策研究》，《中国卫生事业管理》2017年第9期。

人说得最多的是难招人，合适的、有技术的护理人员更是难上加难，往往招来也很难留得住。养老行业护理人员不稳定、流动性大是普遍现象。不稳定的主要原因是待遇低、社会地位低，因此，是否能留得住人，除了待遇薪水合理，更重要的是工作氛围和环境。感情留人往往能起到重要作用，管理者尤其是院长的态度要平易近人，把护理人员当作家人看待。

2. 专业照护人员数量和质量难以满足需求

我国养老服务人员总数不足，具备专业护理技能的人员不足 10 万，目前我国失能、半失能、失智和残障老年人总数超过 4 000 万，按照每位护理人员照顾 3~5 个老年人的标准，需要的护理人数是 800~1 200 万，而目前我国老年服务从业人员只有 100 万，具有老年护理资格的专业护理人员不到 30 万，这个缺口需要很长时间去填补。那么怎样解决这么庞大的老年人口的护理问题呢？目前 5 000 万需要照顾的老年人多数居家养老，机构照顾占比很低，再加上我国未按照国际规定每位护理员负责 3~5 个老年人，有些护理人员甚至要照看 10 个老年人。

医养结合服务供给中长期照护涉及医疗护理和生活照料等多方面的内容，长期照护的持续性和连续性的特点要求跨学科、跨专业的合作。老年长期照护除了要有医生、护士、康复师等专业技术人员外，还应包括社会工作者和志愿者等多学科成员。[1] 在现代老年照护中，强调照护者之外的协调人员、相关沟通者和个案管理者以及维护老年人健康与权利的代言人和保护者等。[2] 沈洁提出需要极早确立一个“全民皆护理”的观念，也就是“通过每一个人的力量来支撑老年人的照顾护理问题，更重要的是通过全社会的力量来开创

1 宋岳涛、杨兵：《老年长期照护》，中国协和医科大学出版社，2015，第 16 页。

2 王海霞：《老年护理学》，同济大学出版社，2008，第 126 页。

我们面临着的人生百年的新时代。[1]

我国养老服务准备不足，没有预先进行长期人才战略规划，导致养老市场上具有老年学理论、保健知识和护理能力的服务人员稀缺，健康管理人才储备不足，且缺乏系统、专业化培训体系和人才管理机制，造成整体的行业人员供给紧张。[2]据相关研究估算，2020年我国大约需要老年相关医师100万名，其中老年医学科医师至少2万名；注册护士至少160万名，其中老年医学科至少3万名；康复治疗师、护理员各需近400万名。[3]江苏省的养老机构专业护理人才目前有3万人，到2030年左右全省老年人口比例将超30%，养老服务岗位将达80万个以上。可以预期，专业护理人才缺口在未来十年内会越来越大。

3. 养老服务人才培养断裂

在多种因素的合力影响下，我国城乡养老服务需求增长迅速，在养老服务提供上，政府一直以来承担着兜底的责任，主要提供低保、“五保”老年人的养老责任。如此造就了庞大的老年服务市场，民营资本涌入提供养老服务，而在养老服务市场上的服务提供者以农村劳动妇女和下岗女工中的“4050”（四十到五十岁）人群为主要群体。医疗技术的进步和经济的发展使人民的健康状况普遍得到提高，预期寿命不断增长。总体来看，我国养老服务队伍呈年龄偏高、学历偏低、接受能力弱等特点。

2011年，民政部就出台了《全国民政人才中长期发展规划（2010－2020）》，计划到2020年，培养合格养老护理员600万人。在国家的引导下，

1　沈洁：《养老护理政策的目标》，《社会保障研究（北京）》2014年第1期。

2　邓大松、李玉娇：《医养结合养老模式：制度理性、供需困境与模式创新》，《新疆师范大学学报（哲学社会科学版）》2018年第1期。

3　张要茹、金真：《浅析我国医养结合人才队伍建设》，《中国人口报》2019年4月25日第003版。

全国范围的医学院校和职业院校纷纷增设相关专业，办学热情高涨。然而，与之相反的是招生工作遇冷、生源严重不足。2014 年的一项调研发现，全国 45 所开设老年服务与管理专业的院校中，有 10 所院校没有在校生，10 所学校在校生人数少于 50 人。邢台一所高等专科学校计划招生 50 人，最后却只招到 1 名学生。招进来的学生大多不是第一志愿报考，绝大多数是调剂的或是第二三志愿，学生的专业认可度低、学习热情不高。老年护理专业毕业生的岗位流失率高。据北京社会管理职业学院老年福祉学院杨根来教授的了解，第一年的流失率达 30%，第二年为 50%，第三年为 70%。造成这么高的流失率的主要原因是老年护理服务与管理相关岗位工作时间长、劳动强度大、社会认同低、工资待遇差等。

初期养老服务人才的培养主要是在实践中进行，辅之以机构内部培训等。2010 年以来，高等院校中医学院校纷纷开办 4 年制的本科学历层次健康服务与管理、老年护理等专业，培养了一批老年健康服务相关的专业人才，但学历培养周期较长，且实践经验缺乏。近年来，职业院校开展养老服务大专、中专层次的培养注重了实践层面的操作学习，但招生并不乐观。因此，提升我国职业教育和老年服务专业教育的社会认同任重道远。更深层次的问题是院校培养的养老服务人才主要面向机构养老，而针对社区老年服务和居家服务的人才培养基本处于空白。

（三）服务需求与质量评估标准差异化

2016 年《第四次中国城乡老年人生活状况抽样调查》的成果显示，全国失能、半失能老年人约 4063 万人，占老年总人口的 18.3%。这些老年人都是长期照护刚需人群，如何满足这部分老年人的需要已是摆在我国面前的一大难题。在现有的长期照护资源下，精准供给是有效利用资源并实现有效需求的唯一办法。如何做到精准服务，前提是对老年人失能程度和等级的评估，准确划分需求层次并以此制订供给计划。目前我国各地的失能评估标准随意化、主观化，服务质量不尽人意，对服务质量的监管难以到位。

1. 服务需求等级评估标准未统一

2016 年全国开始医养结合试点，各试点地区医养结合服务机构在巴氏量表的基础上制定失能等级评定标准，但失能等级评估并未形成全国标准。

成都市统一了成年人失能评估量表（ADLS），评估细则中的评估问题有 28 个，每个问题的选项有 7 条，每条描述的失能程度不同得分也不同，见表 6–3。

表 6–3　成都市量表总评定结果分级标准

<table>
<tr><th colspan="2">能力等级</th><th colspan="2">等级标准</th></tr>
<tr><td colspan="2">完好</td><td colspan="2">ADL 完好，B、C 亚量表均为能力完好</td></tr>
<tr><td colspan="2">轻度</td><td colspan="2">ADL 轻度受损，B、C 亚量表均为能力完好或轻度缺损</td></tr>
<tr><td rowspan="3">中度</td><td>中 1（轻）</td><td>ADL 中度缺损</td><td>B 或 C 亚量表为轻度缺损或能力完好</td></tr>
<tr><td>中 2（中）</td><td>ADL 中度缺损</td><td>B 或 C 亚量表为中度缺损</td></tr>
<tr><td>中 3（重）</td><td>ADL 中度缺损</td><td>B 或 C 亚量表为重度缺损</td></tr>
<tr><td rowspan="3">重度</td><td>重 1（轻）</td><td>ADL 重度缺损</td><td>B 或 C 亚量表为轻度缺损或能力完好</td></tr>
<tr><td>重 2（中）</td><td>ADL 重度缺损</td><td>B 或 C 亚量表为中度缺损</td></tr>
<tr><td>重 3（重）</td><td>ADL 重度缺损</td><td>B 或 C 亚量表为重度缺损</td></tr>
</table>

被调研的机构多数是在巴氏量表基础上适量增减或细化来制订本机构的评估量表。南通市成人日常生活活动能力评估量表中包含 10 个问题，每个问题有两种或三种选择，被评估对象根据自身情况选择最接近的选项。评分结果为满分 100 分，根据分值总分划分失能程度和相对应的照护程度。总

分≤ 40 分为重度依赖，全部需要他人照护；总分 41~60 分为中度依赖，大部分需要他人照护；总分 61~99 分为轻度依赖，少部分需要他人照护；总分 100 分为无需依赖，无需他人照护。见表 6–4。

表 6–4 南通市成人日常生活活动能力（ADL）评估量表（Barthel 指数）

项目	得分	活动能力具体说明
1. 进食	0 5 10	需要极大帮助或完全依赖他人，或留置胃管； 需要部分帮助； 可独立进食
2. 洗澡	0 5	在洗澡过程中需要他人帮助； 准备好洗澡水后，可自己独立完成，但洗澡过程需要他人帮助
3. 修饰	0 5	需要他人帮助； 可自己独立完成（洗脸、梳头、刷牙、剃须等）
4. 穿衣	0 5 10	需要极大帮助或完全依赖他人； 需要部分帮助； 可独立完成（穿脱衣服、扣扣子、脱鞋袜、系鞋带等）
5. 控制大便	0 5 10	完全失控； 偶尔失控，或需要他人提示； 可控制大便
6. 控制小便	0 5 10	完全失控，或留置导尿管； 偶尔失控，或需要他人提示； 可控制小便
7. 如厕	0 5 10	需要极大帮助或完全依赖他人； 需要部分帮助； 可独立完成（去厕所解开衣裤、擦净、整理衣裤、冲水等过程）
8. 床椅转移	0 5 10 15	完全依赖他人； 需要极大帮助； 需要部分帮助； 可独立完成

续表

项目	得分	活动能力具体说明
9. 平地行走	0 5 10 15	完全依赖他人； 需要极大帮助； 需要部分帮助； 可独立在平地行走 45m
10. 上下楼梯	0 5 10	需要极大帮助或完全依赖他人； 需要部分帮助； 可独立上下楼梯

海口市 PQ 养护中心是一家专门收住失能、失智老年人的民营连锁机构，其总部在长沙，北京和海口也有分支机构，集团内部制定了成人日常生活自理能力评估量表。见表 6–5。

表 6–5　海口市 PQ 养护中心日常生活活动能力（ADL）评估量表（Barthel 指数）

评估事项	评分	程度选项
1. 进食	__分	10 分，全面自理
		5 分，需要部分帮助（夹菜、盛饭等）
		0 分，依赖他人，或有留置营养管
2. 洗澡	__分	5 分，准备好洗澡水后，可独立完成洗澡
		0 分，在洗澡过程中需要他人帮助
3. 修饰	__分	5 分，可独立完成
		0 分，需要他人帮助
4. 穿脱衣服	__分	10 分，全面自理（也包括系扣 / 鞋带、拉拉链等）
		5 分，需要部分帮助
		0 分，依赖他人
5. 大便控制	__分	10 分，可控制大便
		5 分，偶尔失控（每周 <1 次，但每周 >1 次），或需要他人提示
		0 分，完全失控
6. 小便控制	__分	10 分，可控制小便
		5 分，偶尔失控（每周 <1 次，但每周 >1 次），或需要他人提示
		0 分，完全失控，或留置导尿管

续表

评估事项	评分	程度选项
7. 如厕	___分	10 分，能自己到厕所及离开
		5 分，需要部分帮助（需要他人搀扶去厕所，需要他人帮忙冲水或整理衣裤等）
		0 分，依赖他人
8. 床椅转移	___分	15 分，自理（从床到椅子，然后回来）
		10 分，需要大量帮助（1 人）或指导
		5 分，需要大量帮助，或 2 人或 1 人熟练 / 强壮的人帮忙
		0 分，完全不能完成
9. 平地行走（45m）	___分	15 分，可独立在平地行走 45m（可用辅助工具，如拐杖）
		10 分，需要一人帮助其行走
		5 分，在轮椅上独立活动
		0 分，完全不能完成
10. 上下楼梯	___分	10 分，可独立上下楼梯（可辅助工具，如拐杖）
		5 分，需要他人帮助完成
		0 分，不能完成
总分	分	
评价结论：___级 0 级能力完好：总分 96~100 分　　1 级轻度依赖：总分 75~95 分 2 级中度依赖：总分 46~74 分　　3 级重度依赖：总分≤ 45 分		

注：（1）进食是指用餐具将食物由容器送至口中，咀嚼、吞咽等过程；
（2）修饰指洗脸、刷牙、梳头、刮脸等；
（3）穿脱衣服指穿脱衣服、系带、拉拉链、穿鞋脱袜、系鞋带等；
（4）如厕指包括去厕所，解开衣裤、擦净、整理衣裤、冲水。

2. 医养结合服务质量评估体系尚未建立

我国医养结合服务实施几年来，不管是中央政府还是地方政府更多的是强调服务总量，如医养结合型结构数和护理床位数等。例如，2016 年 6 月民政部发布的《民政事业发展第十三个五年规划》强调，“重点发展医养结合型养老机构，增加养护型、医护型养老床位，提高养老服务有效供给。到2020年每千名老年人口拥有养老床位数达到35~40张，其中护理型床位比例不低于30%。”[1]

2000年以来，政府陆续出台文件促进养老服务业向规范化、标准化发展，有利于加强养老机构的规范化建设。2013年民政部在《关于推进养老服务评估工作的指导意见》中明确界定了养老服务评估的定义和重要性，强调要完善评估指标体系和评估流程，这个文件对规范养老服务质量具有纲领性作用。2014年1月民政部等5部门发布了《关于加强养老服务标准化工作的指导意见》，进一步强调养老行业标准和市场规范的重要性，提出养老服务标准化的总体要求和主要任务，为推进标准化建设做出相关保障措施。从近几年的养老政策内容可以看出，中央和地方政府开始关注重视养老服务质量问题，但并没有给出一个具体的措施来加强养老服务质量，这方面仍是短板。

1　李唐宁:《民政事业“十三五”:重点发展医养结合型养老机构》,《中国医院院长》2016年第14期。

第七章　医养结合服务供给的整合治理路径

上一章分别从组织、政策和资源三个方面对医养结合供给困境进行了详细的阐述，如何应对碎片化、解决医养结合供给的障碍，整合是最佳工具。整合按整合的强度由弱到强分为连接、协作和完全整合。连接是最低层次的整合，专业服务者了解服务对象的需求并提供服务连接，但并没有组织间和专业间的合作。协作是中等程度的整合，将不同层次的服务协调起来，协调不同系统的责任范围和服务的使用，通过建立机制和流程来解决系统间的混乱和不连续问题，但仍然需要分立的系统组织。完全整合是最高层次的整合，通过成立新的组织掌控所有资源，构建信息平台。

整合需要满足一定的条件，在达成最高层次目标之前，可通过结构性机制和程序性机制的设计，提高医养结合供给的连贯性。[1]公共服务供给的整合要素包括整合的主体、整合的客体和整合的方式。医养结合服务整合主体既包括政府主体，也包括市场主体。在医养结合服务发展不同阶段，政府和市场的主导作用不同，医养结合整合以谁为主导要分阶段分情景来看。在发展初期，供需市场信息不对称、市场发育不健全时，政府要发挥整合的主导作用。而在医养结合发展的较完善阶段，供需市场较均衡，医养结合服务以需求为导向，其发展以市场为整合主体，政府以监管为主。在政府发挥作用

1　刘德浩：《长期照护制度中的政策协同：基于荷兰的政策启示》，《中国劳动》2019 年第 10 期。

的领域，整合的主体也以政府为主导，比如，政策的制定、服务的监管、人才的培养等。对于医养结合服务资源的配置与整合应以市场为主体。

本章针对我国医养结合服务供给碎片化的问题，从组织协作、政策连接和资源整合三个维度提出整合的路径，最终达成构建社区整合照护闭环供给模式的整合目标。如图 7–1 所示。

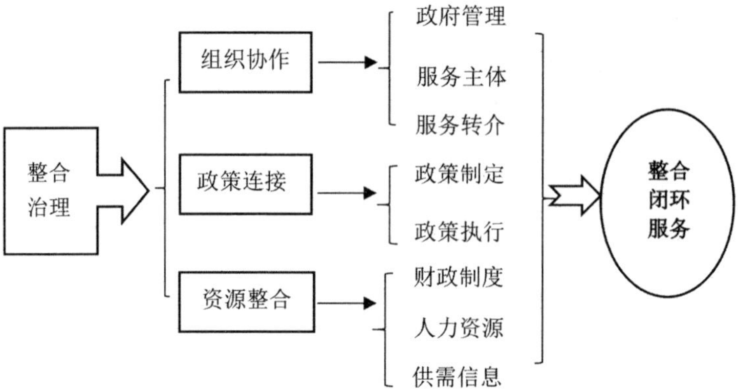

图 7–1　整合治理路径

一、医养结合供给的组织协作

我国医养结合养老服务多元主体的整合管理要以政府为主导，强化政府责任和财政投入，鼓励社会各种力量参与，实施集约化管理，发挥集成效应。[1] 根据 5As（assess,advise,agree,assist,arrange）原则，设立跨部门的协调机构，实现“医”和“养”的有效合作，设立医养结合领导小组办公室，跨越机构间障碍，使其根据发展需要，在资源分配、组织控制等方面加强相互沟通与

1　钟仁耀、候冰：《社区居家养老服务质量提升研究》，《中国养老服务发展研究报告（2018）》，华中科技大学出版社，2018，第 234 页。

协调，达成机构间的协作。[1]另外，从中央部委层面进行改革，改变以往医疗服务由卫生部门管理、日常生活照护由民政部门和老龄办管理的分割体制，实行对照护服务的统一管理。中央和地方分工明确，发挥支持与配合的协调一致性。

（一）管理联动与功能整合

老龄问题涉及的部门众多，各部门各自解决很难做到无缝衔接，需加强政府的干预和职责。随着新一轮的政府机构改革，由统一的部门来管理和协调各相关职能，使之相互整合以提升服务的效能。[2]早在 20 世纪 90 年代，邬沧萍教授高瞻远瞩地提出，要建立一个综合管理和协调的专职部门，以监督和协调各项工作。[3]

1.“大部门制”的功能整合

如何实现多元化的医养结合服务主管部门整合？要健全医养结合管理机制，首先要明确职能部门在医养结合服务方面的职责范围，以减少部门分割、职责交叉重叠造成的浪费，更要避免推诿和责任落实不到位的问题。加强各职能部门间协同合作，消除部门壁垒，增强政策的一致性和可操作性。还应明晰服务提供机构的定位，建立健全评估制度和准入、退出机制。

2015 年 11 月，国务院办公厅转发国家卫生计生委等部门发布的《关于推进医疗卫生与养老服务相结合指导意见》中提出了政府的引导作用，规定了各部门在医养结合中所负责的工作并强调了加强组织领导和部门协同。这

1　郑瑜君：《海南“医养结合”的社区养老模式探析——以“恭和苑”为例》，广东外语外贸大学硕士学位论文，2017，第 51 页。

2　周沛：《基于“增进民生福祉”的制度性福利与服务性福利整合研究》，《东岳论丛》2018 年 5 期。

3　邬沧萍：《邬沧萍自选集》，中国人民大学出版社，2007，第 567 页。

种垂直领导的行政管理模式导致分裂的、各司其职的惯性管理，组织间要真正协同合作需要有一个更高层次的管理机构来调配资源，进行顶层设计。我国的大部制改革做了很多尝试，如部门管辖内容分类调整、相似业务合并、成立综合性的管理机构等。为解决好人口老龄化问题，全国老龄工作委员会于 1999 年成立，统筹协调全国老龄工作。2018 年 3 年，国务院机构改革方案进行了大规模的调整和重组，组建国家卫生健康委员会。2019 年 1 月的全国民政工作视频会议上，黄树贤部长透露国务院批准民政部单独设立养老服务司。国家的这些改革举措是为了解决养老服务管理碎片化问题。

在中央的领导下，各地方政府也在改革探索如何提升行政效率。南昌市 2017 年 3 月成立了南昌市领导小组，由常务副市长任组长，加快推进居家和社区养老改革。从“顶层设计”着手“自上而下”地改革，具有权威性，能够加快政策的推广进程，有效降低行政成本。[1]但是养老服务必须以老年人的需要为导向，加强相关职能部门沟通协调，推出接地气、有成效的政策措施。政府主管部门的整合问题，对相近业务和功能的政府部门进行合并。如整合民政、卫健、老龄办等机构的老龄事务管理功能，在卫健委组建健康老龄处。社区照顾制度是英国最有特色的养老制度，英国形成了完善的社会照顾体系。英国整合照料成功的关键是加强顶层设计，成立新的卫生部作为卫生保健的管理机构，其下设不同的机构负责地区和地段卫生事业。整合后减少了服务流程，服务效率大大提高，降低了行政成本，医疗和护理等服务之间的衔接更加紧密。[2]

养老服务发展落脚点要体现出老年人真正得到了多少服务与对获得的服

1 毕天云：《大福利视阈下的中国社会福利体系整合研究》，中国社会科学出版社，2016，第 210 页。

2 程哲：《整体治理视角下广西医养结合养老服务研究》，广西师范大学硕士学位论文，2018，第 7 页。

务感受如何。从养老服务的市场提供、服务可及性的角度要解决当前存在的制度碎片化和管理碎片化难题，“十三五”期间政策重点是要加强府际合作，畅通部门协调沟通渠道，作为一种过渡手段，省级范围内可建立部门联席会议制度，打破过去各自为政、互相扯皮的局面，提高行政效率和制度效应，给广大群众提供公平、便捷的公共服务。从长远看，最终破除身份碎片化，实现制度统一和城乡一体化。

2. 设立领导机构联动管理

当前养老保障政策的出台、管理、经办和监督都高度集中在行政部门，是典型的政府集权组织管理模式，加之各省市各自为政，不利于共享机制的建设。未来必须真正站在国家治理的高度加以优化，改革路径应当由中央政府主导，立法机关、行政机关、司法机关与经办机构各司其职、各负其责，让代表不同群体利益的工会、残联等社会组织，以及企业等市场组织参与其中，建立确保各方主体有效参与，维护全体人民利益的共享机制，以化解各地区不平衡不充分之间的矛盾。[1]

形成工作协调机制，设立领导小组及常设办公室。领导小组由党政主要领导任组长，负责召集会议，党政相关部门参加，由于领导者的层次和规格较高，其组织协调能力较强，而且由主要领导参加，一些需要协调其他部门解决的重大问题能取得比较满意的效果。[2] 而由于日常事务的繁杂，必须要设置一个日常办事机构，例如“南昌市医养结合试点工作办公室”，其主要职责有：（1）根据各级党委、政府对医养结合试点工作的总体要求，提出具

1　周雪光、练宏：《政府内部上下级部门间谈判的一个分析模型——以环境政策实施为例》，《中国社会科学》2011 年第 5 期。

2　李栋林：《财政视角下的新型城镇化建设绩效评价机制研究》，《山东社会科学》2015 年第 7 期。

体的工作方案；（2）负责政策推行过程中相关部门的联络、协调和督查；（3）组织和指导南昌市医养结合试点相关专题的研究；（4）对医养结合服务机构进行培训和指导，对各地医养结合试点情况进行调研，总结典型经验并进行推广；（5）负责搜集、整理医养结合试点所需数据资料，编制相关评价报告；（6）负责接收基层政府与社会组织的信息反馈，总结整理后向领导小组传达。

建立横向和纵向联动机制。横向上，市政府应以市民政局为牵头，协调市卫健委、人社局，互通有无，资源共享，围绕“试点工作办公室”展开工作。同级的各部门应明确，目标与方向是一致的，但因为各方掌握的信息与资源不同。如果无法联动运作，各自为政，基层政府与社会组织向上反馈信息与办理事务时，容易遭遇“踢皮球”现象。纵向上，市民政局与各区县民政局的沟通反馈机制必定要畅通有效，要建立数据的动态监测机制，基层政府获取信息的时效性最强。在机制建立初期，要收集齐全各县区现有的养老机构、居家养老服务中心的规模、建设情况、运行情况，形成数据；后期运行需要构建信息收集平台，组织调研小组，定期更新数据，保持信息平台的时效性；畅通基层政府向上传递信息的渠道，加大信息化建设投入，提高电子政务建设速度。

由于信息的共享无法达到百分之百，所以获取的数据必须保证其真实性与准确性。因此，完善的监督机制是必要的。监督机制要以信息收集平台为依托，使基层政府定期上报制度与上级政府不定期检查机制相结合。

（二）构建供给主体协同机制

医养结合服务主体包括医疗保健提供者、养老服务提供者、非政府社区服务提供者、雇主、政府、家庭和志愿者等群体，但他们的努力往往不够协调。参与主体必须能够协同工作并获得所需的资源。[1] 如果注重各主体之间的协作关系，明确各自的责任范围，更好地确保不同层次服务的充分供给。随着老龄化纵深发展，老年人服务需求呈现总量的增长和需求层次的多样化，只有通过政府的力量调动和整合各种社会资源，才能保障服务的有效供给。比如江苏省人民医院与栖霞区政府合作，建立四级康复医疗服务体系。

养老服务作为公共服务的重要组成内容，要体现公共品的特性就应做到城乡公平和区域公平。作为社会管理的一个重要组成部分，养老服务的管理应从整体的结构视角去规制和审视。李兵提出效率老龄化的概念，为解决人口老龄化带来的经济社会问题，老龄部门联合相关部门，通过制度创新和行政能力培训来提高老龄政策制定和贯彻落实的效率，以较低的成本获得较好的效果，从而避免政策失灵。[2] 医养结合涉及的管理部门多，处于“多龙治水”状态，这样容易出现责任推诿、行政工作效率低，从而阻止医养结合的发展。针对这种状态首先要尽快明确医养结合的管理主体，发展初期采取确定牵头部门，建立跨部门协同平台机制，如青岛市医养结合联席会议制度，南京市江宁区医养协作联盟，河南省以医疗机构为主导建立的医养协作联盟。

首先，需建立“政府主导、各方参与”的协同机制，有效整合各主体的力量，实现养老服务供给效益最大化。从“医”的方面看，我国已经实施医疗联合体制度（下文简称“医联体”）进行医疗资源整合。2017 年 4 月国务院提出建立多种形式的医联体。医联体是医疗资源上下贯通、双向转诊的重要渠道。通过建立不同级别、不同类别医疗机构分工协作机制。医联体成为服务、责任、利益、管理共同体，有利于破除行政区划和投入与支付等方面

1 Ann Bookman , Delia Kimbrel. “Families and Elder Care in the Twenty-First Century”， The Future of Children:Work and Family, vol.21, no.2,2011, pp.117-140.

2 李兵：《全球老龄化的挑战：人口学如何重塑 21 世纪的世界》，《人口研究》2003 年第 2 期。

的壁垒和障碍，实现区域内医疗资源有效共享，达到“1+1 > 2”的效果，提升医疗服务体系整体效能。[1]

其次，建立协调的责任共担机制。解决各个主体共同提供养老服务的协调配合问题，明确责任划分，加强主体之间的相互配合，形成合力的分担机制，实现责任共担。在养老服务提供中，政府、社会和家庭需分清服务边界。无论是“9073”还是“9064”模式，政府主要对低保、贫困和失能老人承担责任，提供兜底服务，家庭在养老服务中仍然起主要作用，居家养老依然是主流，机构养老主要负责的是那 3% 或 4% 的部分，也就是需要专业护理的那部分老人。这就需要对需求进行评估，建立信息共享平台，避免信息不对称而导致的供给不足、供给过度和供需错位等现象。

再次，家庭和社会组织在养老服务提供中发挥着重要作用。家庭是多功能的社会共同体，家庭是重要的福利提供者，无论是经济保障方面还是服务提供方面，家庭的基础地位无可替代。养老对机构服务越依赖费用越高，而家庭的作用越大则总体费用越小。[2] 由于家庭结构的变迁，家庭养老的作用有所弱化，社会组织承担了部分养老责任，社会组织在养老服务提供中具有多方面作用，筹集资源包括资金和服务、慈善救助和架接桥梁。养老服务供给主体的多元化为老年人的不同需求提供了丰富的资源和渠道。同时，由于多元主体易引起分散和重叠的风险，削弱供给的“合力”，所以政府需要一个强大的、独立的、有能力的志愿与社区部门，政府期望与它成为合作伙伴，以递送公共服务并提高社区的参与性。[3] 专业人员合作机制是服务成功推进

1 《专家解读：建设医疗联合体是推进分级诊疗制度的重大举措》，《中国政府网》，2017 年 5 月 11 日。http://www.nhc.gov.cn/yzygj/s3594q/201705/12bebaa7cd5a47389e1569b0121ca2b5.shtml，2019 年 5 月 31 日。

2 李珍：《关于完善老年服务和长期护理制度的思考与建议》，《中国卫生政策研究》2018 年第 8 期。

3 马丁·鲍威尔：《理解福利混合经济》，钟晓慧译，北京大学出版社，2011，第 111 页。

的基石，以服务使用者为中心的照顾，更需要专业间的彼此合作与整合，随着长期照顾需求的增加，专业间合作更趋重要，不同角色妥善分工，达到相互的信任并且发挥服务的整体效能。

最后，明确公办养老机构的定位。我国公办养老机构的重要职能是对“三无”和“五保”老年人提供兜底性服务，使贫困弱势老年人实现了老有所养。由于公办养老机构对社会老年人开放，造成“一床难求”的局面，一定程度上使真正需要获得免费或低费养老服务的贫困老年人被排除在外。公办养老机构的公益性主要体现在为弱势、贫困老年人服务，使养老服务均等化惠及到最需要的人身上，达到公共服务人人享受的目标。老有所养是每个公民应有的权利，要现实这个基本人权，必须对公办养老机构进行改革。

制定相关政策加强公办养老机构的公益性，以此减少养老服务市场的“失灵”。民办养老机构偏好提供简单、风险小的养老服务内容，而对于要求一定技术含量的专业性长期照护服务鲜有提供，这就造成养老服务市场供需失衡，刚性需求难以满足的问题。要解决养老服务“市场失灵”问题，必须依靠政府这一有形的手进行宏观调节，采取相应政策措施，强调公办机构的公益本性，主要接收失能、半失能和失智老年人，履行政府“兜底”责任对“三无”和“五保”老年人实行免费，对低收入、经济困难的老人实行低费。政府是公共服务供给的重要提供者和安排者，公共服务供给的兜底责任应该由政府来承担。[1]

（三）“医”“养”服务无缝转介

老年人群体在年龄、身体状况、文化水平等方面存在个体差异，所以其对服务的需求也就有所不同。这就要求我们构筑一个多层次的服务体系，针

1 陈娟：《政府公共服务供给的困境与解决之道》，《理论探索》2017 年第 1 期。

对不同身体状况、不同文化水平和不同服务需求的老年人提供不同的照料、康护服务项目。

20世纪60年代，以英国、法国为代表的欧洲国家，提倡“就地老化（ageing in place）”的观念，根据就地养老的理念推行社区和居家照护政策。照护模式由以机构式为主转变为以社区为基础的居家照顾模式，各种社区服务形态如日间照料中心、喘息服务、居家护理康复和居家生活照料等相继发展。熟悉的生活环境和生活记忆是老年人心里留恋的东西，近年来中国重视并强调社区养老重要地位，在社区设计和规划理念里考虑了老年人因素，城市社区的适老化居住环境的改造都充分体现了社区照护的作用。

1. 服务方式无缝转介

机构养老一度成为发达国家追捧的养老方式。在工业社会经济快速发展的同时，传统农业社会的劳动模式和家庭结构被打破，妇女们纷纷走出家庭进入职场，参与社会劳动和职业分工。妇女家庭照顾的角色逐渐削弱，幼儿被送进幼儿园，老年人的生活起居主要靠自己和配偶，子女和其他家庭成员是辅助。老年人进入高龄阶段身体衰弱，容易失能，导致自我照顾能力丧失。在这种情况下，老年人虽不情愿但仍然要被送往养老机构。老年人从半失能进入失能是一个过程，这个过程有慢有快，对不同身体状况和护理状态其失能化过程有长有短，但其中有一个最佳的康复期。

大病手术后的老年患者需持续地护理，而失能老年人需要专业的康复服务。因此，机构和医院之间应进行无缝衔接，实现资源、信息共享。所以需要专业护理和康复的老年人从医院直接进入机构，医院的医生和机构的护理人员进行沟通与工作对接。但是目前医养结合资源大多集中在大型养老机构和医疗机构中，新成立的机构往往朝着高端、大而全的方向发展，目标人群是高收入和高标准需求的老年人。而对于中等及以下收入水平的老年人的需求难以满足。因此，为达到供需平衡实现资源利用的最大化，政府鼓励打造小型化、专业化、品牌化的医养结合机构。目前，对于重大疾病手术后的、癌症晚期的、失能和失智等这些专业护理刚需人群，迫切需要专业的照护、康复训练和临终关怀，而机构照护是最适宜的选择。

许多临终老年人生活自理能力差，卧床时间长，缺乏临终关怀服务支持，因社会照料缺失得不到专业的护理服务，生命质量堪忧。癌症晚期和临终老年人得不到疼痛控制，还要忍受疼痛折磨与摧残。1988 年，我国成立首家临终关怀研究中心。2016 年，《“健康中国 2030”规划纲要》明确要求为老年人提供安宁疗护服务。2017 年 4 月国家卫计委（现为卫健委）启动全国安宁疗护试点，选取了 5 个市区作为首批试点；2019 年 5 月启动第二批试点，明确指出了临终关怀提高生命质量的目标和对临终患者疼痛控制及其家属心理支持等服务内容。医养结合机构设置一间专门的临终关怀室，不仅安抚被关怀的老人也能避免刺激机构内其他老人。为了减轻痛苦、维护生命尊严，给进入生命倒计时阶段的老年人转入临终关怀室，与其他老人分开，避免影响其他人的情绪。临终关怀做得好的话，可以让老年人不惧怕死亡，让其他非临终期的老年人认为死是件很幸福的事。理想的养老机构能解决死亡的问题，让老年人不惧怕死亡并能坦然面对。

每个人都希望在这个世界走过之后能够“善终”，传统意义上的“善终”就是希望生命自然老化而终结。现代医学技术发达，人的寿命不断延长，“善终”的愿望就是从容、安详、有尊严地告别这个世界。临终期老人身心日益衰竭，恢复健康已毫无希望，精神和肉体上忍受着双重折磨，针对这样的老年人应该倡导安宁疗护。安宁疗护不应局限于组织提供的服务场域，安宁疗护不是一个地方，而是提升照护品质的人性关怀理念。[1] 失能老年人

1 龙纪萱、李依臻：《护理之家实施安宁疗护服务措施之研究》，《台湾卫志》2018 年 6 期。

的长期照护是持续性的，老年医学和安宁疗护需要同时进行，直到生命结束方得以终止。对于癌症晚期患者，我国的临终关怀严重缺位，对临终老年人只是采取药物镇痛等医疗手段，并没有充分的人文关怀、亲属抚慰等临终关怀服务。

民政部、财政部先后于 2016 年、2017 年分两批开展居家和社区养老服务改革试点。社区照护建立在对现有的非正式资源和正式资源的“盘点”上，对资源的亲疏次序进行系统整合使用，为社区老年人提供多层次的照护服务网络。[1] 如图 7–2 所示。

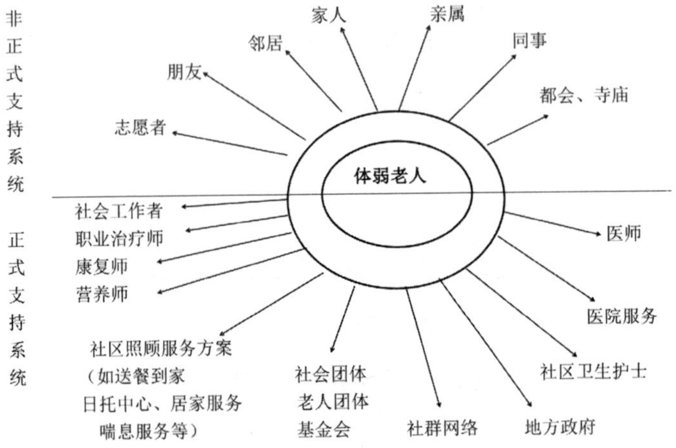

图 7–2　社区老人的支持系统

资料来源：根据陈燕祯《老人福利服务：理论与实务》（2018）整理修改。

Shinkai 和 Yoshida 提出，以疾病治疗为基础的护理模式必须转变为以功能改善为基础的护理模式，以实现健康老龄化的目标。[2] 通过建立以老龄人

1　陈燕祯：《老人福利服务：理论与实务》，华东理工大学出版社，2018，第 318 页。

2　Shinkai S,Yoshida H,Taniguchi Y. “Public health approach to preventing frailty in the community and its effect on healthy aging in Japan” ,vol.16 ,no.s1,2016,pp.87−97.

群需求为中心的综合关怀服务体系，为老年人提供所需的支持环境和照护，尽可能改善其内在能力和功能发挥。Wiles 和 Leibing 研究发现老年人的普遍偏好是继续留在原社区或家中享受服务，社区或家庭有安全、维持联系和亲密的好处，可以使他们更有认同感和自主性[1]。我国香港地区在社区照顾方面积累了很多可供学习的经验，对于体弱和自理能力较差的老人，政府提供包括社区照顾居家服务与住宿照顾服务在内的长期护理服务。

在社区医养结合的筹资方面，首先应坚持政府的引导地位，建立和完善医养结合的政策和保障制度，各部门之间要通力合作，共同致力于为医养结合发展创造良好的外部环境。社区居家医养结合服务符合健康老龄化的养老理念，能够为老年人提供综合性、经济性、便利性、持续性的健康照护。社区居家照护服务解决了大多数老年人的照护需要，也是未来老年照护服务体系最重要的组成部分。

国家和省级建设补贴资金的大部分用于资助大型医疗机构和养老机构建设，对社区医疗在人财物投入欠缺，医疗设施不完善，用于补贴居家社区养老服务设施建设也相对不足。近年来，国家加大力度，采取各种措施让医疗资源下沉基层，医养结合政策的导向是将医疗服务延伸到社区，推动社区居家健康养老。有专家提出“医养结合”的痛点在“医”不在“养”，“医养结合”在社区养老和居家养老中问题最大。[2]社区医养结合服务要实现突破，关键因素是医疗康复服务。各类医疗资源如果不能下沉到社区，社区居家服务所需的医疗资源不能引进并丰富起来，那么医养结合只能是一厢情愿的美好愿望，根本无法实现。

---

1 Wiles J L,Leibing A,Guberman N,Reeve J,Allen RE. “The meaning of “aging in place” to older people” ,Gerontologist,vol.52,no.3,2012,pp.57–66.

2 朱恒鹏：《医养结合的痛点在医不在养》，《中国财政》2017 年第 24 期。

2. 社区和居家服务相互渗透

家庭病床服务模式投入成本低，是更多居民能接受且乐意接受的一种服务模式，便捷的同时又减轻了居民负担，有效实现了医疗资源的优化配置。其主要服务群体是社区家庭病床患者，是一个综合性卫生服务系统，对家庭医生的能力要求较高。家庭病床服务对象多为老年慢性病患者和老年康复患者，医护人员在服务过程中需主动与签约家庭沟通联系，秉着定期上门、连续观察、随时服务的原则为社区每位居民提供及时有效的医疗康复护理服务。社区家庭医生责任制度具有上门服务、全面服务、一对一指导、跟踪服务的特点，深入社区、定期上门服务，使居民便捷、有效地获得卫生服务且费用低廉。[1] 家庭病床服务的方便、连续和经济的特点有效避免了入住医院带来的烦琐的手续、片段的服务、过高的费用等问题。更大的好处是家庭病床使病人在熟悉的环境里接受治疗，与家人的联系是不间断的。同时家庭病床收费低，报销比例大，可减轻患者家庭的经济、精神和照顾负担。家庭病床服务在一体化的医养结合模式中起到重要的桥梁作用。[2]

人们对于社区服务有着天然的向往，希望在家门口就能享受到所需要的服务，但是医疗服务和生活服务往往是分开的，医疗服务是专业性强的服务，要去专门的医疗机构才能获得相应的服务。在老年人尤其是高龄老年人的社会服务中，医疗服务和生活照料很难完全区分，行之有效的社区服务是医疗服务和社会照料的有效连接。当前强调大健康理念，医疗也是大医疗范畴，完整的医疗服务分为预防、诊治和康复的系统过程，分工更加细化。普通意义上的医疗服务强调治疗，住院时间日趋缩短，专业治疗之后病人送回社区

1　万和平等：《“机构－社区－居家”养老格局下医养结合模式探索》，《中国卫生资源》2018 年第 1 期。

2　金国庆：《家庭病床发展困境及其对策研究——以上海市为例》，华东理工大学硕士学位论文，2014，第 13 页。

进行康复护理，社区内照料分担部分医院照顾。为了更有效地转介，在制定相关政策和服务计划时，需由牵头部门对医疗服务和社会服务一起考察，联合制订计划。持续需要医疗服务和社会服务的患者通过联合投资计划得到更为一体化的服务。[1]我国社区居家养老服务的设施、内容、质量与现代养老服务业发展要求差距较大。

上海长宁“三站合一”社区医养结合新模式，让社会养老机构资源辐射社区和居家，把卫生服务站、护理站、养老服务站整合起来相当于“升级版”的社区医养服务设施。社区卫生服务站提供诊断、治疗、药物配发、体检等服务，颐家护理站提供高龄老人居家上门照护服务，居家养老服务站为老人提供养老、家政和陪护等服务。为社区老人提供“诊疗—康复—长期护理”的连续服务模式，实现了医保联网结算，弥补了社区医疗资源的不足，一站式服务满足了老年人“医康养护”的一体化需求。

3. CCRC 整合照护理念

19 世纪中期，美国的持续照料退休社区模式（即 CCRC）是一种复合式的养老社区，为退休老人提供一站式服务和配套生活设施，对服务人群和服务内容精细划分。CCRC 的特征是按照老年人健康状况和需要医疗护理的程度分为自理型、介助型和介护型三类。根据不同类型老人安排相应的居住区域，当身体状况发生变化时，本社区内进行转换。

英国引入 CCRC 的理念，探索整合照顾养老模式。基于整合式照护服务的思路，为了提高照护服务的连贯性，建立以被照料者为中心的照护服务协调机制，如设立案例经理、组建照护服务信息平台等，以协调不同服务供给

1　迈克尔·希尔：《理解社会政策》，李秉勤、贡森译，商务印书馆，2003，第 221~222 页。

主体的行为。[1]英国政府给社区配备医生、护士、社会工作师和心理师等形成专业队伍，推行医疗照顾和社会照顾的整合，整合照顾理念由此在英国形成。[2]

日本在借鉴美国 CCRC 经验的基础上进行了本土化的创新，形成了日本的 CCRC 模式。通过机构“住宅化”和“社区化”改革，日本的 CCRC 模式具有小型化、养老机构住宅化的特点。自 20 世纪 80 年代开始，日本新的住宅秉承通用设计理念、已有住宅进行适老化改造，日本的住宅真正成为“一生之住宅”。[3]日本在 2014 年进行的长期照护保险改革，进一步丰富社区支持项目，加强医疗服务和长期照护服务合作。建立长期照护项目合作支持计划，促进医疗服务和长期照护服务合作。

CCRC 理念被引入中国后，有大资本投入开发养老社区，但目前仍然是探索阶段。无论是一站式养老社区还是连续性护理退休社区，其目的是给老年人提供一个全能型的生活空间，以老年人的特征和需要为导向，提供连续性、便捷性和人性化的服务，给予老年人充分的尊重并维护其尊严。

二、医养结合供给的政策连接

在相关政府部门决策整合的基础上，统筹做好各类老年照护服务的政策制定与政策执行工作。通过政策细化、政策衔接、部门协商的方式，推动老年照护服务在市场准入、机构建设、资金投入、政策优惠、管理标准等方面

---

1 刘德浩：《长期照护制度中的政策协同：基于荷兰的政策启示》，《中国劳动》2019 年第 10 期。

2 赵晓芳：《积极老龄化视角下的“医养结合”：英国的经验与启示》，《社会福利》2017 年第 5 期。

3 上海市老年基金会：《老有所养——上海养老服务模式探索》，上海人民出版社，2015，第 12~14 页。

实现政策上的相互协调与顺利实施。[1]

（一）政策制定和执行过程的组织谈判

1. 政策制定的垂直惯性

在中国规模庞大的等级组织中，上级部门通过行政指令（或政策）的机制指导规定下级部门的工作部署以实施其组织目标，中央政府（或者有关部委机构）制定的政策指令在不同地区或部门贯彻落实有着相当程度的一致性，即中央政府的政策一统性。

以 2015 年国务院发布的《关于推进医疗卫生与养老服务相结合的指导意见》（下文简称《指导意见》）为例，《指导意见》发布后，各省政府为了完成上级下达的政策目标，随后纷纷出台省级“关于推进医疗卫生与养老服务融合发展的实施意见”，提出建成一批兼具医疗卫生和养老服务资质的医疗卫生机构或养老机构（下文统称“医养结合机构”）的目标。各市级人民政府根据省级文件精神又出台了“推进医疗卫生与养老服务融合发展的实施方案”，里面的指标大致与省政府出台的文件一致。对比中央、省、市三级政府出台的三个文件，有些指标从上到下都是统一的，如开设绿色通道率、养老机构提供多样服务率等；有些指标是省级政府制定的，如巡诊覆盖率、医生签约覆盖率。在国家统一的方针政策框架下，各地遵照执行。在政策传导的过程中，各级政府在贯彻上层要求的同时，又对下级政府提出了新的要求。

2. 政策执行的内部谈判

医养结合政策困境应该通过怎样的行动加以解决？下文将通过委托方与

1　梁誉、林闽钢：《论老年照护服务供给的整合模式》，《中共福建省委党校学报》2017 年第 7 期。

代理方之间谈判过程的一个序贯博弈模型，对政府科层组织内部谈判问题加以分析，以寻找消解困境的行动基础。[1]

首先我们来理清医养结合政策执行过程中涉及的主体有哪些。国家民政部是这一领域中的最高行政机构，由地方政府的省民政厅、市民政局、区民政局依次构成。分析重点是市民政局和省民政厅之间的谈判关系。在组织结构矩阵中市民政局受制于双重关系：（1）在横向上，它接受当地政府（即市政府）的管辖，即“块块关系”；（2）在纵向上，它接受上级职能部门即省民政厅的领导，是“条条关系”。中国政府的组织结构规定，地方民政局接受上级职能监督机构的技术指导和相关指令；同时，它接受地方政府的行政领导，而后者控制着属地各职能部门的财政预算、人员编制和晋升流动等。显然，与上级职能监督机构相比，当地政府与市民政局有着更密切、直接的权威关系。下一层次的区民政局同样面对着区政府行政领导和市民政局职能指导的双重关系。

科层组织内部谈判，实质是不同的信息拥有方进行博弈的过程。与上级政府部门相比，下级部门拥有更多的地方性信息和技术处理能力，这使得它们在与上级政府部门进行合法性申诉和互动中有着更大的谈判能力，在有关资源分配、考核标准、工作负荷、责任分担等方面的讨价还价，过程中拥有更大的谈判空间。由此不难理解，尽管政府内部存在着正式科层结构和行政权威，组织内部的谈判现象普遍存在且十分盛行。市民政局接受市政府与省民政厅的双重领导，并且与同层次的市卫健委等涉及部门联系密切。在医养结合政策的执行过程中，上级监管机构——省民政厅、市政府在选择和影响谈判过程的博弈中有着主动权，而对代理方——市民政局及相关部门而言，只能在随后的执行过程中采取相应的策略应对之。

1 周雪光、练宏：《政府内部上下级部门间谈判的一个分析模型——以环境政策实施为例》，《中国社会科学》2011 年第 5 期。

在应对上级政府的压力时，代理方通常会先选择正式谈判博弈[1]，通过上报“私人信息”以增强说服力。但正式谈判博弈存在“一次性博弈”的弊端，谈判后委托方或接受或拒绝，此次谈判也就结束了，代理方只能接受结果，或者选择其他谈判模式。非正式谈判博弈[2]更加灵活，有助于延长谈判时间，多轮的讨价还价有利于增强代理方的谈判能力。例如，调研过程中走访的永康护理院，利用与县政府相关部门的熟识关系，办下了居民水电收费标准。院方表示，优惠政策早已出台，但迟迟办不下来，只得通过关系办下来。科层组织的非人格化与行政队伍的人缘化，导致正式谈判博弈无效，进而产生“准退出”选择，基层政府消极应对，导致政策落实不到位。调查实践地区普遍存在政策落实不到位的困境，充分体现了科层组织内部由于谈判博弈无效，造成的代理方不作为或消极应对的“集体无行动”。采取暗中调整、消极抵制等微妙的抵制方式削弱了组织正式权威的合法性和效率，从而影响了政策实施的有效性。

（二）加强老年福利制度的整合

财政转移支付的多头管理、重复设置和规则混乱是诱发公共服务供给碎片化的重要因素。因此，加强转移支付的顶层设计是改善公共服务供给碎片

1 正式谈判博弈：在政府科层组织结构中，下级部门（代理方）可以通过正式组织程序与上级部门（委托方）谈判，即以正式文本形式向上级监管机构提出解释、请示或者其他方面的请求；而上级部门随后会针对这些自下而上的请示通过批示、发文等正式交流渠道加以反馈。

2 非正式谈判：在非单纯的正式权力关系下，上级监管者和下属机构的互动常常发生在非正式场合，如在餐桌上、娱乐聚会或家庭访问时。这样的场合远离工作任务的科层环境和正式关系，谈判双方间的科层关系弱化，双方可以在非正式互动过程以非正式“轮流出价”方式进行讨价还价。在这一场景中，掌握更多信息的一方（即代理方）拥有更强的谈判能力。

化的重要制度选择。

1. 基本养老保险制度全国统筹

我国的基本养老保险制度待遇在不同地域、不同性质单位存在“碎片化”的差异，统筹城乡养老保险制度、进一步完善多层次的养老保障制度体系是消除“碎片化”的有力手段。尽管形式上的城乡养老保险制度整合已完成，但实质内容上的巨大差异却是不争的事实。特别是养老保障体系在不同地区、不同行业、不同人群中的差距短时期难以整齐划一，因此应着眼于化解根深蒂固、矛盾复杂的群体公平性和矛盾对立，找到简单不失公平、包容不乏激励的政策措施，以推进实质性的制度整合。具体而言，可将作为第一支柱的国民养老金作为养老保障体系的共享基础，推进养老保险全国统筹；提升第二支柱、第三支柱养老保险金的包容性与可携带性，化解全国统筹的制度障碍。[1]

2. 加强老年福利专项项目整合

对专项转移支付中目标接近、资金投入方向类同、资金管理方式相近的专项项目要进行分类清理、规范和整合，防止多个项目的交叉和重复立项，实现分类管理，减少公共服务供给的碎片化分割。[2]

我国社会保障发展经历了漫长的过程。制度整合不是单纯技术性的修修补补，而是要把相关制度整合起来。在整合过程中，要把城乡差距、地区差距、收入差距等现实问题考虑进去，对制度整合的资金缺口要有充分考虑。[3]我国是典型的未富先老国家，2018 年全国人均可支配收入只有 28 228 元，

1　周爱民：《当前我国养老保障制度改革的现状、面临的挑战及其对策探讨》，《湖南社会科学》2019 年第 6 期。

2　李利文：《国家财政体制变迁中的公共服务供给碎片化及其整体性治理》，《学习论坛》2020 年第 4 期。

3　景天魁：《普遍整合的福利体系》，中国社会科学出版社，2014，第 10 页。

因此必须整合资源、节约成本。

2016 年 8 月，民政部办公厅下发《关于在全国省级层面建立老年人补贴制度情况的通报》(民办函〔2016〕280 号），强调老年高龄津贴、养老服务补贴和失能老人护理补贴等政策力争在“十三五”期间在省级层面全覆盖。这三种政策的覆盖范围和享受对象有重叠，补贴互有交叉。我国针对老年人的补贴制度五花八门，目前有普惠型的高龄津贴、特惠型的养老服务补贴和失能老人护理补贴。高龄津贴是针对高龄老人实行的一种社会保障制度。高龄津贴的补贴范围首先是与年龄有关，大部分地区的年龄界限是 80 岁以上，部分地区是 90 岁甚至 100 岁以上，比如北京。也有部分地区以 70 岁作为高龄补贴的门槛，比如陕西和青海。除了年龄，户籍、收入和失能也是高龄补贴的重要依据。

截至 2019 年 2 月，全国 31 个省（自治区、直辖市）均已建立高龄津贴制度。[1] 高龄是指年龄大于等于 80 岁，高龄津贴一般按月发放领取，从全国来看，高龄津贴的发放一般分为三个年龄档次：第一档是 80~89 岁，第二档是 90~99 岁，第三档是 100 岁及以上。每个地区的标准不一样，北京市三个档次老人每人每月分别不低于 200 元、500 元和 800 元；成都市分别不低于 50 元、200 元和 500 元；南京市分别不低于 50 元、100 元和 300 元；南昌市分别不低于 100 元、200 元和 1000 元；海口市分别是 109 元、209 元和 609 元。

截至 2019 年 2 月，全国有 30 个省（自治区、直辖市）建立了老年人服务补贴制度。养老服务补贴制度是指对于低收入的高龄、独居、失能等养老困难老年人，经过评估后采取政府补贴的形式，为他们入住养老机构或者接

1　沈伯韩、李栋：《图表：我国 31 个省份均已建立高龄津贴制度》，《新华社》，2019 年 2 月 21 日。http://www.gov.cn/xinwen/2019-02/21/content_5367533.htm，2019 年 5 月 13 日。

受社区、居家养老服务提供支持的一种制度。[1]从已开展的老年人服务补贴制度来看，补贴范围主要涉及残疾、失能、低保、贫困、“三无”等特征的老人。各地根据老年人残疾或失能程度、当地经济发展水平和当地服务价格制定补贴标准。补贴标准从每人每月 30 元到 1250 元不等，最低的是山西城乡低保家庭中 80 至 99 周岁的老年人，每人每月补贴 30 元；浙江对一类补贴对象入住养老机构的，每人每年补贴 15000 元。2018 年成都市根据养老方式和能力等级不同对困难老人养老服务补贴标准为 50 元到 700 元不等。

从各地实施的失能老人护理补贴制度情况看，其对象涵盖经济困难、高龄、失能和空巢独居等，补贴标准从每人每月 50 元到 200 元不等。资金来源基本来自地方财政，其中上海比较特别，上海的护理补贴资金来源于城镇职工基本医疗保险。而北京的护理补贴资金由三部分构成，除了区级财政，还有市级彩票公益金和残疾人就业保障金。江苏省规定低保、低收入失能老人补贴每人每月 60 元到 100 元不等。[2]我国需建立多渠道医养结合筹资体系，在稳定长期护理保险制度外，建立老年人综合津贴制度也是可行之策。将现有老年人的各项补贴制度与残疾人两项补贴政策衔接，与免费乘车折算的金额整合起来，既避免了制度交叉和重复设置，又能提高制度效率。

截至 2018 年年底，全国各省市均已基本建立了“三大补贴”制度，但是各地区的制度规定各有差异。“三大补贴”制度是实现我国老年福利制度由传统补缺型向适度普惠型、常态化、制度性保障转变的重要举措。各地在中央统一要求的基础上，结合本地区实际，调整补贴政策，建立协调联动机制，在融合“三大补贴”制度基础上建立统一的老年综合津贴制度。

---

1 沈伯韩、李栋：《图表：我国 31 个省份均已建立高龄津贴制度》，《新华社》，2019 年 2 月 21 日。http://www.gov.cn/xinwen/2019-02/21/content_5367533.htm，2019 年 5 月 13 日。

2 苗津伟、马燕：《失能老人最低 60 岁可领补贴》，《中国江苏网》，2015 年 1 月 15 日。http://jsnews2.jschina.com.cn/system/2015/01/15/023340502.shtml，2019 年 5 月 12 日。

3. 统一长期照护政策

为有效提供长期照护服务，需要对各类不同的长期照护政策进行整合，建立一个综合性长期照护制度体系。我国在出台有关长期照护政策时，应对政策实施对象进行细化，明确细分受益失能老年人的失能类别，从而增强失能政策的针对性。各级民政、卫健、财政、房管、人社等涉及长期照护政策的相关部门应加强资源整合力度，加大宏观整合力度对社会救助、医疗卫生、社会保险等配套支持与服务政策。[1]随着我国医疗保险门诊统筹和医养结合制度的完善，建议将居家照护中的基本护理服务和与个人身体相关的照护服务纳入医疗保险支付范畴。[2]长期护理保险在初期阶段主要用于解决机构照护问题，为需要机构专业照护的重度失能人员提供专业化、全方位的照护服务。对于照护强度较小、专业化需求较弱的其他类型的照护服务需求者，发挥高龄补贴、低收入老年人服务补贴等救助性制度的作用，尤其要大力发挥家庭等非正式照护服务供给者的作用。日本的做法是将政府投入的老年人福利的一部分直接用来购买为老年人量身定做的养老服务，而不是以现金的形式支付或存入老年人的银行卡中。荷兰的医疗保险制度、家庭津贴制度、社会救助制度等都与长期照护制度密切相关，如何合理定位不同制度的角色功能，协调制度的运行是荷兰长期照护制度的难题，也是我国医养结合制度运行的最大难题。[3]日本的介护保险制度是将原有的老年人健保、老年人福祉和医疗保险制度合而为一，整合原有的各项介护措施，重新建立一个更符合

1 陆杰华、沙迪：《老龄化背景下失能老人照护政策的探索实践与改革方略》，《中国特色社会主义研究》2018 年第 2 期。

2 刘德浩：《长期照护制度中的政策协同：基于荷兰的政策启示》，《中国劳动》2019 年第 10 期。

3 刘德浩：《荷兰长期照护制度：制度设计、挑战与启示》，《中国卫生事业管理》2016 年第 8 期。

需求的长期照护保险制度。我国可以借鉴日本的这种整合措施，整合各职能部门的相应资金，形成统一支付体系，对社区居家养老康复机构给予整体的资金扶持。也有研究者认为将医养结合服务的相关项目纳入医保，发挥医保的支持保障作用，建立分梯次的老年护理保障经费支付体系。

三、医养结合服务供给的资源流动与整合

公共服务供给的基本要素包括政策、主体、对象和资源、服务内容、服务对象、服务提供者、财政制度和信息技术等，本书中把财政制度、服务提供者与信息技术归类为服务供给的资源。上文对我国医养结合服务供给存在的资源分散问题进行了详细的分析，整合资源是应对医养结合服务供给碎片文问题的重要内容之一。

（一）提高财政转移支付比例，整合医疗资源

老龄化社会是花费巨额医疗费的社会。这是笼罩着先进福利国家的阴影，老年人极易生病，又不易治好，需要最新的医疗技术与价格昂贵的药品。医疗费用支出乘着滚滚向前的人口老龄化波涛，势将加速激增。[1]

发达国家通过多种方式来减缓医疗支出的增长，譬如加强预防，通过增强国民的预防意识，及早防患于未然。国家增加公共卫生支出、减少疾病滋生环境和降低流行病的发生和传播，重视康复保健，加强大病后期的康复、营养和保健。对于生命临终的老年人加强姑息治疗，减轻身体的疼痛和维护精神的安宁。发达国家越来越重视疾病前的预防和治疗后的康复、安宁疗护，

1　日本经济新闻社编：《老龄化社会——无形的革命》，冯朝阳、王晓民译，新华出版社，1987，第 143 页。

极大地减少了医疗费用的支出，有效抑制了医疗费用的过快增长。

世界上部分国家正向超级老龄化迈进，中国也即将进入深度老龄化的阶段。各国因由经济发展、福利水平和政治制度的差异，目前国际上长期护理保险筹资模式主要分为三大类：一是以税收为主要来源的基本安全网模式、普惠式和累进制模式，二是社会保险模式，三是个别国家实行的长期照护津贴模式。中国2016年开展长期护理保险试点，主要采用社会保险性质的筹资模式。中国基本医疗保险资金结余随着高龄人口的快速增长而日益捉襟见肘，目前依附在基本医疗保险之上的长期护理保险，其资金的长期性、稳定性令人担忧。因此，建立多渠道的筹资机制是提供医养结合服务的重要保障。我国的老年财政政策名目繁多、资金分散、补贴标准低，造成利用的低效和浪费，建立制度化、稳定的筹资体系才是解决我国医养结合服务资金问题的内在要求和发展趋势。

1. 提高财政预算比例

根据国际标准，一个地区或国家的65岁及以上老年人口占总人口比例达到了7%、14%、21%，那这个地区或国家将进入老龄化社会、深度老龄化社会和超级老龄化社会。据杨燕绥团队的研究结论，到超老龄社会，老年长期护理费用占GDP比重将达到1.5%，医疗支出占10%。中国2035年将进入超级老龄化社会，护理费用的支出压力将会很大。要满足越来越多老年人医养结合长期照护的需求，需要国家、社会、企业和家庭共同承担责任，但是各自所承担的责任如何分配、资金从哪里来等问题要理顺，既要体现责任也要做到公平。老年人口是异质的，服务需求上有分层，服务供给上也要分层，不同供给主体针对不同需求方，供给也必然要求多元化。比如，进行年龄分层、经济状况分层、区域分层、身体健康状况、失能程度分层等。

实施非正规照护者津贴。家庭养老是我国的传统文化，老年人生病、失能主要是由配偶和子女照料。俗话说久病床前无孝子，何况在今天高速发展的社会，生活节奏加快，无论是城市还是农村，妇女已然进入职场，非正规照护者的照护与社会就业产生挤出效应，剥夺了其工作收入，因此加大了致贫风险。而我国针对非正规照顾者的社会保护政策几乎没有，需制定相关保护措施给予照护者津贴以减轻其经济压力。补贴标准可根据老年人需要护理的程度及各地经济发展和物价水平来制定，如南京市 2014 年 11 月出台对“五类老人”家庭照护给予照护者每月 300~400 元的补贴。

2. 实施分级诊疗，加强基层医疗

老年人高龄化与多重慢性病的增加，加大了医院的压力和医疗资源的紧缺。国家提出到 2020 年，建立以强基层为重点的分级诊疗服务体系，强调急慢分治，完善治疗—康复—长期护理服务链。我国的医疗资源分布不均衡，强基层是一项需要长期战斗的任务。为了提升基层医疗服务能力，调整优化医疗资源结构，需有效实施分级诊疗。我国的分级诊疗制度可借鉴台湾地区的整合医学照护制度（即 HP 制度）。2015 年台湾地区选取 9 家医学中心和 11 家区医院试点“专门负责一般医疗主治医师照护制度”。奖励医院设置专属病房，推行整合式病房。这就是后来的医院整合医学照护制度（hospitalist，简称 HP）。[1]HP 制度是结合跨专科医师，在固定病房由固定群组 HP 弹性排班专责照护住院病人，提供较及时有效的诊断及处置，有助于提升照护品质，减少医疗资源浪费。美国、英国等发达国家也因内科医师不足、高龄化病人增多，为了降低医院的成本并维持照护品质的目标下实施 HP 制度。通过研究发现，HP 可降低住院天数和加速病人流动提高服务生产率，改善病人照护品质，节约资源，推广最佳服务。因此，HP 在效率、总费用、财务等方

1　吴淑琼等：《建构长期照护体系先导计划——理念与实践》，《台湾卫志》2004 年第 23 卷第 3 期。

面具有明显优势。

家庭医生签约能更好地落实分级诊疗制度和全科医生制度，促进医疗卫生资源下沉增强基层服务能力。组建跨学科团队，在医护人员的基础上吸纳健康管理、心理咨询和社工等专业人员进来，提供综合的、连续的长期照护服务。随着我国慢性病呈现年轻化的态势，慢性病“井喷式”发展。慢性病具有非治愈性、长期性的特点，而中老年慢性病患者长期带病生存需要获得连续性、综合性和个性化的社区干预和便捷服务。2019 年 4 月 24 日，国家卫生健康委强调扩大家庭医生签约服务，从机构延伸至社区和家庭。家庭病床是慢性病管理的一种有效模式，通过社区个性化的照顾满足慢性病患者对医疗服务的需求。根据朱艳霞、杨宗瑜和周文佳对 325 例家庭病床患者的临床资料分析，93% 的患者是 60 岁以上的老年人，其中 80 岁以上的患者接近一半。[1] 由此可见，高龄老年人对家庭病床的需求很高，家庭医生及社区家庭医生助理在医养结合服务中作用巨大。

上海市建立以家庭医生制度为支撑的整合型健康服务，坐实与老年人“1 对 1”全方位的签约服务。开设的家庭病床超过 5 万张，为老年人提供居家医疗护理服务（医保支付），在机构、社区、居家开展安宁疗护服务。[2]

3. 财政“补供方”向“补需方”转变

政府财政支出由补供方转向补需方，由需求来创造供给而不是由供给来创造需求。有学者提出，可以通过老年津贴制度和医疗救助制度来解决弱势

1　朱艳霞、杨宗瑜、周文佳：《医养结合模式中家庭医生助理的作用》，《实用临床护理学杂志》2017 年第 2 卷第 40 期。

2　吴乾渝：《中国老年长期照护人员培养培训——上海实践》，在 2019 年 4 月 18 日中德日健康老龄化高端研讨会的发言。

群体长期照护的服务费用问题。[1] 例如美国 30% 的长期照护对象享受医疗救助，医疗救助是美国长期照护公共支出的最重要来源，承担了长期照护总费用的 40%，然后再逐步扩展为全覆盖的强制性长期照护保险计划。我国医养结合养老服务对象不仅包含失能、失智老年人，还包括相对健康和自理的老年人。医养结合服务覆盖人群是广泛的，而老年人又是异质的。对于全老年人群的长期照护服务费用问题，应着眼于长远规划，探索长期照护社会保险、商业保险、照护救助和照护津贴相结合的制度，建立政府、企业、个人多主体分担的、多层次的长期照护保障制度体系。以面向全体国民的长期护理社会保险为主体，以针对低收入老年人的长期护理津贴制度和面对高收入人群的长期护理商业保险制度为补充的多层次筹资体系。[2]

公办养老机构的资金来源一方面是政府拨款，另一方面是社会化运营部分的自收自支；公办机构的筹资方式主要是福利化和市场化。补供方的补贴方式也存在弊端，有限的补贴往往落实不到位。由于地方政策的临时性和主要领导的变动，导致政策落实困难，使补贴政策成为一纸空文。丁建定和陈薇也指出，由于缺乏刚性制约，政府对养老的财政投入存在随机性、未列入财政预算的问题，财政资源较多用于城市，农村居家养老服务资源匮乏。[3] 公办养老机构压力，主要是人力资本的问题。

政府加大力度促进养老事业的发展来应对人口老龄化，中央到地方各级政府通过养老政策实施优惠政策，包括税收减免、优惠，水电气等生活消费价格按民用收费，养老机构建设的一次性运营补贴和床位补贴等。各种优惠措施可谓是五花八门，但财政补贴都是“补砖头”，政府在老年照护服务领

1 张盈华：《老年长期照护制度的筹资模式与政府责任边界》，《老龄科学研究》2013 年第 2 期。

2 李志宏：《长期照护保障制度建设的路径选择》，《中国民政》2016 年第 17 期。

3 丁建定、陈薇：《论中国居家养老服务体系建设中的核心问题》，《探索》2014 年第 5 期。

域的资金投入以补供方为主，即大量用于建养老机构、补贴养老机构以及相关的公办服务机构，而作为需求方的老年人及其家庭并没有从中受益，老百姓对政策的感知和获益并未体现。

国家为鼓励社会力量参与养老服务、社会资本进入养老行业制定实施了各项鼓励政策，诸如税费优惠、减免，水电气价格与居民生活使用等，政府对机构养老的建设补贴、床位补贴等。这些制度措施都具有鼓励性质，是面向养老服务供给方的奖励措施。虽然鼓励措施对初期扩大供给起到了一定的积极作用，但是养老服务一味地强调供给，而需求市场并没有真正撬动起来，由于我国老年人的养老服务支付能力有限，实际上有效需求并没有得到满足。

供给侧单方发力只会导致供给过剩，需求侧的撬动才能使养老服务市场供需达到平衡，其有效办法是促进需求。改变目前财政“补供方”为“补需方”，加大财政投入释放老年人的有效需求。[1]专家也呼吁政策应该由“补供方”转向“补需方”，由“补砖头”转向“补人头”。补需方的效率要比补供方的效率高且更为公平。我国个别地区开展了有益的“补需方”探索实践，比如南京实施非正规照顾者补贴制度；成都市实施长期照护保险制度待遇支付主要用于居家服务，鼓励包括亲友、邻居在内的非正式照护者为失能老年人提供服务，长期照护保险给非正式照护者直接支付服务费。这个举措鼓励非正式照护的同时，也让被照护者和照护者体验到了最直接的获得感。

有研究者提出，中国老年慢性病家庭灾难性卫生支出风险较高且存在倾向于低收入家庭的不平等现象。政府应对老年慢性病人群特别是农村低收入老年慢性病群体提供系统性的经济风险保护，如建立慢病补助基金。[2]增强

1 钟仁耀、候冰：《社区居家养老服务质量提升研究》，《中国养老服务发展研究报告（2018）》，华中科技大学出版社，2018，第 237 页。

1 王中华、李湘君：《老年慢病家庭灾难性卫生支出影响因素及其不平等分析》，《人口与发展》2014 年第 3 期。

老年人应对疾病和失能风险最直接、最有效的办法是提高其收入。老年人的收入来源无外乎是养老金、经营性收入、子女孝敬和政府补贴等，最主要的来源是子女和养老金。对于疾病缠身或失能的老年人来说，医疗服务和照护服务支出巨大，往往处于入不敷出的境地。社会倡导敬老爱老、人人为老的美德，家庭在老年人的经济支持和照顾支持方面起到了主要作用，政府在加大老年福利支持的同时，应采取措施平衡城乡差距，重点解决城乡困难失能老年人的经济负担。加快养老金制度改革，提升企业退休人员的养老金水平，提高居民养老保险待遇，缩短城乡居民养老保险与城镇职工养老保险待遇差距，逐步建立全国统一的养老保险制度。

（二）创新人才培养模式，多渠道整合人力资源

老年长期照护服务需要综合型人才，涉及医疗、护理、康复、心理、社工、营养等多个学科。老年照护涉及管理、技术、护理三类人才，其中最紧缺且培养难度最大的是技术服务类人才。为应对多层次老年照护需求，需对养老护理员职业技术进行等级认定，在护理员和执业护士之间设立照护师。例如，上海实施长期照护保险后，产生了养老院医疗照护员这一新型职业，经过 2 个月脱岗培训后，其工资待遇是普通护理员的 2 倍。

要解决我国医养结合服务人员素质不高、专业性差、结构配置不合理等问题，需有长远规划。在发展初期要以职业培训为主，中长期要加强学历教育和职业认同，兼顾企业内训。从源头上来看，大力发展老年医学学科，培养医养结合养老服务专业人才。制定健康、养老相关行业标准和失能等级评定标准，建立社区护理和老年家庭护理人员培训体系，大力培养专业养老服务人才。鼓励支持现有医学院校申办健康服务与管理相关专业，支持新建健康管理职业学院培养养老照护专业人才。此外，积极发展职业教育和岗前培

训，鼓励获得相关专业资质的机构与政府相关部门联手，打通培养健康养老专业人才培养的通道。

1. 规划可持续的照护人才培养计划

人口老龄化给中国老年福利事业的发展带来了新的机遇与挑战，确保养老服务人才队伍是发展老年福利事业的重要保障，直接关系到养老服务的质量，关系到老年人的切身利益。我国养老服务大计中人才是关键，同时人才的培育至关重要。

长期照护已成为老龄化社会的刚需。中国老年医学学会会长范利接受记者采访时提出，“我国需要建立照护师职业制度，这是一种介于养老护理员和护士之间的社会职业，从而提高职业的社会认可度”。照护师的要求比较低，来源广泛，可以是不同文化层次、各行各业、不同类别人群。上岗前对其进行相关培训，主要是医学护理基础知识和老年人日常生活常识等内容。

国家层面推进养老服务相关专业教育体系建设，建立以能力和品德为主要考核方面的职称评价和技能等级评价制度。制定养老护理从业标准，照护师等级评定和相应薪酬标准配套，提高待遇和社会认可度。目前，医养结合发展处于初级阶段，医护人员不足问题突出，延伸出服务内容有限、服务质量有待提高的问题。要摆脱目前医养结合模式中医护人员短缺的问题，关键是人才的培养和服务队伍的稳定。

首先，培养多样化人才，加强岗位培训制度，建立在岗人员定期轮训和考核制度。针对目前我国养老护理专业人员严重缺乏的情况下，这种短平快的培训可有效解决燃眉之急。日本对照护人员学习提供贷款，通过再就业准备金贷款进行支持。对中老年没有照护经验者进行入门培训，培训结束后帮助其联系工作单位，进行全方位的支援。[1]

其次，吸引和留住人才，提高待遇水平和薪资结构。完善养老服务人员的薪酬管理制度，改善和提高养老服务人员的地位和待遇，建立系统的培训、晋升和管理机制。我国上海实施养老护理员持证激励政策，如招用持证人员奖（按养老护理员初级、中级、高级人数乘以市最低工资 20%、30%、50% 的标准给予奖补）、招用专技人员奖（按医护、康复、社会工作等专技人员数乘以市最低工资 50% 的标准给予奖补）。[2] 可以发放护理岗位津贴，采取老年服务人员职称晋升优先等政策，激励养老服务人员的工作热情，鼓励更多人员从事为老工作。[3] 日本从 2019 年 10 月开始，计划对管理层照护人员提供不低于其他行业的薪酬，重点放在有经验和技能的照护人员上，以进一步改善他们的待遇。[4]

最后，从长远发展来看，提升照护职业的吸引力，应建立养老护理人员人才库，合理配置人才资源。日本为了提升职业吸引力，为促进学生和家长、指导就业负责人等对照护工作的理解，举办了为理解照护的体验性活动，对年轻人、育儿人员、健康老年人发送有关照护工作的魅力的信息。[5] 这些做法值得我国借鉴，所以应加强职业宣传，提高国民对照护服务的认知和职业认同感。

1　田口勋：《为照护员工与照护服务利用者进行的照护一线的改革》，中德日健康老龄化健康高端研讨会的发言，2019 年 4 月 18 日。

2　吴乾渝：《中国老年长期照护人员培养培训——上海实践》，中德日健康老龄化高端研讨会的发言，2019 年 4 月 18 日。

3　沈婉婉、鲍勇：《上海市养老机构“医养结合”优化模式及对策研究》，《中华全科医学》2015 年第 13 卷第 6 期。

4　田口勋：《为照护员工与照护服务利用者进行的照护一线的改革》，中德日健康老龄化健康高端研讨会的发言，2019 年 4 月 18 日。

5　田口勋：《为照护员工与照护服务利用者进行的照护一线的改革》，中德日健康老龄化健康高端研讨会的发言，2019 年 4 月 18 日。

此外，医养结合需要包含医疗、护理、康复、社工等在内的专业人员，应制定各类人力合作模式，通过学校、再教育、在职进修或岗前培训等形式发展各类人才并研究如何留住此类人才在老龄服务中。根据老龄化发展趋势和需求服务的预测，了解当前养老服务从业人员数量、结构，制定人才培养计划和规划，开展地区间合作，实现人才资源跨地区共享，达到资源有效利用的目的。

2. 创新老年照护人才培养模式

首先在培训方式上，采取岗位内部培训与脱产研修相结合、集中培训与分散远程培训相结合、短期培训与中长期培训相结合、院校理论学习与临床实践相结合等方式，满足多样化的培训需求。[1] 利用“互联网 +”构建医疗健康教育培训云平台，构建网络化医学教育培训体系。组建虚拟学校，吸纳老年相关学科专业人才组成教学团队，提供多样化的在线课程，形成终身化的教育体系和终身学习的理念，培养全周期的为老服务的学习氛围，壮大养老服务人员队伍，提高服务质量。

其次在培养方式上，建立人才培养和输送机制，创新订单式培养方案，吸引具有职业医师及护理资格的人才进入养老服务领域，有助于提高养老服务的质量，解决“医养结合”人才紧缺的问题。在政府的指导下，为养老服务机构与当地的医科大学、职业院校建立长期人才培养机制，以“订单式”的培养方式输送专业养老服务人才。培养模式可以灵活多样，四年制本科高校的生源是普通高中毕业生，培养模式可以采取“短期见习 + 长期实习”的模式，在前两年的基础理论学习后，可以派学生去养老机构进行两个月的见习，大四整个阶段分派到各个合作养老机构实习，提前进入工作环节，主要

1 张要茹、金真：《浅析我国医养结合人才队伍建设》，《中国人口报》2019 年 4 月 25 日第 003 版。

目标是培养机构管理者。高职院校的培养目标是养老机构一线服务人员，招生对象可以是职业中学和普通高中毕业生，也可以是初中毕业生。针对不同的生源对象采取不同的学制培养方案，初中毕业生实行“3+2”的模式，前三年相当于高中阶段的学习，第四年学习专业相关大专课程，第五年是机构实习阶段。无论是本科还是高职培养，都遵循理论与实践相结合、侧重实践的教学宗旨。

3. 加大老年护理人员的培养

护理人员从事长期照护服务因服务场所的不同，所扮演的角色也不同。其中，在居家服务、护理之家和养护机构中是直接服务的提供者，提供技术性护理服务。在护理之家、养老机构等场所提供服务咨询、需求评估、与老年人家属拟定照护计划书、联结服务资源等的工作，这项资源管理与服务配置的工作也是社工或护理人员提供的，可称作照顾管理师。社区居家服务是最受欢迎的模式，社区资源整合提供医养结合服务是未来发展的方向。社区护理人员除了是服务提供者、个案管理者，还应该是资源管理者，在管理过程中评估个案和个案家庭的完整性需求并适时转介。作为资源管理师，需要具有协调功能，与长期照护各专业团队成员互相沟通与合作，以期通过服务的整合与有效的管理，确实满足接受长期照护服务者的需求。

基于此，在护理人员培养中，要打破过去着重培养直接服务提供者，而忽略了长期照护中需要的资源管理与规划、活动设计人员及相关行政人员的培养模式。在护理专业培养和老年护理培训中的临床实习或社区实习中加入居家访问训练项目，让学生学到如何做社区老年人健康评估、健康促进和卫生教育。完整的老年人照护包括生活照顾、急性医疗照护及后续长期照护，从慢性到急性医疗问题和协调所有从居家到社区和机构间与健康有关的持续性照护服务。在护理教育课程中加入更多社区作为临床实务实习地点。

4. 改革人口政策、弘扬志愿精神

人口学家穆光宗教授提出独生子女家庭占主体的社会是高风险的社会，给社会带来养老风险，给国家的长治久安埋下隐患。政府从制度层面鼓励民众生育，从福利措施方面吸引民众生育。借鉴发达国家的做法，我国实施包括生育补贴和儿童成长福利等项目的“生育福利金”，由国家公共财政支出。[1]政府从宏观制度方面完善相关政策，加强食品安全、改善环境、均衡教育资源和卫生资源，通过改善人文关怀、增加公共服务和提升安全感等措施来降低家庭内部生养孩子的压力。

探索为老志愿服务机制，加大宣传鼓励更多社会人士加入养老志愿服务中来。在普通老百姓中扩大普通志愿者的数量，吸引激励更多专业人士加入志愿者行列提供专业技术服务。同时社区各组织加强合作，利用社区平台整合各方资源，加大“我奉献我快乐，我为人人、人人为我”的主体思想的公益宣传，发挥低龄健康老年人的自身优势，服务社区、服务老人的作用。开展“时间银行”制度，吸引青壮年人群利用业余时间进行志愿活动。建立“时间储蓄”“道德银行”等志愿服务的量化评估模式。扩大大学生志愿者队伍，在现有的基础上吸引更多大学生参与社区志愿服务，让他们有更多的实践机会，提高全社会的为老服务意识。社区定期组织志愿者短期培训，请相关专业人员传授最基本的技能，比如基本生活照料技能、实用急救技巧、心理辅导等。[2]不断壮大以照护专业人才、老年社会工作者、养老服务志愿者、老年人家庭照料者相结合的养老服务队伍。

1　穆光宗：《“鼓励生育”需要的是“生育福利”》，《中国社会报》2018 年 8 月 30 日第 004 版。

2　王媛媛：《英、日社区养老服务及启示》，《中国社会报（京）》2014 年第 310 期。

（三）构建医养服务平台，共享供需信息

为了确保服务供需匹配，提高资源的有效利用，通过各项照护服务相关的信息透明化，落实照护需求者的实际选择权，以信息化推动服务一体化。照护品质的提升需要许多环节的相互配合和政府有效的规范管理。比如制定统一的服务品质标准，系统性的人才培养制度，服务机构的监督考核机制，照护服务机构服务的品质、价格、服务人员的专业性等信息的公开透明。利用“互联网 +”、云计算等信息化手段，搭建医养结合服务数据库和信息共享平台，结合电子医疗和远程诊断新技术推动其发展。[1] 例如南京市的“区域统括”养老服务模式。通过创建养老服务系统平台，依托大型居家服务中心的养老资源，构建养老服务网络，通过信息技术，提供全方位、立体化的医养服务。

多元供给主体、多样化的服务及庞大的服务量使得整个照顾体系运作复杂。我国医养结合服务包含医疗系统、民政系统、老龄系统等分属不同系统部门，各层级的管理体系发展不一，服务公平性难保证、人力资源不足、跨部门的合作困难以及护理费用负担沉重等问题突出。综观这些问题，都指向信息不对称，信息的及时与分享是问题的关键。有效地分享、整合、记录、传达长期照护信息，就能解决上述问题。

1. 医养结合管理信息化

理想的信息系统能协助整合行政系统、统一管理机制，也能通过信息分享与沟通减低人力、实践成本，增加服务效率，促进服务的连续性与公平性，联结跨专业团队与各项照护服务。大力推进国家电子政务的网络建设，提升

1　邓大松、李玉娇：《医养结合养老模式：制度理性、供需困境与模式创新》，《新疆师范大学学报（哲学社会科学版）》2018 年第 1 期。

政府公共服务和管理能力，提供整合性的在线服务。[1]信息化系统规范执行监管，消除和防范权力寻租，提高政策执行的效率。[2]按照“谁审批、谁监管”和“管行业必须管安全”的原则，健全多部门分工协作、行业组织充分发挥作用的养老服务综合监管体制。建立养老服务信用评价体系，对评定等级高、诚实守信者给予支持激励，对失信者进行联合惩戒。建立养老服务行业黑名单制度和市场退出机制，加强行业自律和监管，有效实施“双随机、一公开”、综合评价、合格评定、服务认证等事中事后监管措施，确保放得开、管得住。

构建信息化养老政务系统，实现一体化和规范化办公。打通部门间数据和应用壁垒，跨部门、跨系统办理养老服务事项。[3]可以说，信息系统在整个养老服务体系中的作用非常重要，目前我国少数城市在探索打通医养信息的平台。各个行政部门的功能差别大、资讯难以整合，内部系统都是本部门行政功能多于服务管理功能，垂直传达多于水平沟通。

2. 医养结合供给信息化

长期照护的服务是持续的、连贯的，会随着使用者需求的改变而有所变更，随着服务者的需求而有不同的侧重点。参与长期照护的人员之间彼此信息的流通及分享也很重要。信息系统必须能整合多方面的信息，允许多类人员之间的分享，同时要有权限管控。在规划建立整体性的长期照护体系之前，我国的长期照护还处于片面性的服务，制度规划还在摸索阶段。由于政府部门的部门利益倾向，政府对制定长期照护信息系统的态度不够明确，导致目

1 曾维和：《整合性公共服务——当代西方国家公共服务提供的新模式》，《上海行政学院学报》2012 年第 1 期。

2 安秀芳、孙印峰：《刍议“医养结合”政策政治性变形风险与规避》，《老龄科学研究》2016 年第 5 期。

3 石刚：《“互联网 +”背景下养老服务研究》，徐志立等编著，《首都智慧养老服务模式研究》，中国铁道出版社，2018，第 61 页。

前的系统混乱，造成资源浪费与供需不足并存的现象。

互联网信息化时代，要加强智慧健康养老服务和公共服务平台建设，构建信息交互平台，为管理部门、供给主体、服务方与需求方提供信息交流渠道。在审批、监管、服务等方面形成信息库，使各相关方信息交换和使用与职责相对应。对服务质量进行监督、评估并收集反馈意见，定期对服务情况跟踪评判。据南京市卫生信息中心规划科黄科长介绍，“健康南京”APP服务内容涵盖诊断全过程，内容在进一步完善中，通过“商保结算”“个人信用”等跨部门信息的共享，建立不同部门医养融合数据的对接共享，形成完整连续的医养服务档案。上海市综合为老服务平台通过建立综合为老服务数据库，促进信息数据的共享、决策分析和监督管理。互联网社区和智慧养老是在物联网、大数据和云计算技术支持下产生的数字时代养老创新模式，此模式建立的前提是信息平台建设和相关监管系统。南京市江宁区开展“互联网+居家服务”的社区医养结合模式，就是互联网医养结合的创新典范。目前，少数经济发达城市如北京、上海、深圳零星试点互联网养老，并未大规模实践。另外，当前的相关政策、资金和技术等相关支持体系不健全，互联网社区居家服务模式更多处于理念化、小范围创新阶段。

老年医疗服务信息在不同服务提供主体手里，在不同层级医疗机构之间均缺乏信息技术支撑，且各机构间的医疗服务信息标准体系不完整，难以达到信息的共享互通。首先要完善人口健康信息和医联体信息这两个平台，才能实现区域医疗服务信息化，最后实现全国一体化。探索“互联网+医养结合”、O2O智慧医养结合经验，建立居家养老智能化健康监测和医疗服务体系，提高服务的便捷性和针对性。

3. 建立统一的养老护理信息平台

养老机构通过建立管理系统实现家庭、机构、健康数据和基层管理部门之间的数据畅通，有效整合养老服务资源。民政、卫计和社保部门联合开发省级层面养老护理信息平台，减少护理机构信息化建设成本和管理成本，推动建成省级医养联合体。推动养老机构信息服务平台和社区公共服务综合信息平台建设应用。支持养老服务机构、社会组织和企业利用物联网、云计算、移动互联网、智能终端等新一代信息技术提升养老服务质量。推进健康养老等民生科技加快发展，加大老年人用品的研发力度。通过构建医养结合服务信息网络，使监管部门和服务供给方了解老年人实际情况，发布需求信息，根据反馈和跟踪，即使纠正解决问题，采取有效调整措施，让政策切合实际，使养老需求与市场供给相匹配。养老系统利用物联网、云计算等信息技术，构建养老服务平台，把老年人的健康信息和医护资源、养老资源联结起来，在宽带网的基础上将智慧家庭云终端延伸到每个家庭，建立“社区服务云”终端和互动体系。

建立养老服务需求侧信息化管理制度。地方政府可通过各种方式如委托第三方摸底老年人基本情况并建立数据库，全面掌握养老服务的需求信息。基层组织开展针对特殊弱势老年人信息的采集、审核、电脑录入和记录更新等工作。依托国家养老服务信息系统、社区居家养老服务信息平台、民政部门相关数据统计信息以及低保信息库等信息系统，强化资源共享，推动各地建立“三大补贴”制度补贴发放信息管理系统。

综上，医养结合供给碎片化的应对策略是整合，整合照护是医养结合整合的高级阶段和发展目标。我国以家庭养老为主要模式，在政府兜底的敬老院福利院的基础上发展机构养老，社区的作用没有得到重视和挖掘，社区资源严重缺乏。以社区化、在地化和多元化为理念大力发展社区照护，在服务提供上建立跨专业服务网络，提供民众无缝隙的连续照顾环境，整合多元资源提升效率。在行政管理方面，推行行政整合策略，改变过去多驾马车的行政管理格局，建设有效管理环境，达到资源有效利用与服务品质持续改善的目标。比如，我国台湾地区实施各级政府成立长期照护专案小组和试验社区推动委员会，由政府相关部门的管理人员、学者代表和民间代表组成。[1]

在目前的体制机制和社会发展背景下，我国医养结合的整合处于连接和协调阶段。医养结合养老服务是在原有的社会化养老服务的基础上加入医疗护理服务的内容，服务提供的主体扩大，服务的内容更加综合和连续。本书认为医养结合服务供给是以医疗服务为支撑，在现有的生活照料服务网基础上，通过建立分级诊疗制度，发展家庭病床、社区健康照顾服务网络、养老机构和医疗机构多种形式的结合，为老年人提供全老年周期的集养老服务、长期护理于一体的多层次、综合性的服务网络。

1 吴淑琼等：《建构长期照护体系先导计划——理念与实践》，《台湾卫志》2004年第23卷第3期。

第八章 结论与展望

一、研究结论

（一）本研究的结论

医养结合服务供给碎片化导致的诸多现实问题在实践中陆续显现，政策、组织和资源构成了医养结合服务供给碎片化的主要方面。走出碎片化的供给路径是当前“医”和“养”得以融合的题中之义。整体性治理理论为医养结合服务供给碎片化治理提供了理论指导。实现各供给主体供给功能和主体合作的整合，有利于老年人多重服务需求问题的解决，促使我国医养结合服务供需匹配、可持续发展，为我国实现基本公共服务均等化做出贡献。主要研究结论如下。

1. 我国医养结合服务供需错位

综观我国人口老龄化的发展趋势，无论是老龄人口数量还是老龄化速度与高龄、失能的比例，都是惊人的。这预示着我国老年人的医疗和养老服务需求将会越来越大。无论从国家政策的支持力度以及市场的反应热度，都表明我国医养结合服务供给呈不断增长的趋势，但是增长的服务供给与差异化的需求并未匹配，有效需求难以满足。

由于老年人的身体特点和疾病的变化，老年人服务需求的阶段性、层次性会相互转化，如果三种供给形式是完全割裂的，这种割裂的服务难以有效满足服务需求。我国医疗护理体系与养老服务体系分属不同的政府管理系统，医疗护理资源与养老资源分离，医疗护理服务与社会照顾服务由不同的系统承担与监管，造成服务的割裂与碎片化。目前及今后相当长时期内，与人口老龄化的形势要求以及广大老年人的养老服务需求相比，我国的健康养老服务供给仍存在很大差距。

2. 我国医养结合服务的主要困境是碎片化

医养结合供给碎片化产生的根源是体制困境、整合困境和机制困境。垂直型科层组织架构而形成的部门机构各自为政，成为医养结合的体制性掣肘；医疗与养老资源整合困境，缺乏有效激励机制，相关配套机制不健全；医养结合运行机制困境，医保支付对接困难、资金来源渠道单一且不稳定。造成以上困境的深层原因是相关利益主体有着不同的利益诉求和策略选择，在互动博弈中，未达成集体共识和有效整合。[1] 从社区到三级医院的老年医疗服务均缺乏信息技术支撑，并且信息分散在不同服务提供主体间，信息共享严重不足。各级各类机构之间医疗服务信息标准体系不完整，数据和信息无法有效实现互联互通。医疗健康数据资源开发使用还处在初级阶段，无法满足互联网快速发展环境下的老年医疗服务需求。[2] 医养结合养老机构应为六十岁以上老年人建立电子健康档案，利用互联网技术让老年人足不出户就可以享受到大医院专家的诊疗服务。

1　王浦劬、雷雨若、吕普生：《超越多重博弈的医养结合机制建构论析——我国医养结合型养老模式的困境与出路》，《国家行政学院学报》2018 年第 2 期。

2　胡琳琳：《改革创新老年医疗服务体系的问题、思路和建议》，《行政管理改革》2016 年第 8 期。

3. 整合治理是应对“医”“养”分离的有效手段

如何整合、如何实现资源充分整合必须解决多头管理、政策割裂的问题，这仍然是我国有待解决的棘手问题。

第一，政府纵横向的整合。医养结合服务的连续性整合就是指在政府的主导下，利用不同层次的服务平台将服务项目组织起来，通过一定的方式和渠道将照护服务传递给有需要的老年人。长期照护包含机构照护、社区照护和居家照护三大类型，这三大类服务应整合为连续的服务网络，方能提供老年人完整的长期照护。整合照料不仅能够保障照料的专业性与服务质量，更大的特点是保持照料的无缝隙性和连续性。借助组织性整合、功能性整合与专业性整合来实现横向整合，形成协同工作或策略性联合的模式。纵向整合上，医养结合也需要构建垂直网络，即在初级照料、次级照料和专业性较强的照料之间形成服务序列。[1]

第二，服务主体的整合。各主体之间如何转介的问题，也就是说养老机构、照料中心跟医院之间、医疗机构之间的双向转诊标准问题。目前我国还没有制定出转介标准，各种资源之间的衔接无法顺利进行。老年人出院后根据需要分别转入医养结合机构、护理院或社区，高龄虚弱老年人可选择社区居家照护医疗机构内设养老床位和养老机构内设医疗机构这两种形式。

第三，服务的无缝衔接。医养结合服务带有明显的整体性与协同性，建设综合性医养结合服务模式需要家庭、社区养老服务站、养老机构、医疗机构等多方主体的共同努力。[2] 加强医疗机构和护理机构与社区、家庭的合作

1 张晓杰：《医养结合养老创新的逻辑、瓶颈与政策选择》，《西北人口》2016 年第 1 期。

2 童小琴：《论医养结合服务体系建设中地方政府行为的优化》，《大连海事大学学报（社会科学版）》2018 年第 1 期。

与衔接，推进医养结合向社区、家庭延伸。家庭、社区、医疗机构和养老机构四个服务供给载体形成一个闭合的环，进行双向转介和联结，在长期照护服务中扮演好各自的角色，承担其责任。

从老年期的生命历程视角提出，要面向全体老年人建设整合性“医养结合”服务体系。要实现这个目标，一是理念上倡导，各级政府在制定政策和规划时要渗透健康老龄化的理念；二是充分挖掘和利用现有资源并进行整合；三是制度先行，各部门和相关利益者分工协作高效配合；四是做好人才储备，利用多渠道培养各类养老服务人才。[1]在整合各方资源的前提下，打破现有“医”“养”各自为政、各耕自留地的分散供给模式，通过整合治理建立一体化的体制机制来提高医养结合服务供给效率，构建一个医疗服务、养老服务、康复服务和护理服务整体提供的社区医养结合闭环服务模式。

（二）可能的创新之处

1. 研究视角的创新

老龄化问题是近年来的研究热点，与老龄有关的银发经济、老龄产业、养老服务等问题颇受学者的关注。关于医养结合、长期照护、长期护理保险等主题的研究成为“十二五”期间的热点。这些研究大多是从经济学、老年学和社会学的角度出发，研究内容主要包括政策制定、制度模式、地方实践和国外经验等方面，本书结合典型实践案例，从整体性治理的角度，以服务整体性和连续性为目标对医养结合问题进行剖析，这是现有研究中缺少的内容。本研究创造性地提出整体性的研究新视角，为拓宽医养结合和长期照护的研究视野做出了一定的贡献。

---

1 杜鹏、王雪辉：《“医养结合”与健康养老服务体系建设》，《兰州学刊》2016年第11期。

2. 创新性地提出整合照护理念

本书在整体性治理理论的指导下建立医养结合服务供给碎片化的整合路径，借鉴发达国家去机构化的发展取向，提出我国医养结合发展的整合照护理念。本书从一体化的视野定义整合，认为整合照护既包括资源的整合，如服务主体间的整合、服务内容的整合、服务提供者和需求者的整合；也包括照护方式的整合，不同照护方式之间可无障碍转介，实现以需求为导向、以人为本的一体化照护。无论是高龄期，还是术后护理期的老年人都能得到医疗服务、专业护理、生活服务和上门服务，家庭照顾者也能获得喘息服务。不同阶段、不同需求的老年人不必离开熟悉的生活环境，即能获得全方位的照护。

（三）研究的不足

医养结合服务近年来在我国养老服务研究领域如火如荼地开展，已然是学界和业界的一大热点，但同时学界也不乏对医养结合持审慎态度的观点。本研究虽然试图在系统分析的基础上并努力寻找匹配的理论来构建分析框架，从政策、组织和资源三个维度提出整合的治理路径。但由于笔者的理论功底浅薄和研究能力不足，本研究在某些方面必然存在不足之处。

从研究内容上，对于医养结合服务供给主体中的政府与市场间的协调合作笔者没有进行深入的调研访谈，本书在整合治理部分对政府与市场主体之间的整合的分析稍有欠缺，更多的笔墨是分别讨论政府内部、市场供给主体之间的整合，但是对于医养结合服务主体中政府与市场、社会组织、家庭、个人之间、非正式供给主体之间的联合与协作问题着墨较少，未能很好地深入分析。

从研究方法上，本研究主要采用扎根理论研究方法，利用调查访谈的数据进行扎根分析。通过访谈全面了解医养结合服务供给中多主体之间的结合与互动行为的逻辑，但是对研究者的理论功底和洞察力有较高的要求。要求研究者熟练掌握访谈方法，具有比较成熟的访谈技巧，还需注意“研究价值中立”和“调查对象的反应”。研究者自身的价值取向、访谈水平很大程度上决定了研究数据的获取水平。访谈对象的选取及其对研究的反应也会影响到数据收集的效果，虽然这种影响很难完全消除，但对于一个成熟的访谈法，研究者能尽可能大的程度去化解。根据访谈对象对问题的态度和用词辨别其背后的立场，比如访谈公共部门工作人员善用官方数据宣扬成绩，存在的实际问题及本质根源往往避而不谈；市场供给主体易夸大困难和寻求政策关切的偏向。研究者在访谈研究中需透过表象进行思考，在中立的立场总结归纳并发现其本质与规律。笔者对扎根理论研究方法处于初步认识阶段，因理论功底较薄弱，编码过程的概念化和理论抽样难以准确并穷尽。下一步需学习掌握扎根理论的 Nvivo 软件，提升数据编码水平。

二、研究展望

我国形成了以机构、社区和居家为主的多种养老服务供给模式，这种割裂的供给模式弊端是显而易见的，因为老年人的服务需求是连贯的、综合的。综观发达国家的养老服务的演进模式，去机构化的社区整合照护为主导的供给方式将是我国养老服务的发展趋向。

（一）医养结合社区整合照护的发展取向

福利国家发起了去机构化运动，积极推进社区照护，使照顾责任由国家回归到社区和家庭。社区内照护成为主流，机构融入社区达到“原居养老”的目的。世界发达国家养老服务模式经历着从居家养老到居家养老和机构养老相结合，再从机构养老为主回归到社区养老、居家养老的往返过程。这三者应该整合为一个照顾连续体网络，才能切实提供完善的照护服务。[1]我国医养结合服务的未来发展模式在整合照护理念下，借鉴日本终生住宅社区的实践经验，在筑牢家庭养老的基础上，同时加强居家和机构养老两翼互动，实现全体老年人的“五老”[2]，晚年生活有新的归属感和满足感。[3]家庭病床和喘息服务连接着家庭和社区，医养结合服务是养老服务发展的一个阶段，医养结合养老的终极目标是打造终生住宅社区，形成闭环服务模式。如图 8–1 所示。

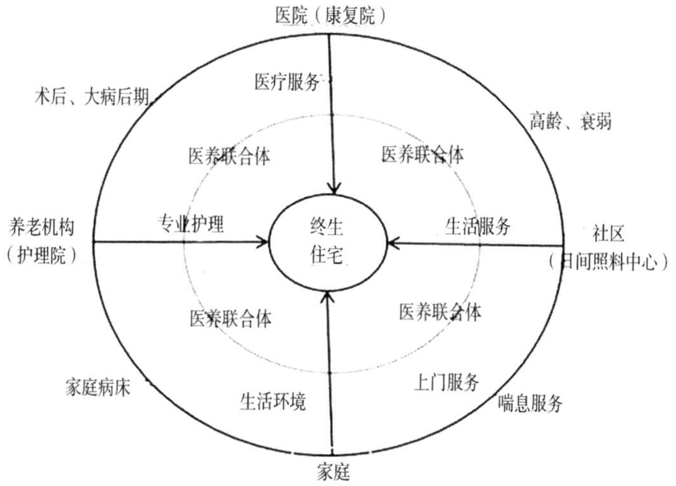

图 8–1 整合照护闭环系统图

1 陈燕祯：《银发族照顾产业的发展趋势：资源整合的观点》，威士曼文化事业股份有限公司，2012，第 56 页。

2 “五老”是指老有所养、老有所依、老有所为、老有所学、老有所乐。

3 穆光宗：《如何养老才能“都挺好”》，《健康报》2019 年 4 月 3 日第 006 版。

图8-1的整合照护闭环系统中，居家、社区和机构三大主体融合在一起；生活服务和专业护理相结合，普通老人和术后、大病后期、高龄、衰弱老人在社区内转介，正式照顾和非正式照顾相结合。

（二）医养结合服务供给的可持续性

老龄化问题将是长期的，未来最为核心的问题是如何保证在福利需求刚性增长的条件下使医养结合的制度政策和服务体系实现可持续发展。因此，下一步我国老龄领域的研究，临终关怀必将是重要议题之一。我国医养结合服务的发展重点是社区一体化、闭环式的整合照护。这个闭环系统稳定持续地运转就能提供准确对应的、高质量的综合服务，但最关键的因素是有充足的专业护理人员和跨学科的服务团队，前提是稳定的资金来源和健全的保障机制。这要求在政府主导下建立多渠道筹资模式、多层次专业人才培养模式和统一的服务监管、质量标准等相关保障机制，医养结合供给整合的发展目标是建立整体性的服务供给系统。

不难预见，未来很长一段时间内，我国关于医养结合服务与老年人长期照护问题是学术界研究的重点内容之一。对这一问题的研究视角、研究方法和研究内容也将更加丰富和系统化。

参考文献

一、中文著作

1. 毕云天：《大福利视阈下的中国社会福利体系整合研究》，中国社会科学出版社，2016。

2. 曹煜玲：《多层次精准化城市养老服务体系研究》，经济科学出版社，2018。

3. 陈燕帧：《老人福利服务理论与实务》，华东理工大学出版社，2018。

4. 陈振明：《公共服务导论》，北京大学出版社，2011。

5. 杜鹏：《中国人口老龄化过程研究》，中国人民大学出版社，1994。

6. 方积乾：《生存质量测定方法及应用》，北京医科大学出版社，2000。

7. 方堃：《民族地区精准扶贫难点问题研究》，科学出版社，2018。

8. 郭雪松、朱正威：《中国应急管理中的组织协调与联动机制研究》，中国社会科学出版社，2016。

9. 景天魁：《普遍整合的福利体系》，中国社会科学出版社，2014。

10. 刘继同：《中国社区福利体系研究》，中国社会科学出版社，2018。

11. 裴晓梅、房莉杰：《老年长期照护导论》，社会科学文献出版社，2010。

12. 宋岳涛、杨兵：《老年长期照护》，中国协和医科大学出版社，2015。

13. 石刚：《“互联网 +”背景下养老服务研究》，徐志立等编著，《首都智慧养老服务模式研究》，中国铁道出版社，2018。

14. 王海霞：《老年护理学上海》，同济大学出版社，2008。

15. 邬沧萍：《邬沧萍自选集》，中国人民大学出版社，2007。

16. 邬沧萍：《社会老年学》，中国人民大学出版社，2003。

17. 习近平：《决胜全面建成小康社会 夺取新时代中国特色社会主义伟大胜利——在中国共产党第十九次全国代表大会上的报告》，人民出版社，2017。

18. 杨立雄：《老年福利制度研究》，人民出版社，2013。

19. 张盈华：《老年长期照护：制度选择与国际比较》，经济管理出版社，2015。

20. 郑晓燕：《中国公共服务供给主体多元发展研究》，上海人民出版社，2012。

21. 钟仁耀、候冰：《社区居家养老服务质量提升研究》，《中国养老服务发展研究报告（2018）》，华中科技大学出版社，2018。

二、翻译论著

1. 埃德拉·施拉格：《政策过程的框架、理论和模型比较》，见保罗·萨巴蒂尔编：《政策过程理论》，三联书店 ,2004, 第 314 页。

2. 布坎南：《自由、市场和国家》，吴良健译，北京经济学院出版社，

1988。

3. 戴维·奥斯本、特德·盖布勒：《改革政府》，上海译文出版社，1996。

4. 哈瑞·穆迪、詹妮佛·萨瑟：《老龄化》，陈玉洪、李筱媛译，江苏人民出版社，2018。

5. 哥斯塔·埃斯平－安德森：《福利资本主义的三个世界》，李秉勤译，商务印书馆，2010。

6. 吉登斯：《现代性的后果》，田禾译，译林出版社，2011。

7. 罗伯特·阿格拉诺夫等：《协作性公共管理：地方政府新战略》，李玲玲、勤益奋译，北京大学出版社，2007。

8. 赖克森瑞，比灵斯，尼斯：《欧洲的老年护理》，丁志宏等译，湖南教育出版社，2016。

9. 马丁·鲍威尔：《理解福利混合经济》，钟晓慧译，北京大学出版社，2011。

10. 迈克尔·希尔：《理解社会政策》，李秉勤、贡森译，商务印书馆，2003。

11. 珍妮特·登哈特、罗伯特·登哈特：《新公共服务》，中国人民大学出版社，2004。

12. 日本经济新闻社编：《老龄化社会——无形的革命》，冯朝阳、王晓民译，新华出版社，1987。

三、学位论文

1. 程哲：《整体性治理视角下广西医养结合养老服务研究》，广西师范大学硕士学位论文，2018。

2. 冯朝睿：《整体性治理视阈下的中国食品安全监管研究》，云南大学博士学位论文，2015，第 44 页。

3. 胡佳：《跨行政区环境治理中的地方政府协作研究》，复旦大学博士学位论文，2011。

4. 金国庆：《家庭病床发展困境及其对策研究——以上海市为例》，华东理工大学硕士学位论文，2014。

5. 全永波：《海洋污染跨区域治理的逻辑基础与制度建》，浙江大学博士论文，2017。

6. 王顺：《整体性治理视角下我国基本养老保险制度整合研究》，南京大学硕士学位论文，2015。

7. 吴红梅：《包容性增长背景下我国基本养老保险整合研究》，华中师范大学博士学位论文，2012。

8. 于冰：《供给侧结构性改革背景下我国商业健康险创新研究》，辽宁大学硕士学位论文，2017。

9. 张衡:《集体行动与秩序生成——高职学制政策变迁的政策网络分析》，华东师范大学博士论文，2013。

10. 郑瑜君：《海南“医养结合”的社区养老模式探析——以“恭和苑”为例》，广东外语外贸大学硕士学位论文，2017。

四、中文期刊论文

1.Christensen,Per Lagraid：《后新公共管理改革——作为一种新趋势的整体政府》，张丽娜译，《中国行政管理》2006 年第 9 期。

2. 罗伯特·B. 登哈特，珍妮特·V. 登哈特著:《新公共服务: 服务而非掌舵》，刘俊生译，张庆东校，《中国行政管理》2002 年第 10 期。

3. 安秀芳、孙印峰：《刍议“医养结合”政策政治性变形风险与规避》，《老龄科学研究》2016 年第 5 期。

4. 鲍捷、毛宗福：《社会医疗保险助推医养结合服务的政策探讨》，《卫生经济研究》2015 年第 8 期。

5. 曹信邦：《中国长期护理保险制度构建的理论逻辑和现实路径》，《社会保障评论》2018 年第 4 期。

6. 陈娟：《政府公共服务供给的困境与解决之道》，《理论探索》2017 年第 1 期。

7. 陈天红：《英国如何推进医养结合标准体系建设》，《中国质量万里行》2017 年第 1 期。

8. 陈成文、陈舒：《从“碎片化”困境看我国城市养老服务体系的制度建设》，《城市发展研究》2017 年。

9. 陈俊峰、王硕:《城市“医养结合”型养老存在的问题及其解决途径——以合肥市为例》，《城市问题》2016 年第 6 期。

10. 陈友华:《居家养老及其相关的几个问题》,《人口科学》2012 年第 4 期。

11. 戴卫东：《长期护理保险制度理论与模式构建》，《人民论坛》2011 年第 29 期。

12. 邓大松、李玉娇：《医养结合养老模式：制度理性、供需困境与模式创新》，《新疆师范大学学报（哲学社会科学版）》2018 年第 1 期。

13. 丁建定、陈薇:《论中国居家养老服务体系建设中的核心问题》,《探索》2014 年第 5 期。

14. 丁建定：《中国养老保障制度整合与体系完善》，《中国行政管理》2014 年第 7 期。

15. 丁建定：《论中国养老保障制度与服务整合——基于“四力协调”的分析框架》，西北大学学报（哲学社会科学版）2019 年第 2 期。

16. 董红亚：《养老服务补贴制度的创新及完善——由浙江省实践经验引发的思考》，《中国民政》2015 年第 2 期。

17. 杜春林、张新文：《乡村公共服务供给：从“碎片化”到“整体性”》，《农业经济问题》2015 年第 7 期。

18. 杜鹏、谢立黎：《失能老人审与思》，《中国人力资源社会保障》2014 年第 6 期。

19. 杜鹏、王武林：《论人口老龄化程度城乡差异的转变》，《人口研究》2010 年第 2 期。

20. 符美玲等：《从长期住院研究谈构建“医养结合”照护体系的必要性》，《中国医院》2013 年第 17 卷第 11 期。

21. 耿爱生：《中国医养结合政策研究》，《中州学刊》2018 年第 6 期。

22. 耿爱生：《养老模式的变革取向：医养结合及其实现》，《贵州社会科学》2015 年第 9 期。

23. 高小芬、于卫华：《医养结合养老模式下我国长期护理分级制度的不足与建议》，《护理学杂志》2014 年第 29 卷第 11 期。

24. 高铁军：《比较视野下公共服务的概念与理论简析》，《学术前沿》2015 年第 5 期。

25. 黄杰：《西方城市社区的历史文化特点》，《河海大学学报（哲学社会科学版）》2003 年第 3 期。

26. 黄佳豪、孟昉：《“医养结合”养老模式的必要性、困境与对策》，《中国卫生政策研究》2014 年第 6 期。

27. 黄佳豪：《关于“医养融合”养老模式的几点思考》，《国际社会科学杂志（中文版）》2014 年第 1 期。

28. 胡琳琳：《改革创新老年医疗服务体系的问题、思路和建议》，《行政管理改革》2016 年第 8 期。

29. 胡宏伟、李延宇、张澜：《中国老年长期护理服务需求评估与预测》，《中国人口科学》2015 年第 3 期，第 79~89 页，第 127 页。

30. 贾旭东、衡量:《基于“扎根精神”的中国本土管理理论构建范式初探》，《管理学报》2016 年第 3 期。

31. 景天魁:《围绕农民健康问题：政府、市场、社会的互动》,《河北学刊》2006 年第 4 期。

32. 荆涛:《论长期护理保险在我国的发展》,《上海保险》2004 年第 10 期。

33. 李兵：《全球老龄化的挑战：人口学如何重塑 21 世纪的世界》，《人口研究》2003 年第 2 期。

34. 李利文：《公共服务供给碎片化研究进展：类型、成因与破解模型》，《国外理论动态》2019 年第 1 期。

35. 李利文：《国家财政体制变迁中的公共服务供给碎片化及其整体性治理》，《学习论坛》2020 年第 4 期。

36. 李长远、张举国：《我国医养结合养老服务的典型模式及优化策略》，《求实》2017 年第 7 期。

37. 李丹、李晓娇：《公共治理视角下医养融合养老模式探索——以成都实践为例》，《党政研究》2017 年第 1 期。

38. 李凤月、董申琪：《基于供需视角对上海市医养结合机构的调查分析及对策研究》，《中国卫生事业管理》2017 年第 9 期。

39. 李栋林：《财政视角下的新型城镇化建设绩效评价机制研究》，《山东社会科学》2015 年第 7 期。

40. 李贺楼：《扎根理论方法与国内公共管理研究》，《中国行政管理》2015 年第 11 期。

41. 梁誉、林闽钢：《论老年照护服务供给的整合模式》，《中共福建省委党校学报》2017 年第 7 期。

42. 廖芮等：《我国健康老龄化背景下的医养结合：基本理念、服务模式与实践难题》，《中国全科医学》2017 年第 20 卷第 3 期。

43. 李珍：《关于完善老年服务和长期护理制度的思考与建议》，《中国卫生政策研究》2018 年第 8 期。

44. 吕方、冯静:《国家贫困治理体系的供给侧结构性改革》,《党政研究》2017 年第 5 期。

45. 刘德浩:《长期照护制度中的政策协同：基于荷兰的政策启示》,《中国劳动》2019 年第 10 期。

46. 刘德浩：《荷兰长期照护制度：制度设计、挑战与启示》，《中国卫生事业管理》2016 年第 8 期。

47. 刘毅强、王珣：《健康老龄化初探》，《中国行为医学科学》1995 年 15 卷第 2 期。

48. 刘清发、孙瑞玲:《嵌入性视角下的医养结合养老模式初》,《西北人口》2014 第 6 期。

49. 刘稳、徐昕、李士雪：《基于 SWOT 分析的“医养结合”养老服务模式研究》，《中国卫生事业管理》2015 年第 11 期。

50. 龙纪萱、李依臻：《护理之家实施安宁疗护服务措施之研究》，《台湾卫志》2018 年 6 期。

51 陆杰华、沙迪：《老龄化背景下失能老人照护政策的探索实践与改革方略》，《中国特色社会主义研究》2018 年第 2 期。

52. 罗秋菊、陈可耀:《基于扎根理论的民营会展企业成长 路径研究——以广州光亚展览公司为例》，《旅游学刊》2011 年第 7 期。

53. 孟荣芳：《碎片化：社会基本养老保障制度发展中的迷思》，《社会科学研究》2014 年第 5 期。

54. 马庆钰：《公共服务的几个基本理论问题》，《中共中央党校学报》

2005 年第 1 期。

55. 孟颖颖：《我国“医养结合”养老模式发展的难点及解决策略》，《经济纵横》2016 年第 7 期。

56. 马庆钰：《公共服务的几个基本理论问题》，《中共中央党校学报》2005 年第 1 期。

57. 彭锦鹏：《全观型治理：理论与制度化策略》，《政治科学论丛（台湾）》2005 年第 23 期。

58. 钱宁：《中国社区居家养老的政策分析》，《学海》2015 年第 1 期。

59. 宋澜、王超：《从覆盖到发展：“医养结合”养老模式的“三步走”战略》，《求实》2016 年第 9 期。

60. 睢党臣、彭庆超：《“白发浪潮”下我国医养结合养老服务的发展困境与对策研究》，《宁夏社会科学》2016 年第 4 期。

61. 沈洁：《养老护理政策的目标》，《社会保障研究》2014 年第 1 期。

62. 沈婉婉、鲍勇：《上海市养老机构“医养结合”优化模式及对策研究》，《中华全科医学》2015 年第 13 卷第 6 期。

63. 唐钧：《失能老人护理补贴制度研究》，《江苏社会科学》2014 年第 2 期。

64. 唐钧：《关于医养结合和长期照护服务的系统思考》，《党政研究》2016 年第 3 期。

65. 唐咏：《去碎片化：中国老年长期照护政策 的整体化路径》，《深圳大学学报（人文社会科学版）》2012 年第 5 期。

66. 唐志红：《医养结合－四元联动整合照护模型的实践》，《中华护理杂志》2017 年第 1 期。

67. 唐任伍、赵国钦：《公共服务跨界合作：碎片化服务的整合》，《中国行政管理》2012 年第 8 期。

68. 万和平等：《“机构－社区－居家”养老格局下医养结合模式探索》，

《中国卫生资源》2018 年第 1 期。

69. 王浦劬、雷雨若、吕普生：《超越多重博弈的医养结合机制建构论析——我国医养结合型养老模式的困境与出路》，《国家行政学院学报》2018 年第 2 期。

70. 王中华、李湘君：《老年慢病家庭灾难性卫生支出影响因素及其不平等分析》，《人口与发展》2014 年第 3 期。

71. 王素英、张作森、孙文灿：《医养结合的模式与路径——关于推进医疗卫生与养老服务相结合的调研报》，《社会福利》2013 年第 12 期。

72. 王丽华等：《三级综合医院开展“医养结合”路径实践探析》，《中国医院》2016 年第 4 期。

73. 王建云：《“医养结合”养老服务模式下资源整合路径研究》，《老龄科学研究》2015 年第 12 期。

74. 王长青等：《医养结合资源的多重整合》，《学海》2016 年第 6 期。

75. 王中华、李湘君：《老年慢病家庭灾难性卫生支出影响因素及其不平等分析》，《人口与发展》2014 年第 3 期。

76. 王震:《推动医养结合的政策分析》,《中国医疗保险》2016 年第 3 期。

77. 文太林:《中国长期照护筹资相关研究述评》,《四川理工学院学报(社会科学版)》2018 年第 1 期。

78. 吴宾、唐薇：《基于知识图谱的国内养老政策研究热点主题与演化路径 (2005—2016)》，《人口与发展》2018 年第 2 期。

79. 吴乾渝：《中国老年长期照护人员培养培训——上海实践》，中德日健康老龄化高端研讨会的发言，2019 年 4 月 18 日。

80. 吴淑琼等：《建构长期照护体系先导计划——理念与实践》，《台湾卫志》2004 年第 23 卷第 3 期。

81. 谢舜、陈宇：《城市养老服务中医养融合模式演变的多重逻辑》，《江

汉论坛》2018 年第 3 期

82. 薛利锋：《大学生职业价值观教育的主体接受机制探析》，《北京工业大学学报(社会科学版)》2011 年第 6 期。

83. 杨菊华、王苏苏、杜声红：《中国长期照护保险制度的地区比较与思考》，《中国卫生政策研究》2018 年第 4 期。

84. 杨立雄：《高龄老年津贴制度研究》，《中州学刊》2012 年第 2 期。

85. 应斌：《企业开发老年市场的对策思路》，《武汉大学学报（哲学社会科学版）》2004 年第 1 期。

86. 曾维和：《整合性公共服务——当代西方国家公共服务提供的新模式》，《上海行政学院学报》2012 年第 1 期。

87. 张晓杰：《医养结合养老创新的逻辑、瓶颈与政策选择》，《西北人口》2016 年第 1 期。

88. 张建华、丁玉琴：《医养结合服务项目纳入医疗保险的可行性分析》，《中国卫生产业》2016 年第 4 期。

89. 张广利、马万万：《我国老人长期照护的模式选择》，《华东理工大学学报(社会科学版)》2012 年第 3 期。

90. 张盈华：《老年长期照护制度的筹资模式与政府责任边界》，《老龄科学研究》2013 年第 2 期。

91. 张序：《公共服务供给的理论基础：体系梳理与框架构建》，《四川大学学报（哲学社会科学版）》，2015 年第 4 期。

92. 张序，劳成玉：《公共服务能力建设：一个研究框架》，《理论与改革》2013 年第 2 期

93. 张旭：《医养结合养老模式研究》，《赤峰学院学报（汉文哲学社会科学版）》2014 年第 3 期。

94. 赵晨光：《我国跨域公共危机治理碎片化问题思考—基于整体性治

理视角》，《长春师范大学学报（人文社会科学版）》2017 年第 36 卷第 1 期。

95. 赵博洋：“推进养老机构医养结合的几点思考”，《中国社会报》，2014 年 12 月 10 日版

96. 赵晓芳:《老龄健康视角下“医养结合”政策文本分析》,《社会福利》2018 年第 1 期

97. 赵晓芳:《健康老龄化背景下“医养结合”养老服务模式研究》,《兰州学刊》2014 年第 9 期,

98. 赵艳：《我国实施老年人长期护理保险制度探析》，《经济纵横》2014 年第 8 期。

99. 赵素卿：《公共服务理论研究概述》，《中共山西省委党校学报》2005 年第 6 期。

100. 周爱民：《当前我国养老保障制度改革的现状、面临的挑战及其对策探讨》，《湖南社会科学》2019 年第 6 期。

101. 周沛：《基于“增进民生福祉”的制度性福利与服务性福利整合研究》，《东岳论丛》2018 年 5 期。

102. 周黎安:《中国地方政府公共服务的差异: 一个理论假说及其证据》,《新余高专学报》2008 年第 4 期。

103. 周雪光：《项目制：一个“控制权”理论视角》，《开放时代》2015 年第 2 期。

104. 周雪光:《运动型治理机制 : 中国国家治理的制度逻辑再思考》,《开放时代》2012 年第 9 期。

105. 周雪光、练宏：《政府内部上下级部门间谈判的一个分析模型——以环境政策实施为例》，《中国社会科学》2011 年第 5 期。

106. 朱铭来、宋占军：《未来“老护”之路的设计走向》，《中国社会保障》2011 年第 2 期。

107. 朱恒鹏：《医养结合的痛点在医不在养》，《中国财政》2017 年第 24 期。

108. 朱艳霞、杨宗瑜、周文佳:《医养结合模式中家庭医生助理的作用》，《实用临床护理学杂志》2017 年第 2 卷第 40 期。

109. 邹永广、林炜铃、郑向敏:《“驴友”旅游安全事故成因机理研究——基于扎根理论范式的质性分析》，《旅游科学》2014 年第 3 期。

五、报纸、网站资料

1. 黄瑶：《聚焦 2018 年全国两会养老话题》，《中国社会报》2018 年 3 月 20 日第 004 版。

2. 刘华：《“医养融合”重在融合现有资源》，《东方早报》2014 年 7 月 1 日第 003 版。

3. 穆光宗：《整合照料资源才能确保失能老人的养老品质》，《中国社会报》2017 年 12 月 11 日第 003 版。

4. 穆光宗：《鼓励生育”需要的是“生育福利》，《中国社会报》2018 年 8 月 30 日第 004 版。

5. 吴玉韶：《对新时代居家养老的再认识》，《中国社会报》2018 年 1 月 29 日第 003 版。

6. 王媛媛：《英、日社区养老服务及启示》，《中国社会报》2014 年 3 月 10 日第 004 版。

7. 张莹莹：《让家庭医生签约服务助力医养结合，》《云南政协报》，2018 年 3 月 19 日第 007 版。

8. 张要茹、金真：《浅析我国医养结合人才队伍建设》，《中国人口报》2019 年 4 月 25 日第 003 版。

9.《全国大城市养老服务工作会议暨全国养老服务推进会议在南京召开》，《中国老年报》2019 年 5 月 14 日第 001 版。

10.《2017 年中国人口老龄化发展现状及发展趋势预测》，《产业网》2016 年 9 月 21 日。http://www.chyxx.com/industry/201609/450472.html,2019 年 5 月 28 日。

11. 周润健 :《4 年后我国失能老人将达 4200 万 ,80 岁以上高龄老人 2900 万》，《中国新闻网》2016 年 10 月 26 日。http://www.chinanews.com/gn/2016/10-26/8044510.shtml，2019 年 3 月 20 日。

12. 唐悦 ：《2018 年南京民政蓝皮书出炉，医养结合护理床位将超 6 成》，《大苏网》2019 年 3 月 2 日。http://www.tzzfcg.com/webinfo/bid_news/51189.html，2019 年 5 月 30 日。

13. 沈伯韩、李栋:《图表: 我国 31 个省份均已建立高龄津贴制度》,《新华社》2019 年 2 月 21 日。http://www.gov.cn/xinwen/2019-02/21/content_5367533.htm，2019 年 5 月 13 日。

14. 苗津伟、马燕:《失能老人最低 60 岁可领补贴》，《中国江苏网》2015 年 1 月 15 日。http://jsnews2.jschina.com.cn/system/2015/01/15/023340502.shtml, 2019 年 5 月 12 日。

六、交流资料

1. 吴玉韶:《构建以照护为重点的养老服务体系》，2019 年 4 月 19 日在清华养老论坛上的演讲。

2. 王东海:《中国应对人口老龄化政策探索与实践》，2019 年 4 月 21 日在中德日健康老龄化高端研讨会上的讲话。

3. 王海东 : 在 2017 年 7 月 14 日全国老龄办、民政部、教育部、住建部、国家卫计委5部门联合举办《关于制定和实施老年人照顾服务项目的意见》新闻发布会上讲话的信息。

4. 田口勋：《为照护员工与照护服务利用者进行的照护一线的改革》，2019年4月18日中德日健康老龄化健康高端研讨会的发言。

七、政策文件

1.《国务院关于加快发展养老服务业的若干意见》，2013年09月13日。http://www.gov.cn/zhengce/content/2013-09/13/content_7213.htm，2019年5月30日。

2.《2015政府工作报告》，2015年3月15日。http://www.gov.cn/guowuyuan/2015zfgzbg.htm，2020年3月24日。

3. 国务院办公厅：《关于推进医疗卫生与养老服务相结合的指导意见》，2015年11月20日。http://www.gov.cn/xinwen/2015-11/20/content_2969404.htm，2019年5月30日。

4. 国家发展改革委员会：《关于2016年深化经济体制改革重点工作的意见》（国发〔2016〕21号），2016年6月3日。http://xxgk.cshtz.gov.cn/art/2016/6/3/art_44_33195.html，2019年5月30日

5. 王洋：《国办印发关于全面放开养老服务市场提升养老服务质量的若干意见》，《新华社》2016年12月23日 。http://www.gov.cn/xinwen/2016-12/23/content_5151816.htm，2019年5月30日

6. 尹楠：《医养结合国家级试点启动 居家养老是关键》，《健康界》2016年6月3日。https://www.cn-healthcare.com/article/20160623/content-483728.html，2019年5月30日。

7. 民政部、国家发展改革委印发民政事业发展第十三个五年规划，2016

年 7 月 6 日。http://www.gov.cn/xinwen/2016-07/06/content_5088745.htm，2019 年 5 月 30 日。

8.《国务院关于印发“十三五”国家老龄事业发展和养老体系建设规划的通知》，2017 年 2 月 28 日。http://www.cncaprc.gov.cn/contents/2/179240.html，2019 年 5 月 30 日。

9. 国家统计局社会统计司：《中国社会统计资料（1990 年）》。

10. 南京市人民政府办公厅：《关于印发南京市“十三五”养老服务业发展规划的通知》，《南京政府网》2016 年 11 月 25 日。http://www.nanjing.gov.cn/zdgk/201810/t20181022_573279.html，2019 年 5 月 30 日。

11. 南京市卫生健康委员会：《2018 年全市各类卫生机构、床位、人员数》,2019 年 4 月 23 日。http://wjw.nanjing.gov.cn/njswshjhsywyh/201904/t20190423_1517298.html,2019 年 5 月 30 日。

12.《江苏四部门联合推出医养融合发展的意见》，《江苏政府网》2014 年 9 月 19 日。http://www.jiangsu.gov.cn/art/2014/9/19/art_33689_2466007.html,2019 年 6 月 5 日。

13.《南京市人力资源与社会保障局：基本医疗保险支持养老服务业发展的若干措施》，2015 年 7 月 9 日。http://rsj.nanjing.gov.cn/njsrlzyhshbzj/201508/t20150803_1053272.html，2019 年 5 月 30 日。

14. 张婷、杨彦：《江苏省医养协作联合体在南京成立》，《网易新闻》2016 年 11 月 6 日。http://news.163.com/16/1101/02/C4OKE4VG000187VI.html，2019 年 5 月 30 日。

15. 江苏省政府办公厅：关于制定和实施老年人照顾服务项目的实施意见，2018 年 1 月 2 日。http://mzj.nanjing.gov.cn/njsmzj/njsmzj/201810/t20181022_590528.html，2019 年 5 月 30 日。

16.《江苏省人民政府办公厅关于支持社会力量提供多层次多样化医疗

服务的实施意见》，2018 年 7 月 11 日。http://www.jiangsu.gov.cn/art/2018/7/30/art_46144_7764775.html，2019 年 5 月 30 日。

17. 南京秦淮政府网，http://www.njqh.gov.cn/dmqh/qhjj/，2019 年 6 月 5 日。

18.《江宁区 2019 年国民经济和社会发展计划》，《南京江宁政府网》，2019 年 2 月 20 日。http://www.jiangning.gov.cn/zjjn/ghjh/fzgh/201902/t20190220_1430450.html，2019 年 6 月 20 日。

19. 成都市老龄工作委员会办公室：《成都市 2017 年老年人口信息和老龄事业发展状况报告》，2018 年 5 月 22 日。http://sc.people.com.cn/n2/2018/0522/c345167-31607894.html，2019 年 3 月 16 日。

20. 南昌市人民政府：《关于印发南昌市居家和社区养老服务改革试点工作实施方案的通知》(洪府厅发〔2017〕63 号)，2019 年 11 月 11 日。http://www.nc.gov.cn/ncfzggw/mzly/201911/bc4a813e0af34fc282f10b1397bf24a9.shtml，2019 年 5 月 30 日。

21.《第二届养老模式与顶层设计座谈会》，《新华网》2016 年 1 月 19 日。http://www.xinhuanet.com//politics/2016-01/19/c_128641236.htm，2019 年 4 月 30 日。

22. 人民日报三问养老服务："医养结合 缺钱还是缺政策"，《中国财经》，2016 年 05 月 19 日。http://finance.china.com.cn/roll/20160519/3730057.shtml，2019 年 4 月 30 日。

23. 专家解读：《建设医疗联合体是推进分级诊疗制度的重大举措》，《中国政府网》2017 年 5 月 11 日。http://www.nhc.gov.cn/yzygj/s3594q/201705/12bebaa7cd5a47389e1569b0121ca2b5.shtml，2019 年 5 月 31 日。

八、外文文献

1.Kodner D L, Spreeuwenberg C. “Integrated care:Meaning,logic,applications and implications:A discussion paper” ,International Journal of Integrated Care,no.2,2002,pp.1–6.

2.Deen, Lango. “Elder Care: Pulling a Double Shift: Planning Is Essential for Future Caregivers” ,Women of Color Magazine, vol.15,no.1,2016,pp.60–61.

3.Lee,Jo Ann,et al. “Balancing Elder Care Responsibilities and Work:The Impact on Emotional Health” ,Journal of Business and Psychology, vol.16,no.2,2001,pp.277–289.

4.Johnson, Richard W, and Anthony T Lo Sasso. “The Impact of Elder Care on Women’ s Labor Supply” , Inquiry, vol.43, no.3,2006,pp.195–210.

5.Lin Stephen, Dani è le B é langer. “Negotiating the Social Family:Migrant Livein Elder Care–Workers in Taiwan” ,Asian Journal of Social Science,vol.40,no.3, 2012,pp.295–320.

6.Bookman Ann, Delia Kimbrel. “Families and Elder Care in the Twenty–First Century” ,The Future of Children, vol. 21, no.2,2011,pp.117–140.

7.Gupta Rashmi, Vijayank. Pillai. “Elder Care Giving in South Asian Families:Implications for Social Service” ,Journal of Comparative Family Studies, vol.33,no.4,2002,pp.565–576.

8.Long, Susan Orpett, Phyllis Braudy Harris. “Gender and Elder Care: Social Change and the Role of the Caregiver in Japan” ,Social Science Japan Journal, vol.3, No.1,2000,pp.21–36.

9.De Meijer, Claudine A M, et al. “The Role of Disability in Explaining Long–

Term Care Utilization." Medical Care,vol.47, no. 11,2009,pp.1156–1163.

10.Pollitt C. "Joined up Government:A Survey" ,Political Studies Review,vol.1,no.1,2003,pp.35.

11.Hudson B. "Interprofessionality in health and social care:the 'Achilles' heel of partnership" ,Journal of Interprofessional Care,vol.16,no.1,2002,pp.7–17.

12.Vicky Ward, et al. "Fry Developing a framework for gathering and using service user experiences to improve integrated health and social care:the suffice framework" , BMC Res Notes,no.9,2016,pp.437.

13.Jan Reed,et al. "A literature review to explore integrated care for older people" ,International Journal of Integrated Care vol.5,2005,pp.1–10.

14.Hong–Ting Chan,Shih–Jung Cheng,Hwei–Jeh Su. "Integrated Care For the Elderly In The Community" ,International Journal of Gerontology,vol.2,no.4,2008, pp.167–171.

15.Justina Klimaviciute and Pierre Pfestieau. "The public economics of long–term care:a survey of recent contributions" ,Annals of Public and Cooperative Economics,no.89,2018,pp.49–64.

16.Harold Weston. "The imperfect match between long–term care risk and long–term care insurance" , Journal of financial service professionals,no.7,2012, pp.37–45.

17.Roit Barbara Da, Blanche Le Bihan. "Similar and Yet So Different: Cash–for–Care in Six European Countries Long–Term Care Policies" ,The Milbank Quarterly, vol.88,no.3,2010,pp.286–309.

18.Fernandez Jose–Luis, Julien Forder. "Reforming Long–Term Care Funding Arrangements in England: International Lessons" ,Applied Economic Perspectives and Policy, vol.34, no.2,2012,pp.346–362.

19.Colombo Francesca, J é rme Mercier. “Help Wanted? Fair and Sustainable Financing of Long-Term Care Services” ,Applied Economic Perspectives and Policy, vol.34,no.2,2012,pp.316–332.

20.Mahiben Maruthappu, Ali Hasan , Thomas Zeltner. “Enablers and Barriers in Implementing Integrated Care” ,Health Systems & Reform,vol.1,no.4,2015, pp.250–256.

21.Jon Glasby,Helen Dickinson. “Greater than the sum of our parts?Emerging lesson for UK health and social care” ,International Journal of Integrated Care,vol.8,no.20,2008.

22.Dennis L Kodner,CorSpreeuwenberg. “Integrated care:meaning,logic,App licationsand implications–a discussion paper” ,International Journal of Integrated care,vol.2,no.14 November,2002,pp.1–6.

23.Grone&Garcia–Barbero,Grone O &Garcia–Barbero M.Trends in integrated care–reflection on conceptual issues.http://www.euro.who. int/document/ihb/Trendicreflconissue.pdf,2002.

24.Munday. “Brian.Integrated social services in Europe.Strasbourg Cedex” ,Council of Europe Publishing,2007.

25.V Ostrom C Tiebout, R Warren, “The Organization of Government in Metropolitan Areas: A Theoretical Inquiry,” American Political Science Review,vol.55,no.4,1961,pp.831–842.

26.Perri 6. Hoslistic Government. London: Demos 1997,pp.26.

27.Perri 6.Diana Leat,Kimberly Seltzer and Gerry Stoker.Towards Holistic Governance:The New Reform Agenda,.New York:Palgrave,2002,pp.78–79.

28.Peters B Guy.A North American Perspective on Administrative Modermisation in Europe. In Public Management and Administrative

Reform in Western Euroope,ed.Walter J. Kickert. Brookfield, V. T.:Edward Elgar,1997,pp.256–261.

29.Tom Ling.Delivering Joined–Up Government in the UK:Dinmension,Issues and Problems,Public Adminstration,vol.80,no4,2002,pp.625–626.

30.Dennis,L.Kodner,CorSpreeuwenberg. "Integrated care:meaning, logic,applications and implications–a discussion paper" ,International Journal of Integrated care,vol.2,no.14,November,2002,pp.1–6.

31.Perri 6,D Leat,K Seltzer, G Stocker.Towards Holistic Governance:The New Reform agenda.London:Palgrave Press,2002,pp.32.

32.Pollit C "Joint–up Government: A survey" ,Political Studies Review,no.1,2003,pp.34–49.

33.Pollit C "Joint–up Government: A survey" ,Political Studies Review,no.1,2003,pp.67–84.

34.Perri 6, Diana Leat, Kimberly Seltzer, Gerry Stoker.Governing in the Round: Strategies for Holistic Government. London: Demos.1999,pp.58–59

35.Lawrence P R, Lorsch J W. "Differentiation and Integration in Complex Organizations" ,Administrative Science Quarterly,1967,pp.1–47.

36.Perri 6. Towards Holistic Governance: The New Reform Agenda. New York: Pal- grave, 2002, p39.

37.Jeanette Moore and Justin Kean. "Accounting for Joined– Up Government:The Case of Intermediate Care" ,Public Money & Management, vol.5,2007,pp.61–68.

38.Perri 6.Towards Holistic Governance:The New Reform Agenda,New York:Palgrave,2002,pp.28.

39.Perri 6,Diana Leat, Kimberly Seltzer， Gerry Stoker.Towards Holistic

Governance: The New Reform Agenda. New York: Palgrave,2002,pp.29.

40.Kosberg J I, E Cairl. “Burden and competence in caregivers of Alzheimaer’s disease patients:Research and practice implications”,Journal of Gerontological Social Work,vol.18,no.1/2,1991,pp.85–96.

41.Ettner, Susan L. “The Opportunity Costs of Elder Care.” The Journal of Human Resources,vol.31,no.1, 1996,pp.189–205.

42.Ann Bookman, Delia Kimbrel. “Families and Elder Care in the Twenty–First Century”,The Future of Children:Work and Family, vol.21, no.2, 2011, pp.117–140.

43.Wiles J L,Leibing A,Guberman N,Reeve J,Allen R E. “The meaning of “aging in place to older people”,Gerontologist, vol.52,no.3,2012,pp.57–66.

44.Colombo,F A Llena–Nozal,J Mercier,F Tjadens. “Help Wanted? Providing and Paying for Long–term Care”, OECD Health Policy Studies.OECD Publishing,2011,pp.28.

45.Shinkai S,Yoshida H,Taniguchi Y. “Public health approach to preventing frailty in the community and its effect on healthy aging inJapan”,vol.16 ,no. s1,2016,pp.87–97.

附录

一、海口市老年服务需求与养老方式选择调查问卷

尊敬的爷爷奶奶，您好！我们是本次调查的调研员，本次调查是由海南医学院组织的，采取匿名方式。调查目的是了解海口市老年人养老方式的选择及其影响因素。希望您根据实际情况和真实想法填写问卷，只为分析研究提供科学依据，不会作其他用途，谢谢您的配合，祝身体健康、生活愉快！

调查地址：　　区　　　街道 / 乡镇　　　社区 / 村

调查时间：　　年　　月　　日　调查员：

审核时间：　　年　　月　　日　审核员：

A. 个人基本情况

A1. 您的年龄是：　　岁

A2. 您的性别是：　　1. 男　　2. 女

A3. 您的民族是：　　1. 汉族 2. 黎族 3. 苗族 4. 回族 5. 其他

A4 . 您的户口是：　　1. 农业户口　2. 农垦户口　3. 城镇户口

A5. 您居住在：　　1. 城镇　　2. 农村

A6. 您的文化程度是：1. 小学及以下　2. 初中　3. 高中 / 中专　4. 大专及

以上

A7. 您的婚姻状况：　1. 未婚　2. 已婚老伴健在　3. 离婚　4. 丧偶

A8. 您退休前的职业是：

1. 公务员（军人）　2. 教师　3. 工人　4. 农民　5. 个体户　6. 其他

A9. 您现在的主要经济来源是什么？　（可多选）

1. 种植、养殖收入　2. 养老金　3. 积蓄　4. 子女孝敬　5. 政府救济　6. 其他

A10. 您个人年收入大概多少元?

1.5 000 元及以下　2.5 001~10 000 元　3.10 001~20 000 元

4.20 001~40 000 元　5.40 001 元以上

您家庭（一起生活的成员）年总收入大概多少元？

1.20 000 元及以下　2.20 001~50 000 元　3.50 001~80 000 元

4.80 001~120 000 元　5.1 200 001 元以上

A11. 您有几个子女：　个儿子　个女儿

A12. 您跟谁一起居住：

1. 老伴儿　2. 独居　3. 儿子　4. 女儿　5. 老伴儿及子女

B. 身体状况自我评价

B1. 您认为自己目前健康状况怎样?

1. 很好　2. 好　3. 一般　4. 较差　5. 差

B2. 您是否有被诊断为老年慢性病吗?

有，被诊断是以下某种或几种疾病（可多选）：

1. 高血压　2. 糖尿病　3. 心脏病　4. 关节炎

5. 脑血管　6. 白内障　7. 支气管炎　8. 其他

无，调查前两周是否患病就医?　1. 是　2. 否

B3. 您居住的社区（村）有医务室吗？　1. 有　2. 没有

B4. 您最需要哪些健康服务（可多选）：

1. 住院治疗　　2. 定期体检　　3. 健康教育

4. 常见病的防治　5. 医生上门服务　6. 康复护理

B5. 如果 100 分为健康状况最好，您今天的健康状况能给自己打多少分？

B6. 您每月主要在哪些方面消费（可多选）：

1. 日常生活消费　2. 看病拿药　3. 人情交往费　4. 娱乐休闲费用

B7. 最近一个月您看过病吗？　1. 有　　2. 没有

如果有，最近一次看病大概花了多少钱：　　元

B8. 过去的一年您看病总共花了多少钱？

C. 养老服务需求与意愿

C1. 您所在的社区（村）有老年服务中心吗？　　1. 有　　2. 没有

C2. 您觉得养老主要靠谁：

1. 自己　2. 老伴儿　3. 子女　4. 政府

C3. 如果让您选择养老方式，您愿意选哪一种？

1. 居家养老　2. 社区养老　3. 机构养老

C4. 您想去养老机构养老的原因是什么（可多选）：（C4 和 C5 选一）

1. 身体不好　2. 没人照顾　3. 在家孤单　4. 养老院设施齐全

5. 与子女合不来

C5. 您不想去养老机构的原因是什么（可多选）：

1. 收费高　2. 有子女　3. 没面子　4. 身体还硬朗　5. 养老机构条件差

6. 其他

C6. 您最希望得到的帮助是什么（可多选）：

1. 做家务　2. 照顾陪伴　3. 医疗费用报销提高　4. 上门医疗服务　5. 其他

C7. 您希望社区（村）提供哪些服务（可多选）：

1. 兴趣培训班 2. 文化娱乐 3. 生活照顾 4. 健身设施 5. 法律政策咨询 6. 其他

C8. 如果不考虑别的因素，您最想要去的养老地方是：

1. 自己家 2. 子女家 3. 社区养老中心 4. 老年医院 / 护理院 5. 养老院

C9. 您和家庭成员之间的感情如何？

1. 很好 2. 较好 3. 一般 4. 较差 5. 差

C10. 您平时会感到孤独吗？

1. 经常 2. 偶尔 3. 从不

C11. 您有苦恼和烦心事一般会跟谁说（可多选）：

1. 老伴儿 2. 儿子儿媳 3. 女儿女婿 4. 亲戚朋友

5. 邻居 6. 不会跟谁说

C12. 您对现在的生活感到满意吗？

1. 很满意 2. 比较满意 3. 一般 4. 不太满意 5. 不满意

二、社区服务调研访谈提纲

针对街道和社区工作人员

一、社区基本信息

1. 目前社区有多少老年人？其中失能、独居、空巢等老年人有多少？享受政府购买服务的多少？

2. 政府购买的社区养老服务有哪些？其中上门服务有哪些？

3. 社区对失能、半失能老人有哪些照料措施？

4. 是否有居家养老服务中心或服务站？老年人服务设施运行情况如何？

5. 是否有社区卫生服务中心或服务站？对老年人主要提供哪些服务？

二、社区养老服务的组织与递送

1. 各级政府和社区在社会组织培育和支持方面做了哪些工作？本社区有企业开展为老服务吗？社会组织在养老服务中起到了什么作用？

2. 社区在居家养老服务中担任了什么角色？

3. 省、市、区政府在社区老年人服务方面进行了哪些体制机制改革？成效如何？

4. 社区是否有提供上门服务？人员构成怎样？老年人及居民对服务的反应如何？

5. 目前社区开展老年服务的财经经费来源是哪些？社区老年服务有哪些创新性政策？

6. 社区是否建立了网络信息平台？如何运作的？主要应用到哪些方面？

针对社会组织 / 机构

1. 组织的基本情况介绍。

2. 在社区主要开展哪些服务？通过什么途径开展服务？服务人员构成如何？

3. 如何进行具体项目运作？收支情况如何？运作过程中面临哪些主要问题？

4. 政府有哪些补贴和支持性政策？

5. 社区卫生机构主要提供哪些服务？是否开设了家庭病床？

6. 医生家庭签约率是多少？是否提供上门服务？主要有哪些项目？怎么收费？

针对老年人

一、基本人口学特征

1. 请问您的年龄、婚姻状况是？

2. 您有几个子女？是否同住？

3. 您的收入状况如何？主要经济来源是什么？

4. 您的身体状况如何？是否有慢性疾病或其他疾病？

5. 您的生活主要由谁来照料？

二、社区服务使用

1. 您在社区是否获得以下服务？

生活方面：饮食照料、临时托管、助浴、卫生清理、代办缴费、维修、疏通管道。

医疗护理服务：服药、健康咨询、医疗协助、健康档案建档、医护上门服务。

紧急救助服务：呼叫器、紧急求救电话。

精神慰藉服务：陪同聊天、心理咨询、心理安慰、日托服务、文化娱乐服务。

2. 您对当前社区提供的服务是否满意？您认为还需要增加哪些服务？哪些服务还需要加强？

3. 您需要帮助和照顾时，最想要谁来服务？（子女、老伴儿、亲戚朋友、社区、志愿者）

4. 您觉得政府应更多关注老年人哪些需要？

后 记

此刻在键盘敲出“后记”两个字，可谓百感交集。本书是在博士学位论文的基础上修改而成，从初稿到成书经历了无数次的修改，最终得以成文并出版要感谢给予我帮助和鼓励的师友。

首先，感谢我的导师周沛教授，从论文选题、框架的构建到成稿无不倾注着他的智慧和关键的引导。遇到挫折时他对我的鼓励和安抚让我重拾信心继续前行。作为一个在职攻读博士学位的学生，我深感导师对我的宽容和理解，感谢他给予我进入向往的南京大学学习的机会，我倍感珍惜！

其次，感谢魏姝教授、张海波教授、林闽钢教授、顾海教授和高传胜教授在预答辩中指出的问题和给予的中肯建议。论文得以修改完成也要感谢师兄曲绍旭副教授和师弟匡亚林博士的帮助，论文修改后期我通宵想不通的地方，在与匡亚林的讨论中得到启发，顺利突破那个拐点，每次我有困惑时随时能得到他的分析和有效的建议。更要感谢浙江财经大学戴卫东教授给我的无私帮助，从理论、框架到内容都给出充分的解释并提出他的指导性建议，戴卫东教授是学术界的一股清流，是个值得我尊敬的学术模范。

再次，感谢所有接受调研的机构、单位给予的调研机会，被访谈对象接受我的采访，因为有了这些宝贵的调查资料，论文才得以完成。同时更要感谢负责本书出版的编辑们，她们严谨的学术风格和耐心细致地审稿使本书能顺利出版。

最后，感谢我家人的充分理解与全力支持，特别是先生的包容与技术支持给了我莫大的勇气与信心坚持下来。想要感谢的、值得感谢的人太多太多，此处难以一一提及，借此机会向一路相伴、一路相携的亲人和朋友表示由衷的谢意！

涂爱仙

于书香苑